MARBURGER JAHRBUCH THEOLOGIE XXIX

Marburger Theologische Studien

128

begründet von

Hans Graß und Werner Georg Kümmel

herausgegeben von

Friedhelm Hartenstein und Michael Moxter

Marburger Jahrbuch

Theologie

XXIX

Anthropologie

herausgegeben von

Elisabeth Gräb-Schmidt und Reiner Preul

EVANGELISCHE VERLAGSANSTALT

Leipzig 2017

Bibliografische Information der Deutschen Bibliothek
Die Deutsche Bibliothek verzeichnet diese Publikation in der Deutschen Nationalbibliografie; detaillierte bibliografische Daten sind im Internet über http://dnb.ddb.de abrufbar.

ISBN: 978-3-374-04986-8

Printed in Germany
Satz/Layout: Christian Stritzelberger, Tübingen

Inhaltsverzeichnis

Vorwort

Anthropologie ist ein weiter Begriff. Er nimmt das Menschsein in seinem Sosein in den Blick und entdeckt gerade in diesem Sosein die Schwierigkeiten seiner Bestimmung. Christliche Theologie ist Anthropologie, insofern sie die Wirklichkeit des Menschen als eine durch Gott bestimmte darlegt. Diese Zuspitzung, wie sie prominent Rudolf Bultmann vollzogen hat, ist aber nicht in erster Linie einer neuzeitlichen Weichenstellung der Theologie geschuldet, sondern hat ihren inneren Grund in der christologischen Konzentration des Gottesverständnisses. Diese erfordert es, die Wirklichkeit insgesamt, einschließlich menschlichen Lebens, Denkens und Handelns, in eine neue, andere Perspektive zu rücken. Unter christlichem Vorzeichen ist daher der Raum der Freiheit, des Möglichen neu zu gewichten, nämlich als Horizont des Wirklichen. Der Mensch als ein Möglichkeitswesen unterscheidet sich von anderem Seienden gerade dadurch, dass das Menschsein selbst als Veränderliches gedacht ist, das sich als Plastisches auch durch eigene Gestaltung einer Festlegung entzieht. Der Mensch ist anthropologisch betrachtet zwar auch ein Naturwesen. Seine Natur erweist sich aber gerade dadurch, dass sie nicht festlegbar ist. Der Mensch als das »nicht festgestellte Tier« (Nietzsche) ist in und als Natur ein Kulturwesen: Es ist die Natur des Menschen, Kultur zu sein.

In vielfältigen Motiven und Varianten wird dieser Sachverhalt philosophisch zum Ausdruck gebracht: bei Platon in der Tugendbestimmtheit des Seins, bei Kant in der Entgegenständlichung als Selbstzwecklichkeit des Humanum, bei Heidegger im Selbstvollzug des Daseins, bei Lévinas im Herausgefordertsein durch das »Antlitz« des »Anderen«. Der Mensch ist von Natur als ein Kulturwesen bestimmt: Das zeigt sich in seinem Aussein auf eine Bestimmung, auf sein Identifiziertwerden als der, der er ist. Dies geschieht jedoch nicht im Sinne Goethes, als das »werde, der du bist«, sondern nach christlicher Einsicht kommt ein solches Werden hin zum Selbstsein immer bereits von einer Zielbestimmung her. Es ist eschatologisch ausgerichtet, bei Paulus im symbolischen Absterben und Neuwerden des Menschen, bei Martin Luther, wenn Selbstsein als Differenz zwischen Sünder und gerechtfertigtem Menschen bestimmt wird, bei Kierkegaard als Zusichkommen im

Anderen, in Christus, oder bei Karl Barth in der Manifestation der radikalen Revision und Verifikation der Bestimmung des Menschen im Christusgeschehen. So unterliegt im christlichen Sinne die Selbstbestimmung des Menschen nicht nur einem Prozess, sondern einem ganz bestimmten Prozess. In diesem empfängt der Mensch seine Wirklichkeit über eine Nichtung und Neubestimmung eigener Möglichkeiten.

Was ist der Mensch? Gott hat ihn »wenig niedriger« als sich selbst gedacht und gemacht. (Psalm 8,6) Als solcher ist er das personale Gegenüber, das seine Bestimmung in diesem Gegenübersein im Antworten und Verantworten erfährt, *ubi et quando visum est deo*. Gerade darum ist die Antwort immer wieder neu zu bestimmen im Lichte der unabschließbaren Aura des Verweilens im Zwischen:
Ecce Homo.

Es ist nun 30 Jahre her, dass der erste Band unseres Jahrbuchs in der Reihe »Marburger Theologische Studien« erschienen ist. Das verdient einen besonderen Dank denen gegenüber, die unsere theologische Arbeit und Fortbildung gefördert haben und weiterhin fördern und unterstützen. Daran sind viele beteiligt, die Kirchen durch ihre finanzielle Zuwendung, die an den Themen Interessierten und in den letzten Jahren die Evangelische Verlagsanstalt durch ihr verlegerisches Engagement. Allen sei gedankt, denn sie sorgen durch ihren Einsatz und ihre Motivation für den Bestand dieses theologischen Unternehmens in seiner Eigenart.

Tübingen/Kiel, Pfingsten 2017 Elisabeth Gräb-Schmidt / Reiner Preul

Walter Sparn

EINLEITUNG

I.

»Know then thyself, presume not God to scan; The proper study of mankind is Man«: Seitdem der englische Moralschriftsteller – und Herausgeber Shakespeares – Alexander Pope in seinem Lehrgedicht *An Essay on Man* 1733/34 (II, 1f.) diese Verse in den aufklärerischen Diskurs einspeiste und Barthold Hinrich Brockes' Übersetzung 1740 ihnen breite Rezeption in Deutschland verschaffte, seither war und blieb das Studium des Menschen auch in der evangelischen Theologie eine ganz grundlegende Aufgabe. Nicht, dass die Theologie sich dieser Aufgabe nicht schon vorher angenommen hätte; dafür sind die Belege zu zahlreich. Die anthropologischen Innovationen reichen von der reformatorischen, Luther, Zwingli und Calvin verbindenden Definition des *subjectum theologiae*, über die Neuprägung des Begriffs »Anthropologie« im frühen 17. Jahrhundert, bis zur analytischen, vom praktischen Ziel der Theologie ausgehenden Methode in den ausgereiften konfessionellen Theologien. Allerdings wurde das anthropologische Interesse so stark gerade in der Verbindung des Studiums des Menschen und des Studiums Gottes. Auch nach dem Verblassen der Autorität der konfessionellen Orthodoxien blieb diese Verbindung bestehen, und das heilsgeschichtlich Besondere verband sich mit dem menschlich Allgemeinen zunächst weiterhin im großen Horizont einer kosmotheologischen Metaphysik.

Doch schon wenige Jahre nach Popes Diktum, 1749, publizierte der Theologe Johann Joachim Spalding *Gedanken über die Bestimmung des Menschen*, die erweitert und in dreizehn Auflagen bis 1794 zu einem Grundbuch der theologischen Aufklärung wurden. Der Autor, auch Übersetzer englischer Moralphilosophie, ersetzte nun die kosmotheologische Metaphysik, auf die die biblisch-heilsgeschichtliche Theologie sich bezogen hatte, durch eine religionsphilosophische Anthropologie als dem zeitgenössischen Plausibilitätshorizont der christlichen Theologie. Nicht lange, und die kritizistische Abklärung dieses Ansatzes und seine transzendentalphilosophische Explikation erlaubte dem Verehrer Spaldings, Friedrich D. E.

Schleiermacher, eine Reformulierung der gesamten christlichen Theologie im Medium einer allgemein einsichtigen Theorie des frommen Selbstbewusstseins der Menschen. Das war für viele Zeitgenossen eine aktuelle Realisierung der existenziellen Transformation der vordem spekulativen Theologie durch die Reformation und gleichermaßen der »anthropologischen Wende« der Aufklärung.

Man konnte und kann das auch anders sehen und bezweifeln, ob es sich dabei um fromme Aufklärung handelt. Aber auch dann, wenn man die Anthropologie und ihre Erfahrungsbasis nicht als den eigentlichen Begründungskontext ansieht und vielmehr auf »theozentrische« oder »christozentrische« Theologie dringt, ist kaum zu bestreiten, dass die theologische Rede vom Menschen als Ort der Bewährung von Theologie gilt. Wenn man gleichwohl nicht dem religionskritischen Argument rechtgeben will, dass Theologie in Wahrheit Anthropologie und nur Anthropologie sei, allenfalls Anthropologie in erhöhtem Ton, dann muss man erklären können, was theologische Anthropologie im Unterschied zum Gesamt der Theologie, der »Gottesgelahrtheit«, sei und bezwecke. Eine solche Eingrenzung kann man durch Inversion bewerkstelligen, wie Wolfhart Pannenberg es als *Anthropologie in theologischer Perspektive* (1983) unternommen hat; man kann es aber auch durch Regionalisierung oder, methodisch gewendet, Retopisierung erreichen wollen. So verfahren nicht nur die zahlreichen neueren Monographien zu anthropologischen Themen, sondern jetzt auch Lehrbücher wie das von Wolfgang Schoberth (*Einführung in die theologische Anthropologie,* 2006), Sammelbände wie der von Bernd Janowski (*Der ganze Mensch,* 2012) und auch historisch-systematische Präsentationen wie das *Handbuch der Anthropologie* von Wolfgang Pleger (2013).

Der jetzt vorliegende Band des »Marburger Jahrbuch Theologie« geht nochmals anders vor, indem er (wie bisher auch hier) die theologischen Disziplinen aufruft und zur Kenntnis nimmt bzw. zur Diskussion stellt, was sie Unterschiedliches zu einem Thema zu sagen haben, das einstweilen als gemeinsames Thema oder Problem unterstellt ist. Es soll und wird sich gewiss herausstellen, ob, inwieweit und wodurch sie mit ihren jeweiligen Mitteln und Zielen tatsächlich ein gemeinsames Thema erreichen und inwiefern die Vielfalt und Unterschiedlichkeit ihrer begrifflichen oder erzählerischen Äußerungen sinnvoll ist, vielleicht sogar für irreduzibel angesehen werden sollte. Materiale Vollständigkeit kann bei einem Großthema wie »Anthropologie« in keiner Weise erstrebt werden; disziplinäre Vollständigkeit wäre angemessen, aber leider sind die Perspektive der Praktischen Theologie und die der Religionswissenschaft nicht präsent. Dass die angestrebte Pluralität und Diversität der Befunde gleichwohl die gemeinsame Diskussion aller Beteiligten lohnt, möge eine erste Durchmusterung der folgenden Essays vor Augen führen.

II.

Thomas Krüger eröffnet den Band mit einer Exegese von Psalm 51, des vierten, bis heute kirchlich präsenten Psalms der Sieben Bußpsalmen. Der Alttestamentler warnt gleich zu Beginn vor allzu fragloser frommer Aneignung: Es könnte sein, dass das Selbstverständnis des Psalmsprechers sich vom christlichen Selbstverständnis in einigen Punkten unterscheidet oder ihm sogar widerspricht. Seine Auslegung schlägt (1.) eine Übersetzung vor, gliedert den älteren Textbestand, fasst den Inhalt zusammen und stellt (2.) Vermutungen an über die ursprüngliche (wohl kultische) Funktion des Psalms und über seine dann viel weiter gespannte Funktion im Rahmen des Psalters für dessen Leser. Die Analyse der Sünde(n) des Sprechers (3.) kontrastiert die große Bedeutungsbreite des Wortes »Sünde« (dessen theologischer Gebrauch die heutige Unverständlichkeit des Worts vielleicht mitbewirkt habe) mit drei klaren Feststellungen: Der Psalm meint religiöse Vergehen, die nur(!) das Verhältnis zwischen dem Sprecher und Gott betreffen. Der Sprecher sieht ein, dass er gesündigt hat, sieht und bekennt sich aber nicht als »Sünder«, der von Gott getrennt und seines heiligen Geistes verlustig gegangen wäre. Wie zu so etwas wie »Erbsünde« sagt der Sprecher (4.) auch nichts über die Art und Weise, wie er seine Sünde(n) als solche erkennt.

Ganz unfraglich dagegen erkennt der Sprecher (5.) die inneren und äußeren Folgen seiner Sünde(n) für sich selbst und bittet (6.) um die »Befreiung« von diesen. Seine eindrücklichen sprachlichen Bilder lassen den Interpreten vermuten, dass das Leiden an den »destruktiven Wirkungen der Erinnerung an eigenes moralisches Fehlverhalten« (13), d.h. die Zerstörung des positiven Selbstbildes, auch heute noch weitgehend nachvollziehbar sei. Der Ersetzung äußerer Opfer durch das »zerschlagene Herz« entsprechend, versteht er auch die kultnahe Beschreibung der erbetenen Vergebung als Bild für den »rein inneren Vorgang«, dass jene Erinnerung bei Gott und beim Sprecher selbst ausgelöscht oder für diesen wenigstens ohne Konsequenzen bleibt. Im Blick auf Gott stellt er fest, dass hier wie im gesamten religiösen Umfeld sowohl das Strafen als auch das Vergeben zur »Gerechtigkeit« Gottes gehören (14f.). Mit der Befreiung von den Sünden ist (7.) die

Befreiung von deren Folgen eng verbunden. Sie wird teils als Heilung, d.h. Wiederherstellung des Zustandes vor den Vergehen bzw. ihrer Bestrafung im physischen und psychischen Zusammenbruch verstanden, teils als eine »mehr oder weniger tiefgreifende Veränderung des Sprechers« (16) vorgestellt. »Reines Herz« klingt an prophetische Texte an, meint aber anders als dort eine Heilung; »williger Geist« scheint dagegen eine zusätzliche Hilfe zu sein, gute Vorsätze zu verwirklichen – Versprechen, die teils konventionell sind wie das öffentliche Gotteslob, teils einzigartig sind wie das von V.15, den Übeltätern Gottes Wege zu lehren und die Sünder(!) zur Rückkehr zu Gott zu bewegen. Der ausdrückliche Verzicht auf Schlacht- und Brandopfer (V.18) folgt prophetischer und weisheitlicher Kultkritik.

Dass Psalm 51 nicht einfach ›dem‹ Menschenbild der Hebräischen Bibel entspricht, zeigt (8.) das Fehlen sonst verbreiteter Bilder der Sünde (Last, Schuld, Berücksichtigung anderer Menschen). Ps. 51 stellt lediglich die Ohnmacht des Sprechers heraus, während z.B. in Jes 1,16ff. Gott fordert, Gutes zu tun, um sich von Sünden reinzuwaschen. Während der Psalter und auch der alttestamentliche Mainstream eher schablonenhaft »Sünder« und »Gerechte« typisieren, gehört Ps 51 zu einer Reihe von Texten, die Sünde als gravierendes Problem der Menschen und deren Angewiesenheit auf Vergebung und weitere Hilfestellung sehen. Doch geht Ps 51 nicht so weit wie Jer 31 oder Ez 11; 36, wo Herzenskorruption anthropologisch generalisiert und ein Eingriff Gottes ins Innere von Herz und Geist erwartet wird – wo dann aber (Ez 18,31!) das Problem des später so genannten Synergismus auftritt. Ps 51 schließt sich nicht den priesterlich-kultischen Normen der Sündenvergebung an; beim unterstellten Zusammenhang von Sünde und Krankheit teilt er die Meinung der Freunde Hiobs. Aus christlicher, in »grundlegenden Gesichtspunkten« auf paulinische Texte rekurrierender Sicht fällt (9.) auf, dass Ps 51 den Menschen nicht in einem protologischen und eschatologischen Horizont betrachtet – eine Sicht, die allerdings »im wörtlichen Sinn mit dem, was wir heute sonst noch über den Menschen wissen, kaum vereinbar« sei (26; »heute« meint evolutionäre Anthropologie). Kontinuität besteht aber darin, dass die Selbst- und Weltbeziehungen der Menschen im Horizont ihrer Gottesbeziehungen verstanden werden. Ps 51 stehe christlicher Anthropologie darin nahe, dass er die schablonenhafte Gegenüberstellung von »Gerechten« und »Sündern« überwindet, den Sündern die Möglichkeit der Umkehr zugesteht und die Befreiung von Sünden sowie die Befähigung zur Besserung allein von Gott erwartet. Schwer nachvollziehbar sei aber die Überzeugung, nur gegenüber Gott gesündigt zu haben und den »Sündern« in moralischer Überlegenheit zu begegnen. So berührend Ps 51 das Leiden unter den Sünden beschreibe, so werde die Sünde doch als lösbares Problem verharmlost.

Diese »Gedanken zu Psalm 51« orientieren sich ausdrücklich nicht an einer dogmatischen Vorgabe, die hier nicht zur Diskussion stehe. Wirklich? Ebenso klar sind sie nicht dogmatisch unbestimmt – das Vergleichsmaß ist eine »heute vertretbare christliche Anthropologie (mit reformierter Prägung)« (25). Er lässt Ps 51 als Lebensäußerung eines »fremden Verwandten« erscheinen, was die christlich-reformierte Frömmigkeit eher zu einem »neuen Lied« inspiriert »als dazu, sie sich als Gebet zu eigen zu machen – so wie es wohl auch der Absicht des Psalters entspricht« (29, vgl. schon 5). Angesichts der massiven dogmatischen Befrachtung des Ps 51 speziell in der reformatorischen (Erb-)Sündenlehre fordert diese Einschätzung eine bibelhermeneutische Debatte über exegetische Ansprüche der Systematischen Theologie heraus.

III.

In einer Analyse der neutestamentlichen Anthropologie unter der Fragestellung »Ganzheitlich oder doch dualistisch?« geht *Samuel Vollenweider* von dem »stabilen« Tatbestand aus, dass neuzeitliche theologische Anthropologien der Bibel und zumal dem Alten Testament ein im Ansatz ganzheitliches Verständnis der personalen Identität des Menschen zuschreiben und dass das Lob dieser Ganzheitlichkeit die Verurteilung anthropologischer Dichotomien oder Dualismen zur Folge hat. Das Neue Testament lasse sich aber nur mit einigem exegetischen Aufwand in die holistische Hauptlinie einreihen oder muss selber nochmals aufgeteilt oder von seiner hellenistischen Rezeption abgesetzt werden. Der Autor schlägt vor, die Stereotype »Holismus versus Dualismus« zugunsten textnäherer Beschreibungen zu relativieren.

Hierfür bringt er (I.) vier Gesichtspunkte der Problemanalyse in Anschlag. Erstens setzt er an die Stelle der Antithese das Modell eines »dynamischen Feldes«, in dem Differenzen und Duale nach ihrer Gewichtung für das personale Ganze befragt werden. Dann zeigt sich z. B. an Gen 2,7, dass die Polarität von Körper und Lebensgeist nicht sogleich zu dichotomischer Anthropologie führen muss; die Korrelation der Doppelnatur des Menschen mit zwei »Welten« und seine Kennzeichnung als Grenzgänger war auch in anderen Kulturen plausibel (wofür Philo von Alexandrien, Nemesios von Emesa und die Hermetik stehen). Zweitens setzt die neuere, kulturtheoretisch informierte Forschung an die Stelle der bloßen Alternative »Judaism – Hellenism« die Vielfalt möglicher Konstellation der »Hellenisierung«. Drittens sollte man die (allerdings nicht linearen) Prozesse religiöser Individualisierung beachten, die im Thomas-Evangelium wie bei Plotin pointiert den Einzelnen dem Göttlichen zuordnen. Viertens darf man die neuzeitliche Entgegensetzung der Kategorien von Substanz und Relation nicht ohne weiteres zurücktragen: »Partizipation«, die beides verbindet, war ein Schlüsselbegriff sowohl der paulinischen Theologie als auch des Platonismus. Nachdem er anmerkungsweise die These zitiert hat: »Das biblische Menschenbild gibt es nicht« (37, Anm. 13), unternimmt Vollenweider (II.) einen neutestamentlichen Rundgang.

Die erste Station »II.1 Der Seele und Körper in die Hölle wirft: Jesus« vergleicht Mt 10,28 mit Lk 12,4f. mit dem Ergebnis, das der Spruch auf den »ganzen« Menschen ziele, der lediglich episodisch auseinanderdividiert werde: Angesichts des Martyriums wird die Seele vor dem Körper privilegiert, aber wird endzeitlich wieder mit ihm vereinigt. Das Johannesevangelium (II.2 »Ecce homo, Geist und Fleisch« erschließt sich anthropologisch nicht leicht, weil es sehr scharfe dualistische, durch Teilhabe an Sphären bestimmte Konfigurationen aufbaut. Doch spielt der johanneische Christus dem ganzen Menschen eine radikal andere Identität zu, als er kraft seiner eigenen Herkunftssphäre hat. Die neue Herkunft (und Zukunft) wird durch eine Relation bestimmt, der von Wort und Glaube, wie die Nikodemusgeschichte (Joh 3,1–12 / 13–21) zeigt. Es bleibt allerdings die beunruhigende Frage nach dem Verständnis von »Welt« (Joh 5,19!) und nach der ethischen Verifizierung des Gezeugtseins aus Gott offen. Dagegen ist bei Paulus (II.3 »Die Entdeckung des ›inneren Menschen‹«) die ganzheitliche Sicht so klar und unbestritten, dass gegenläufige Tendenzen, die dann in ›platonischen‹ und ›gnostischen‹ Lektüren wirksam wurden, gern übergangen werden. Weniger problematisch ist da 1Thess 5,23 (II.3.1 »Geist, Seele, Körper«), wo wieder die Eschatologie die holistische Sicht verbürgt.

Komplexere Probleme stellt 2Kor 4,7–5,10 (II.3.2 »Tönerne Gefäße, innerer Mensch, Zelt und Wanderschaft), in denen sich die weit verbreitete Figur der zwei »Welten« anthropologisch expliziert. Auch hier kann festgestellt werden, dass (platonische, stoische, apokalyptische) Dualismen in endzeitlicher Perspektive exzentrisch und relational unterlaufen werden; doch ändere der »ethisch-eschatologische Turn« (46) am dualistischen Gesamtgefälle wenig. In Röm 7,7–8,17 (II.3.3 »Das gespaltene Ich und seine Erlösung«) scheint der »ganze Mensch« fernab, auch bei retrospektiver Lektüre des »Ich« und angesichts des Prätextes Gen 2f. In der Tat ist Ganzheitlichkeit nur negativ, beim »alten Menschen« beschrieben, der sich in der Retrospektive in »Fleisch« und »Ich« auffächert. Die Dualität wird im Heilshandeln Gottes zwar tiefgreifend variiert und in eine sphärische Anthropologie des neuen »Wir« eingezeichnet, aber nicht eliminiert (50; »Gravitationswellen« 48). Der Geist transformiert die archaischen Mächte, aber Ganzheit ist erst von der Vollendung zu erwarten. Ein kurzer Blick auf Jak 1,2–18) lässt ein ethisches Programm des Ganzwerdens erkennen.

Ein zweifacher Ausblick (III.) schlägt vor, diese (sehr unterschiedlichen) Wechselwirkungen holistischer und dualistischer Figuren und ihre Fortentwicklung zu einer »Zwei-Naturen-Anthropologie« kulturhermeneutisch einzuzeichnen in die europäische »Entdeckung des Selbst«. Diese verlockende Geste dürfte Bedenken erregen, ist aber der Diskussion gewiss wert. Noch verlockender ist der Vorschlag, die neutestamentliche Anthropologie mit den evolutionären Modellen der Anthropogenese zu verbinden und die Sarx als das biologische Erbe zu verstehen, das unsere Herkunft so ambivalent macht im Blick auf mögliche Zukunft in einer planetarischen Oikumene. Im Spannungsfeld zweier »Gravitationsfelder« lebend, können Christen die hier nötigen Transformationsprozesse erkennen und befördern. Das zu debattieren, wird sich lohnen, nicht zuletzt im Blick auf die Revision der traditionellen, zweifellos aporetischen Erbsündenlehre.

IV.

Eine Skizze nennt *Michael Moxter* seinen weit ausholenden Beitrag, dessen Titel »Szenische Anthropologie« sich auf nur einen, exemplarisch-experimentell fungierenden Aspekt des Themas bezieht. Dessen Bedeutung als bevorzugter Begründungskontext systematischer Theologie ist jedoch klar; seine Relevanz könne an jeder Stelle des dogmatischen Diskurses erfragt werden. Der Autor stellt als Motto die These Hannah Arendts voran, dass Lebewesen sich durch *self-display* auszeichnen, und stimmt so auf den Teil I ein, der sich mit der neuen reformatorischen, relationslogischen Perspektive auf den Menschen befasst. Es geht speziell um die in definitorischer Absicht gegebene Beschreibung des Menschen, die Luther in der Genesis-Vorlesung vorschlug, und die aufgrund von Gen 8,21 die alte substanzontologische Definition des *animal rationale* ergänzte durch *habens cor fingens* (56f.). Das setzte Luthers Auseinandersetzung mit der philosophischen Definition des Menschen fort, die er kurz zuvor in der *Disputatio de homine* (1536) geführt hatte, vor dem Hintergrund eines gemeinsamen Nichtwissens mit dem Ergebnis einer theologischen, auf Röm 3,29 begründeten Definition.

Methodisch ist hier wichtig, dass Luthers Exegese von Gen 8,21 eine Wesensdefinition mit einer Beschreibung kombiniert und dabei den Menschen nicht (primär oder idealiter) durch eine Eigenschaft bestimmt, sondern durch eine fundamentale Differenz: Er produziert die Fiktionen seines Herzens und hängt ihnen zugleich an, ja verfällt ihnen, was im Gottes-, im Welt- und im Selbstverhältnis praktisch deutlich wird (58 f.). Ähnlich wie Paul Ricoeur oder Paul Tillich denkt Moxter an eine über die relationale Anthropologie noch hinausgehende Anthropologie der Distanz. Luther sei auch erkenntnistheoretisch überzeugt, dass Menschen nichts ohne Bilder denken und verstehen können – wobei der Akzent auf der Selbsterfahrung liegt, im Widerstreit des angefochtenen Gewissens von Bildern getrieben zu werden. Luthers Definition ist nicht nur hamartiologisch, sondern auch soteriologisch einschlägig, wie seine *ars moriendi* (seit 1519) belegt: Das Bild des Gekreuzigten (NB! nicht das Urbild eines schlechterdings kräftigen Gottesbewusstseins) kann also, im Kontext von Wort und Sakrament, Tod in Leben konvertieren (60 f.). Theologisch (wie philosophisch) kann es vernünftigerweise nicht um Eindämmung der Imagination auf einem Weg zum Unsichtbaren gehen, sondern auf dem Weg vom Offensichtlichen zum Übersehenen und Verborgenen, darum, welchem Bild das menschliche Leben gleichförmig wird, individuell und sozial (Gal 3,1!): Um einen »Bilderstreit«, in dem »nichts gegen ein Bild hilft als allein ein anderes Bild« (61). Bildanthropologisch ist deutlich, dass der Mensch nicht nur mit Fakten (Wirklichkeit), sondern auch mit Fiktionen (Möglichkeit) umgeht. Wo sich dem Glaubenden das Bild Gottes in Christus verdeutlicht, die Inkarnation also als Inszenierung erweist, da wird seine Gottebenbildlichkeit zum *figmentum Dei.* Dieses geistgewirkte Geschehen ist jedoch ein Ineinander von vorgeprägtem Bild und aneignender Antwort, d. h. Bildmachen, ist also »ein individueller Bildungsprozess« (63).

Teil II will zeigen, dass Luthers prägnante Variation einer Definition des Menschen, hier: der innere Bezug reformatorischer Theologie auf Bilder und Szenen einem anthropologisch ausweisbaren Sachverhalt entspricht. Moxter durchmustert dafür die sog. Philosophische Anthropologie des 20. Jh. unter dem Gesichtspunkt einer »Anthropologie des darstellenden Handelns«. Fündig wird er (1.) in Ernst Cassirers (den Pope'schen Titel wiederholenden) *Essay on Man*, der das eigentümlich Humane in der spezifischen Reaktion auf Gegebenes sieht: zwischen *stimulus* und *response* Symbole zwischenzuschalten, die auf Abwesendes und auf Kommunikation als solche referieren. Hans Blumenberg und evolutionäre Biologie bekräftigen das *animal symbolicum*, d. h. die Kopplung von Vernunft an symbolisierende Einbildungskraft (64 f.). (2.) Hans Jonas' Deutung des Menschen als *homo pictor* ziele auf den Bildgebrauch, auf die Wahrnehmung des Bildes als Bild und verstehe die Fähigkeit, Bilder zu machen, als Fähigkeit zur Distanznahme gegenüber der Wirklichkeit. Doch nehme Jonas diese Pointe idealistisch wieder zurück – *animal rationale haben cor fingens* meint aber mehr als die äußere Ausführung einer inneren Imagination (67 f.). (3.) Hans Belting sieht die Bildpraxis im Horizont des Totenkultes begründet und folgert, dass Bildermachen wichtiger sei als Bilderhaben: Bildanthropologie erweitert sich mit der Maske (*persona*) zur szenischen Anthropologie (70).

Die Analyse (4.) von Arnold Gehlens Anthropologie des Mängelwesens unter einem theologisch bislang kaum bemerkten Gesichtspunkt fokussiert die Bedeutung darstellenden Handelns, der *performance*, des *embodied acting* im sozialen Kontext, für die Stabilisierung menschlichen Handelns. Die religionstheoretische Folgerung (Transzendenzbewusstsein) rekurriert nicht auf F. D. E. Schleiermacher oder E. Durkheim, aber auf Fichte und Hegel sowie auf G. H. Mead. Die weitgespannten Bezüge zur Konstitution des Menschen als Darsteller führen zur Einsicht, dass sein darstellendes Handeln nicht nur Stabilisierung, sondern auch »prekäre Repräsentation des Außerordentlichen« ist (75). Ein Umweg über die Phänomenologie von Jean-Paul Sartres Hauptwerk (5.1) hebt doch aufschlussreich ab auf den Zusammenhang von Identität und Differenz im menschlichen Sein, der durch den Blick des Anderen unabweislich wird: »Im darstellenden Spiel realisiert sich das Für-Sich-Sein als ›etwas, was nicht das ist, was es ist‹« (77). Markant die distanztheoretische Valenz der Theater- und Schauspielmetaphorik und die formale Nähe der von Hegel und Kierkegaard inspirierten Daseinsanalysen zur reformatorischen Anthropologie! Den Abschluss bildet (5.2) die Interpretation von Helmuth Plessners Konzept der »exzentrischen Positionalität« als Einheit von Selbstgegebenheit und Selbstdistanz. Sehr klar wird der Charakter dieser Distanzstruktur in ihrer Doppelung durch das darstellende Handeln als ›Bildentwurf‹ des Schauspielers, der seine eigene Imagination und die des Zuschauers zugleich beansprucht. Plessner *Anthropologie des Schauspielers* bringe die Bildbedingtheit des Menschen – »nie einfach und unmittelbar er selbst«, »Schauspieler« und »Zuschauer« – ans Licht (81).

Auch wenn die im anthropologischen Diskurs imaginierten und bis zu Youtube vervielfältigten Szenen des Sehens und Gesehenwerdens als Geschichten der Menschwerdung noch zu diskutieren seien, stellt Moxter als weitergehende These zu Diskussion: »Auch die kulturell manifeste und sich selbst verstärkende Präsenz des Szenischen ist zurückzuführen auf einen humanen Bedarf, auf eine szenische Prägnanz, die anthropologisch und näherhin handlungstheoretisch bedacht sein will« (82). Zumal sei »Distanz« ein anthropologischer Grundbegriff, der nicht nur hamartiologisch (der gottebenbildliche Selbstdarsteller verfehlt sich) und soteriologisch (die Begegnung mit dem Evangelium als »Schlüsselszene«), sondern auch schöpfungstheologisch, in der Ausrichtung des Menschen auf Bilder und Darstellungen einschlägig sei. »Insofern gilt anthropologisch wie soteriologisch: Szenisch existiert der Mensch in Distanz zu sich selbst« (84).

V.

Der Anspruch des zuletzt vorgestellten Beitrags, reformatorische Theologie zu betreiben und wesentliche anthropologische Einsichten Luthers fortzuschreiben, lässt sich prüfen mithilfe des komprehensiven Beitrags von *Notger Slenczka* über »Die Anthropologie Martin Luthers«. Wie der Untertitel »Selbstverständnis und Selbstmissverständnis in unfreier Freiheit« erkennen lässt, gibt auch hier die rechtfertigungstheologische Perspektivierung der Anthropologie die methodische Leitlinie ab. Dass der Beitrag umständehalber die überarbeitete Fassung eines Essays im *Oxford Handbook of Martin Luther's Theology* (2014) darstellt, ist im Rahmen des Bandes eher ein Vorteil, weil er Komplexität anthropologischer Reflexionen auf »typbildende Grundthemen«, also einen transparent konstruierten Zusammenhang zu beziehen erlaubt.

Der Essay setzt ein mit (1.) der vorreformatorischen wissenschaftlichen Verständigung über den Menschen, mit der sich Luther auseinanderzusetzen hatte: die Kommentierung der (hylomorphistischen) Psychologie und der (Tugend- und Glücks-)Ethik Aristoteles' sowie die des Sentenzen des Lombarden, die auch die neuplatonisch-augustinischen Modifikationen tradierten. Gemeinsam ist, dass die Frage nach dem Wesen und die nach der Bestimmung des Menschen fest verbunden sind, also die Anthropologie »von vornherein soteriologisch konzipiert« ist (88). Luthers Neubestimmung der Grundlage von Anthropologie steht (2.) nicht nur im Kontext speziell der Franziskanerschule, sondern schöpft aus zwei weiteren Quellen: der Exegese der Psalmen und der seelsorgerlichen Erfahrung mit dem

Bußsakrament. Ganz zurecht weist Slenczka auf den daraus folgenden Unterschied in der Perspektive hin: Luther reflektiert aus der Sicht des Pönitenten, die vorreformatorische Theologie aus der Sicht des zu instruierenden Beichtvaters (das ist auch im Tridentinum so, und noch die Gegner der »Gemeinsame[n] Erklärung zur Rechtfertigungslehre« 1999 haben das übersehen). Luther leitet z. B. anhand von Ps 69 an zur Selbstreflexion affektiver Zustände der Subjektivität in ihrer Relation zu Gott und formiert entsprechend die Kategorien des Äußeren bzw. Inneren neu, mit dem Ergebnis, dass Glaube das völlige Vertrauen des Gewissens oder Herzens in Gott ist und die eigentliche Sünde der Unglaube. Als entscheidende Einsicht Luthers wird aber festgehalten, dass diese Instanzen keine Gegebenheit sind, die sich sekundär auch auf Gott bezögen: Der Mensch existiert nur so, dass er auf anderes seiner selbst m Modus des ›Sich-Verlassens-auf‹ bezogen ist. Er ist immer ein »Vertrauenswesen«, nicht nur im Sinne eines objektiven Begründungsverhältnisses, sondern als »subjektiver Vollzug«, als »ein *Sich-Begründet-Wissen*« (94, kursiv orig.). Man könnte fragen, ob Luthers Beschreibung des »Sich-Verlassens-auf« in die Begrifflichkeit von »Begründung« übersetzt werden kann; da er schon hier auf Schleiermacher vorausweist, ist die Antwort Slenczkas klar.

Als ausgereifte Gestalt der der anthropologischen Einsichten Luthers analysiert Slenczka (3.) detailliert die *Disputatio de homine* von 1536. Die Interpretationen seit G. Ebeling fortführend formuliert er Grundaussagen über das sündige Selbstmissverständnis der Vernunft, die ihre fortbestehende Vortrefflichkeit ins Gottesverhältnis einzeichnet, und charakterisiert die Rechtfertigung des Sünders als eine »Relektüre des biblischen Erzählzusammenhangs« im »›Modell‹ einer anthropologischen Bewegung« (96). Dass die Soteriologie der Ursprung einer »sachgemäßen Anthropologie« ist, impliziert die externe, passive Konstitution des Menschen als Geschaffener und als Erlöster, seine Selbsterkenntnis allein auf dem Weg der Erkenntnis seines fremden Grundes und seine zeitliche, auf Vergangenes und Zukünftiges bezogene Exzentrizität. Die Grundthese Luthers wird darin gesehen, dass sich eine sachgemäße Anthropologie nur(!) auf der Basis des »heilsgeschichtlichen Narrativs« bzw. von dessen »biographische[m] Niederschlag« ergibt: »Die Einheit des Menschseins ist nicht die Einheit des gleichbleibenden Subjektes dieser Geschichte, sondern [...] ist die Einheit dieser Geschichte« (98). Trotz der Rede von »Stationen« in ihr folgert Slenczka, anders als die (nicht erwähnte) altlutherische

Status-Anthropologie, dass es zwei konkurrierende Anthropologien aus der Perspektive des Sünderseins und aus der des Glaubens gebe: Luthers Einsichten können »nicht einfach in einem systematischen locus ›De homine‹ zusammengefasst« werden (98). Es fragt sich dann allerdings, wer die erstere Anthropologie schreiben soll, wenn doch der sündige Mensch sich selbst gar nicht durchsichtig ist, seine »Perspektive« vielmehr erst in der des Glaubens zum eindeutigen Kontrast wird. Und es fragt sich, ob »Anthropologie« zu sagen noch angebracht ist, wenn ihr Gegenstand nur als Vorgänge oder Ereignisse gegeben ist, richtiger: erzählt werden kann, und theologisch nur »eine Art ›eschatologischer Definition‹ des Menschen«, wie Luthers abschließende These 36 genannt wird (94), möglich ist.

Die folgenden Abschnitte entfalten beide oben angeführten Grundaussagen sehr detailliert. Dabei weist Slenczka (4.) auf das Verdienst der finnischen Forschung hin, gezeigt zu haben, dass bei Luther die »Rechtfertigung« engstens mit der »Vereinigung mit Christus« verknüpft ist (99). Doch er selbst vermeidet die Assoziation einer »gegenständliche[n] Anwesenheit Christi ›im‹ Glaubenden« zugunsten des »Ergreifens« der Person draußen »in einem Akt des über die Integration des Fremden vermittelten Selbstbewusstseins« (101 f.): Diese »durch den Glauben konstituierte Einheit von Sünder und Christus [wird sich] eschatologisch in einer unio cum Christo realisieren« (102). Der hier aus Luther zitierte »Blick« des Glaubenden ist ein Hinweis darauf, dass bildanthropologische Überlegungen die Position Slenczkas noch weiter zu entwickeln erlauben könnten. In (5.) und (6.) wird die Selbstundurchschaubarkeit des Sünders auf die Erfahrung des Gesetzes bezogen, das den Menschen unentrinnbar einer Rechenschaftsforderung aussetzt. In allen Formen des Verhältnisses zu ihm bleibt ihm die ihn bestimmende Sünde gegen das Erste Gebot, das »Sich-nicht-angewiesen-Wissen«, verborgen (106); erst das Evangelium durchbricht die Selbsttäuschung des Sünders. In (7.) wird die bleibende Hoheit der Vernunft in der heilsgeschichtlich und existentiell-biographisch konturierten Erzählung, in der sich ja das Wesen des Menschen darstellt, daran abgelesen, dass sie den Menschen auch außerhalb des Christusglaubens »zur Erkenntnis der in der Schöpfung eingelassenen Ordnungen und zu einem an ihnen orientierten Lebensvollzug befähigt« (108). Obwohl Slenczka betont, dass Luther nicht die Schrift, sondern die Vernunft, d.h. hier: das in die Herzen geschriebene, mit dem Dekalog materialiter identische Gesetz, als Quelle, Norm und Kriterium rechtmäßiger ethischer Forderungen etabliert, diskutiert er das Naturrecht nicht, wie schon nicht in (5.) – das moderne, ganz andere Konzept dürfte aber auch anthropologisch erheblich sein.

Die überlieferte, von Luther engagiert traktierte und bis heute herausfordernde Frage, ob und in welchem Sinn der Mensch über einen freien Willen verfüge, behandelt Absatz (8.) noch eigens. Er stellt die Position Luthers im Gefolge Augustins und im Kontrast zu Erasmus so dar, dass Vernunft und Willensvermögen als gleichermaßen für sich selbst undurchschaubar gegen sich selbst arbeiten: Sünde ist »eine Gestalt des Wollens, […] das nicht in der Hand dessen ist, der will«. Luther verlasse hier auch die soteriologische und spezifisch theologische Argumentation, argumentiere gleichwohl, für anthropologische Verständigung weiterführend, »phänomengerecht« (114f.) – ein neues Kriterium? Das Profil von Luthers Anthropologie (9.) liegt, unbeschadet theoriefähiger Aspekte, in ihrem gegenüber den philosophischen und theologischen Vorgaben »gänzlich andere[n] Gestus«. Sie schöpft aus Selbsterfahrung und zielt darauf ab, dies zu deuten (Rechenschaftsforderung im Gesetz) und zu wecken (externe Konstitution im Evangelium). Luthers Auslegung von Ps 51 belegt, dass es nicht um das *cognoscere* des Sünderseins, sondern um das *sentire* geht (116). Man kann allerdings fragen, ob diese Profilierung die Korrelation von Gesetz und Evangelium zu einem symmetrischen Antagonismus verkürzt – entgegen der heilsgeschichtlichen Doppelrolle des Gesetzes bzw. der Vernunft, die auch Slenczka durch das Gesetz auf das *bonum commune* ausgerichtet sieht (108), die also auch vom göttlichen Schöpfungs- und Erhaltungssegen lebt.

VI.

Das *Donum superadditum* des vorliegenden Bandes, *Michael Welkers* Exposé »Gedächtnis, Vorstellungskraft und der menschliche Geist«, erprobt die Korrelation von Phänomenen und Theorien des Mikrogedächtnisses bzw. der Mikroimagination und des Makrogedächtnisses bzw. der Makroimagination. Das bewegt sich zweifellos auf anthropologischem Terrain, und es fügt den andern Beiträgen Aspekte hinzu, die dort abgeschattet oder gar nicht präsent sind. Für die Diskussion könnten zwei Anregungen nützlich sein. Die eine liegt in Welkers Überlegungen zum kulturellen und speziell zum kanonischen Gedächtnis, das die kollektive Erinnerung vor den Veränderungen und Gefährdungen des kommunikativen Gedächtnisses schützt. Seine Beobachtungen zur Entstehung von Kanones (angesichts der Erfahrung radikaler geschichtlicher Diskontinuität) und die Annahme, der Kanonisierungsprozess stelle eine begrenzte Mehrzahl von Interpretationen bereit (124 f.), könnten zusammengeführt werden mit Slenczkas anthropologischem Rekurs auf das heilsgeschichtliche Narrativ. Das würde auch die dort offen gelassene Frage, wie sich das kraft Wiederholung und Auslegung längerfristig stabile heilsgeschichtliche Narrativ in aktuelle biographische Narrative übersetzt und übersetzen lässt, präziser stellen helfen.

Eine zweite Anregung liegt in Welkers Frage, wie die Leistungen des Gedächtnisses mit der Imagination verknüpft werden, die unsere Orientierungsleistungen und praktisches Handeln stimuliert. Denn dafür rekurriert Welker auf den menschlichen Geist, dessen Macht in der moralischen Kommunikation, in der die gegenseitige Achtung gewährt oder entzogen wird, komplexe Gestalt gewinne (128 f.). Nun ist schon die kulturanthropologische Bedeutung der Anerkennung des Anderen als Anderen und Fremden ein theoretisch schwergewichtiges und praktisch brandaktuelles Thema, das intensive Diskussion verdiente, über die Andeutungen im vorliegenden Band hinaus. Aber vor allem der Begriff »Geist« sollte diskutiert werden, der in den exegetischen Beiträgen des Bandes selbstverständlich mehrfach aufscheint und auch in der Darstellung der Anthropologie Luthers als Homonym zu »Herz« und »Gewissen« zitiert wird. Nach Welker manifestiert sich die Erschließungs- und Steuerungskraft des Geistes auch im menschlichen Gewissen – ist diese *syneidesis* (129) systematisch-theologisch gar nicht problematisch? Dies fragt sich erst recht, wenn man nicht nur dem göttlichen, sondern auch dem menschlichen Geist die »faszinierende Kraft« zuschreibt, »auf Abwesendes zuzugreifen« und auch »gemeinschaftlich geistige Sachverhalte, ja ganze geistige Welten zu teilen« (ebd.) – wenn also das *animal symbolicum* einer »szenischen Anthropologie« mit einem nicht mehr binär codierten »Geist« spezifiziert wird. Ein solcher Geistbegriff sollte in der Diskussion über theologische Anthropologie nicht aus Furcht vor platonischem oder manichäischem Dualismus marginalisiert werden.

Die Lektüre des vorliegenden Bandes bietet zweifellos weitere Anlässe zur Diskussion. Dazu gehören sicherlich die hier vorgeschlagenen Interpretationen der »Gottebenbildlichkeit« des Menschen oder die Kategorie des Bildlichen in den äußeren und inneren »Bildern« und in der Mitteilung von Wort und Sakrament; oder der sehr weiträumig und mehrschichtig gebrauchte, kognitiv und affektiv konnotierte Begriff »Wissen« – worin besteht genau die Analogie der Wissensformen, auf dem großen Gelände zwischen »Selbstbewusstsein«, dem Wissen, das eine Anthropo*logie* generiert, und dem »impliziten« Wissen sich erstreckt? Zu schweigen von der *scientia Dei*… Dieser Sammelband führt den Titel »Anthropologie« heuristisch und spannt einen großen Rahmen auf von der Definition des Gegenstandes »Mensch« bis zu den teils anziehenden teils abstoßenden Narrationen vielfältiger Vorgänge und bewegter Zeiten im Menschenleben. Wie wäre es, wenn wir semantisch und stilistisch so unschöne Begriffe wie »differenzanthropologisch« oder »distanzanthropologisch«, wenn wir vor allem die durch sie angesonnene Abkürzung verschmähten und die Umständlichkeit der *Beschreibung* des Menschlichen, als für Menschenleben wesentlich, auf uns nähmen überall dort, wo wir *ecce homo* sagen können? Das würde nicht nur einem philosophischen Vorschlag Blumenbergs folgen, sondern auch Luthers theologischer Verflüssigung der anthropologischen Definition ins Verbum des Lebens.

Thomas Krüger

Der Mensch und die Sünde: Gedanken zu Psalm 51

Anthropologie basiert auf Erfahrungen mit Menschen (anderen Menschen und sich selbst) und dem Nachdenken über diese Erfahrungen im Austausch mit anderen Menschen (die ihrerseits Erfahrungen mit Menschen gemacht und darüber nachgedacht haben). Erfahrungen können dabei auch die Form von wissenschaftlichen Untersuchungen annehmen, oder auch von Bemühungen, die Hinterlassenschaften und Lebenszeugnisse von Menschen früherer Zeiten zu verstehen, die unter anderen Umständen gelebt haben als wir und im Rahmen anderer kultureller und religiöser Bedingungen ihr Leben als Menschen zu verstehen versucht haben. Die Beschäftigung mit solchen »fremden Verwandten« erweitert unseren Erfahrungs- und Reflexionshorizont und kann uns zu neuen anthropologischen Einsichten verhelfen, zumindest aber dazu, unsere eigenen Erfahrungen und Überzeugungen besser zu verstehen und eine kritische Distanz zu ihnen zu gewinnen.

In diesem Sinne soll im Folgenden Ps 51 genauer betrachtet werden. Als Bitte an Gott um Vergebung begangener Sünden und Unterstützung bei der Vermeidung künftiger Verschuldungen bringt der Psalm einen Aspekt des Menschseins zur Sprache, der für eine christlich-theologische Anthropologie von zentraler Bedeutung ist. Bis heute machen sich Menschen diesen Psalm (als vierten der sieben »Bußpsalmen«[1]) in ihrer persönlichen Frömmigkeit als Gebet zu eigen (und wird ihnen das kirchlicherseits nahegelegt). Bei genauerem Zusehen kann man allerdings fragen, ob das Selbstverständnis des Sprechers dieses Psalms sich nicht in einigen Punkten von einem christlichen Selbstverständnis unterscheidet oder ihm sogar widerspricht.

[1] Ps 6; 32; 38; 51; 102; 130; 143. Vgl. Susan Gillingham, Psalms Through the Centuries Bd. 1, 2008, 55. Noch früher bildete Ps 51 einen Teil des christlichen Morgengebets, vgl. Gillingham, Psalms, 41.52. Zur Rezeption von Ps 51 vgl. Dominik Helms, Franz Körndle, Franz Sedlmeier, Hg., Miserere mei, Deus, Würzburg 2015.

1. *Übersetzung*

1 Für den Chorleiter. Ein Psalm. Von David, *2* als der Prophet Natan zu ihm
gekommen war, nachdem er zu Batseba gegangen war.

3 Sei mir gnädig, Gott, nach deiner Güte,
nach deinem großen Erbarmen tilge meine Vergehen.

4 Wasch mich rein von meiner Schuld,
und reinige mich von meiner Sünde.

5 Ich kenne meine Vergehen,
und meine Sünde ist mir stets gegenwärtig.

6 Nur gegen dich habe ich gesündigt,
und getan, was schlecht ist in deinen Augen,

sodass[2] du gerecht bist in dem, was du sagst,
rein bist, wenn du Recht sprichst.

7 Sieh, mit[3] Schuld bin ich geboren worden,
und mit Sünde hat mich meine Mutter empfangen.

8 Sieh, Wahrheit im Inneren[4] gefällt dir,
und im Verborgenen lässt du mich Weisheit erkennen.

9 Entsündige mich mit Ysop, damit ich rein werde,
wasche mich, damit ich weißer werde als Schnee.

10 Lass mich Jubel und Freude hören,
die Knochen, die du zerschlagen hast, sollen frohlocken.

[2] Zu dieser (in den gängigen Wörterbüchern nicht aufgeführten) Bedeutung von *lᵉmaʿan* siehe Paul Joüon & Takamitsu Muraoka, A Grammar of Biblical Hebrew, Subsidia Biblica 27, Rom 2006, § 169g. Vgl. auch Ernst Jenni, Die hebräischen Präpositionen Bd. 3: Die Präposition Lamed, Stuttgart 2000, 289 ff. Meist wird *lᵉmaʿan* hier im Sinne von »damit« verstanden.

[3] Zur modalisierenden Bedeutung der Präposition *b* in diesem Vers vgl. Ernst Jenni, Die hebräischen Präpositionen Bd. 1: Die Präposition Beth, Stuttgart 1992, 329 ff., bes. 344 ff. (Handlungsabstrakta [A^H]). »Ein Satz x + *b* + (y=A^H) besagt, daß ein Geschehen x abläuft, wobei y zutrifft. y gibt dabei den modalen Umstand des Vorgangs oder der Handlung x an. Im Unterschied zu *b* + Infinitiv wird dabei nicht auf den Zeitpunkt der gleichgestellten Geschehnisse geachtet, sondern nur auf den Begleitumstand als solchen« (344).

[4] Was *ṭuḥoṯ* (»Inneres«) und *sāṯum* (»Verborgenes«) genau bedeuten, ist nicht ganz klar. Vgl. zu *ṭuḥoṯ* Ges^{18}: Verborgenes, Inneres des Menschen (?), KAHAL: im Verborgenen, Inneren (Eingeweide, Nieren, Gewissen), CDCH: perh. viscera, innards ... perh. darkness, zu *sāṯum* Ges^{18}: das Verborgene, Geheime ... im Geheimen, KAHAL: insgeheim, CDCH: secret, secrecy ... perh. closed place, i. e. heart.

11 Verbirg dein Gesicht vor meinen Sünden,
und tilge alle meine Schulden.

12 Schaffe mir ein reines Herz, Gott,
und erneuere einen gefestigten Geist in meinem Inneren.

13 Verstoße mich nicht aus deiner Nähe[5],
und nimm mir deinen heiligen Geist nicht weg.

14 Bringe mir wieder den Jubel über deine Hilfe,
und stärke mich mit einem willigen Geist.

15 Ich will die Übeltäter deine Wege lehren,
damit die Sünder zu dir zurückkehren.

16 Rette mich vor Blutschuld (oder: Blutvergießen), Gott, Gott meiner Rettung,
meine Zunge soll über deine Gerechtigkeit jubeln.

17 Herr, öffne meine Lippen,
damit mein Mund deinen Ruhm verkündigen kann.

18 Denn Schlachtopfer würden dir nicht gefallen,
sonst würde ich (welche) stiften;
ein Brandopfer würdest du nicht annehmen.[6]

19 Schlachtopfer für Gott sind ein zerbrochener Geist,
ein zerbrochenes und zerschlagenes Herz;
Gott, (die) wirst du nicht verschmähen.[7]

20 Tue Zion Gutes nach deinem Wohlgefallen,
baue die Mauern Jerusalems.

21 Dann wirst du Gefallen haben an rechten Opfern,
an Brandopfern und Ganzopfern,
dann wird man Stiere darbringen auf deinem Altar.

[5] Wörtlich: »von vor deinem Gesicht« (*mill^e^pāneyḵā*).

[6] Die Übersetzung folgt der Satzabgrenzung durch die Masoreten. Vgl. schon die Septuaginta: »Denn wenn du ein Opfer wolltest, gäbe ich es (oder: hätte ich es gegeben), / an Ganzbrandopfern wirst du kein Wohlgefallen haben« (Septuaginta deutsch).

[7] Die Übersetzung folgt der Satzabgrenzung durch die Masoreten. Anders die Septuaginta: »Ein Opfer für Gott (Singular!) ist ein verwundeter Geist, / ein verwundetes und erniedrigtes Herz wird Gott nicht verachten (3. Person!)« (Septuaginta deutsch).

2. *Aufbau, Thematik und Pragmatik*

Die Verse 1f. heben sich deutlich als prosaische Überschrift bzw. Einleitung vom folgenden poetischen Hauptteil des Textes ab und sind wie die anderen Überschriften im Psalter wohl sekundär.[8] Zwar passt Ps 51,3ff. vordergründig zu 2Sam 11f. (vgl. Ps 51,6 mit 2Sam 12,13), aber dort hat David nicht ›nur gegen Gott gesündigt‹.[9] Auch V. 20f., die voraussetzen, dass der Psalm aus einer Zeit stammt, in der Jerusalem keine (oder allenfalls schwer beschädigte) Stadtmauern hatte, passen nicht zu V. 1f. Sie passen aber auch nicht gut zu V. 18f., nach denen Jahwe Schlachtopfer und Brandopfer grundsätzlich verschmäht - und nicht nur, weil seine Stadt momentan beschädigt ist - und gehören deshalb kaum zum Grundbestand des Textes.[10] Die folgende Auslegung konzentriert sich auf den älteren Textbestand in V. 3–19, ohne damit behaupten zu wollen, dass dieser literarisch einheitlich ist.

V. 3–19 sind nicht deutlich gegliedert.[11] Inhaltlich geht es in V. 3–11 v.a. um die Sünden des Sprechers und ihre Vergebung und in V. 10–17 v.a. um das weitere

[8] Vgl. z.B. Erich Zenger in Frank-Lothar Hossfeld & Erich Zenger, Psalmen 51–100, HThKAT, Freiburg im Breisgau 2000, 49.

[9] In der rabbinischen Exegese wird allerdings gelegentlich versucht zu zeigen, dass David sich in der Batseba-Affäre keinem Menschen gegenüber schuldig gemacht habe, vgl. Amos Ḥakham, Psalms 1–57, The Bible with the Jerusalem Commentary, The Koschitzky Edition, Jerusalem 2003, 404f., mit Hinweis auf Shabbat 56a.

[10] Vgl. z.B. Zenger in HThKAT, 45. Die Verfasserschaft von V. 20–21 scheint also das Gebet V. 3–19 in die Zeit zwischen der Zerstörung des Jerusalemer Tempels 587v und dem Wiederaufbau der Stadtmauern Jerusalems unter Nehemia zu datieren. Demnach wird sie V. 1–2 noch nicht gekannt haben. (Die Ergänzer von V. 1–2 haben V. 20 dann vielleicht auf den Tempelbau unter Salomo bezogen.) Vgl. auch Carolin Neuber, »›Neues Herz‹ und ›Neues Jerusalem‹: Individuelle und kollektive Neuschöpfung in Psalm 51«, in Helms u.a., Miserere, 149–158.

[11] V. 3–19 wird gern in die zwei Hauptteile V. 3–11 und V. 12–19 gegliedert, die durch die Stichworte »tilgen« bzw. »Herz« und »Geist« gerahmt werden, vgl. etwa Zenger in HThKAT, 47. »Während der erste Teil um Befreiung von der durch Sünde bestimmten Vergangenheit bzw. Gegenwart des Beters bittet, damit ein Neuanfang möglich wird, erfleht der zweite Teil ›eine bleibende Hilfe für die Zukunft, einen dauernden Wandel, zugleich einen Beistand, der auf dem neuen Weg nicht allein läßt ...‹« (ebd. mit Zitat von Werner H. Schmidt, »Individuelle Eschatologie im Gebet: Psalm 51«, in Klaus Seybold & Erich Zenger, Hg., Neue Wege der Psalmenforschung, HBSt 1, Freiburg ²1995, 345–360: 353). Enger dem Gedankengang des Textes folgend gliedert z.B. Hans-Joachim Kraus, Psalmen, BK 15.1, Neukirchen-Vluyn ⁶1989, 383: V. 3–4 Anruf, V. 5–8 Erkenntnis der Schuld, V. 9–11 Bitte um Entsündigung, V. 12–14 Bitte um ein reines Herz und einen willigen Geist, V. 15–19 Gelübde und Gedanken über das rechte Opfer. Zu den Strukturen in Ps 51 vgl. ausführlicher Andreas Wagner, »Psalm 51 - Strukturen und Botschaft«, in Helms u.a., Miserere, 33–69.

Leben des Sprechers nach erfolgter Vergebung. V. 18–19 lenken den Blick noch einmal auf die Gegenwart der Rede zurück.

Der Inhalt von V. 3–19 lässt sich etwa folgendermaßen zusammenfassen: Der Sprecher hat gesündigt und leidet darunter. Er bittet Gott um Vergebung und innere Erneuerung. Wenn Gott seine Bitten erhört, kann und will der Sprecher ihn loben und die Sünder auf den rechten Weg und zu Gott zurückbringen. Der Sprecher will Gott keine Opfer darbringen, weil er weiß, dass sie Gott nicht gefallen. Er hofft darauf, dass Gott ihn als innerlich gebrochenen Menschen auch so annehmen wird.

Ps 51,3–19 ist gestaltet als Gebet eines Menschen zu seinem Gott. Sein Sprecher ist nicht unbedingt mit seinem Autor identisch. Es ist auch nicht klar, ob der Autor hier seine eigenen Erlebnisse und Gedanken darstellt oder ob er eine fiktive (aber vielleicht trotzdem realitätsnahe) Situation eines Menschen beschreibt. Vorstellbar ist, dass der Psalm ursprünglich als kultischer Gebrauchstext verfasst wurde, der (wörtlich oder mit Anpassungen) in Vergebungs- bzw. Heilungsritualen verwendet werden konnte und deshalb in seiner Situationsbeschreibung eher allgemein gehalten war. Davon wäre dann aber seine jetzige Funktion als Teil des Psalters zu unterscheiden.

Von seinem Aufbau her kann der Psalter nämlich kaum als eine Zusammenstellung von Gebeten für Ritualfachleute oder für den Eigengebrauch der Leserschaft verstanden werden. Dafür ist die Anordnung der Psalmen einerseits zu unsystematisch (Texte für bestimmte Lebenslagen oder Feste stehen nicht nebeneinander) und andererseits zu diskursiv (nebeneinanderstehende Psalmen interpretieren und kritisieren sich häufig gegenseitig, oder eine Reihe von Psalmen beleuchtet ein Thema oder mehrere Themen aus verschiedenen Gesichtspunkten). So dürfte die Zusammenstellung der Psalmen im Psalter eher die Absicht verfolgen, die Leserschaft zum Nachdenken über die einzelnen Texte herauszufordern. Sie könnte etwa zur Ausbildung von Kultsängern oder auch für die geistliche Erbauung der Leserschaft verwendet worden sein und diese nicht nur zur gelegentlichen Einstimmung in die gelesenen Gebete (oder Teile davon) inspiriert haben, sondern auch zur Formulierung neuer und eigener Psalmen.[12]

12 Vgl. Hans-Peter Mathys in Walter Dietrich, Hans-Peter Mathys, Thomas Römer, Rudolf Smend, Die Entstehung des Alten Testaments, ThW 1, Neuausgabe, Stuttgart 2014, 497f. Mutatis mutandis dürfte entsprechendes für die rechtlichen, die weisheitlichen und vielleicht auch die prophetischen Schriften der Hebräischen Bibel gelten.

3. Die Sünde(n) des Sprechers

Mit »Sünde(n)« kann im Deutschen wie im Hebräischen durchaus Verschiedenes gemeint sein. Gemäß Duden[13] bezeichnet das Wort »Sünde« im Deutschen (1) die Übertretung eines göttlichen Gebots (Beispiele: eine schwere oder lässliche Sünde; eine Sünde begehen; seine Sünden beichten, bekennen, bereuen; jemandem seine Sünden vergeben), (2) einen Zustand, in dem sich jemand durch eine Sünde oder durch die Erbsünde befindet (Beispiele: die Menschheit ist in Sünde geraten; die beiden leben in Sünde [d.h. leben unverheiratet zusammen: veraltet]), (3) eine Handlung der Unvernunft, die nicht zu verantworten ist; eine Verfehlung gegen bestehende (moralische) Normen (Beispiele: architektonische Sünden; es wäre eine [wahre] Sünde [eine Dummheit], wenn …; sie hat ihm seine Sünden [Fehltritte] verziehen). Als Synonyme für »Sünde« nennt der Duden: Sakrileg, Übertretung, Unrecht, Verfehlung, Vergehen, Verstoß, Zuwiderhandlung; (gehoben) Fehltritt, Frevel, Übeltat; (emotional) Schandtat, Untat; (gehoben veraltend) Missetat, Sakrilegium.

In der christlichen Theologie war und ist die Bedeutungsbreite von »Sünde« eher noch größer.[14] So wird z.B. von Sünde teilweise ausschließlich im Blick auf das Verhältnis eines Menschen zu Gott gesprochen,[15] teilweise aber auch im Blick auf das Verhältnis eines Menschen zu sich selbst, zu seinen Mitmenschen und zu seiner weiteren Umwelt.[16] In der Dogmatik können menschliche Taten (»Tatsünden«) oder Haltungen als »Sünde(n)« bezeichnet werden, aber auch »das verkehrte Verhältnis des Menschen zu Gott, mit dem ein verkehrtes Selbst- und Weltverhältnis einhergeht« oder »ein sich verobjektivierender Wirkzusammenhang,

[13] http://www.duden.de/rechtschreibung/Suende (5.1.2017).

[14] Siehe etwa Heinrich Holze & Martin Abraham in RGG[4] 7, 2004, 1881ff.; Horst Georg Pöhlmann, Abriss der Dogmatik, Gütersloh [6]2002, 199ff.

[15] So z.B. Pöhlmann, Abriss der Dogmatik, 208f.: Sünde »ist im innersten nicht privatio boni, sondern privatio Dei. Man bricht ihr die Spitze ab, wenn man ihr Wesen nicht einzig und allein – und nicht *auch noch* – als Rebellion gegen Gott versteht.«

[16] So z.B. der Katechismus der katholischen Kirche, München 1993, 487: »Die Sünden sind vielfältig ...« Man kann sie u.a. »in Sünden gegen Gott, gegen den Nächsten und gegen sich selbst einteilen ...« Vgl. Wilfried Joest & Johannes von Lüpke, Dogmatik II, Göttingen [5]2012, 61ff.: »Sünde im zwischenmenschlichen Verhältnis«, »Sünde im Verhältnis zu Gott«, »Sünde im Verhältnis zu den Gütern der Schöpfung«.

der solcherart als Fluch die Welt bedrängt«.[17] Dieser etwas verwirrende und zumindest auf den ersten Blick unklare Sprachgebrauch (ist Sünde eine Tat, eine Haltung, ein Verhältnis oder eine quasi-personhafte Wirkgröße?) hat vielleicht mit dazu beigetragen, dass der theologische Sinn von »Sünde« »in den neuzeitlich-säkularen Kontexten, aber auch in den kirchlichen Kommunikationszusammenhängen der Gegenwart unverständlich geworden« ist.[18]

Ps 51 gebraucht zur Bezeichnung von »Sünde(n)« v. a. Ableitungen der hebräischen Wurzeln *ḥṭʾ*, *ʿwh* und *pšʿ*. Die Bedeutung von *ḥaṭṭāʾṯ* kann etwa mit »Sünde, Schuld, Vergehen, Sündenstrafe, Sündenritus, Sündopfer« angegeben werden, die von *ḥēṭʾ* mit »Sünde, Sündenlast, Schuld, Verfehlung, Versäumnis«, die von *ḥaṭṭāʾ* mit »sündig« bzw. »Sünder«, die von *ʿāwōn* mit »Sünde, Vergehen, Schuld, Verschuldung, Folge der Sünde: Sündenstrafe« und die von *pešaʿ* mit »Vergehen, Verbrechen, Frevel, Sünde«.[19] Das Verb *ḥṭʾ* bedeutet im Qal etwa »sich vergehen, sündigen, verfehlen, vermissen«, im Pi'el »jemanden oder etwas entsündigen, reinigen; etwas als Sündopfer darbringen«. *pšʿ* Qal kann etwa mit »sich vergehen, (ver)sündigen, freveln« oder »abtrünnig werden, von jemandem abfallen, mit jemandem brechen« übersetzt werden. Mit Ausnahme von *ḥṭʾ* Pi'el beziehen sich alle diese Ausdrücke in Ps 51 – vielleicht mit unterschiedlichen, aber nicht mehr genau rekonstruierbaren Konnotationen – auf denselben Sachverhalt: die Sünde(n) (bzw. Verfehlung[en], Vergehen u. a.) des Sprechers.[20]

Was damit in Ps 51 gemeint ist, geht am deutlichsten aus V. 6 hervor: Dass der Sprecher gegenüber Gott »gesündigt« hat (*ḥṭʾ* Qal), wird im synonymen Parallelismus Membrorum in dem Sinne wiederholt und variiert, dass er etwas getan hat (*ʿśh*), was in den Augen Gottes schlecht (oder böse) war (*raʿ*), d. h. was Gott als

[17] Die beiden letzten Zitate aus Christine Axt-Piscalar in TRE 32, 2001, 428 f. Dort findet sich auch die Feststellung, »das Wesen der Sünde« sei »der Unglaube« (429). Nach Wolf Krötke in RGG[4] 7, 2004, 1890 ist Sünde u. a. »Hochmut und Sich-Hingeben an das ›Fleisch‹«.

[18] Wilhelm Gräb in TRE 32, 2001, 436.

[19] Nach Ges[18]; vgl. DCH.

[20] Dass die Wörter, die in Ps 51 zur Bezeichnung von Sünde(n) verwendet werden, mehr oder weniger austauschbar sind, zeigt der poetische Parallelismus: V. 4 *ʿāwōn* / *ḥaṭṭāʾṯ*, V. 5 *pešaʿ* / *ḥaṭṭāʾṯ*, V. 7 *ʿāwōn* / *ḥēṭʾ*, V. 11 *ḥēṭʾ* / *ʿāwōn*, V. 15 *pšʿ* / *ḥaṭṭāʾ*. Die Septuaginta übersetzt *pešaʿ* und *ʿāwōn* mit *anomia* »Gesetzlosigkeit« (in V. 3 wird *pešaʿ* mit *anomēma* »Gesetzesübertretung« wiedergegeben) und hat so in V. 4.5.7.11 immer *hamartia* »Sünde« im synonymen Parallelismus mit *anomia* »Gesetzlosigkeit« (vgl. V. 15 *anomos* »gesetzlos« in Parallele zu *asebēs* »gottlos«). Die Vulgata übernimmt dies und hat so stets *peccatum* »Sünde« parallel zu *iniquitas* »Unrecht« (vgl. V. 15 *iniquus* »Ungerechter« in Parallele zu *peccator* »Sünder« bzw. *impius* »Gottloser, Pflichtvergessener«).

schlecht oder böse beurteilt. Dabei hat der Sprecher ausschließlich gegenüber (hebr. *l*, in Bezug auf) Gott gesündigt, nicht aber gegenüber anderen Menschen.

Dass Sünden von Gott als schlecht oder böse beurteilt werden, gilt wohl generell in der Hebräischen Bibel. In der Regel werden sie aber auch von den Menschen so beurteilt. Insofern ist mit Sünde in der Hebräischen Bibel ganz allgemein ein (moralisch) schlechtes oder böses menschliches Handeln gemeint,[21] das nicht unbedingt ausdrücklich von Gott verboten worden sein muss. Wenn Ps 51,6 feststellt, dass der Sprecher etwas getan hat, was in Gottes Augen nicht richtig ist, könnte das ein Hinweis darauf sein, dass der Sprecher erst nachträglich darauf aufmerksam gemacht wurde, dass sein Handeln nicht richtig war (vgl. V. 8?), dass er also unwissentlich gesündigt hat. Als ein Beispiel dafür ließe sich Lev 5,2f. anführen: Jemand berührt etwas Unreines, ohne zu wissen, dass es sich dabei um etwas Unreines handelt. Die Unwissenheit besteht in diesem Fall in der Unkenntnis des Vorliegens eines Sachverhalts (Unreinheit), nicht darin, dass der Betroffene nicht wüsste, dass er nichts Unreines berühren darf. Denkbar ist aber auch der Fall, dass jemand etwas tut oder unterlässt, ohne zu wissen, dass das nicht richtig ist, so wie Jonatan in 1Sam 14 Honig isst und damit eine Sünde begeht, weil sein Vater Saul jeden verflucht hat, der so etwas tut, was Jonatan aber nicht wusste (V. 38).

Ob der Sprecher von Ps 51,6 sagen will, dass er unwissentlich gesündigt hat, ist dem Text nicht eindeutig zu entnehmen (und soll vielleicht absichtlich offen gelassen werden, um eine breitere Verwendung des Textes zu ermöglichen). Klar ist aber, dass durch seine Sünde ausschließlich Gott und er selbst betroffen sind. Das ist das einzige Konkrete, was die Leserschaft aus dem Text über die Sünden des Sprechers erfährt. Es sind religiöse Vergehen, durch die außer Gott (und mittelbar dem Sprecher) niemand geschädigt worden ist.[22] Man könnte hier etwa an die

[21] Vgl. Adrian Schenker in NBL 3, 2001, 728: »Allgemein lässt sich S[ünde] als schlimmes, verhängnisvolles menschliches Tun definieren.« Ähnlich z. B. Marius Nel in The Oxford Encyclopedia of the Bible and Ethics (www.oxfordbiblicalstudies.com/article/opr/t430/e313): »Broadly speaking, it may be said that sin refers to negative tensions or, even worse, harming or breaking the relation between God and humans, as well as between humans among one another, including the reasons for such negative tensions or breaks in relations.« Vgl. A Dictionary of the Bible (a. a. O. ... /t94/e1773): »In the OT ›sin‹ denotes what is unacceptable (to God or humanity), not necessarily disobedience to God, or rebellion against him«. Anders z. B. Jay Sklar in The Oxford Encyclopedia of the Bible and Theology (a. a. O. ... /t467/e213): Sünde ist »anything contrary to God and his purpose for this world«; Leopold Sabourin in The Oxford Companion to the Bible (a. a. O. ... /t120/e0682): »Sin is basically an offense against God.«

heimliche Verehrung anderer Götter denken, an Stolz oder das Vertrauen auf den eigenen Reichtum, den Genuss von Blut oder fettem Fleisch, Gotteslästerung oder heimliche Arbeit am Sabbat.[23] Ist in V.16 von der Blutschuld des Sprechers die Rede (und nicht von möglichen Bluttaten seiner Feinde, von denen Ps 51 sonst nicht spricht), wäre jedenfalls an Vergehen zu denken, auf die (mindestens zu einem Teil) die Todesstrafe steht (also etwa Götzendienst, Fett- oder Blutgenuss, Gotteslästerung oder Arbeit am Sabbat). Solche religiösen Vergehen sind »schlecht bzw. böse in den Augen Gottes« (V. 6). Sie werden also durch Gott als Sünden definiert.

Häufig wird vorgeschlagen, V. 6 in dem Sinne zu interpretieren, dass jedes Vergehen gegen Menschen immer *auch* ein Vergehen gegen Gott ist, weil es ihm missfällt.[24] Ps 51 würde damit als Gebet um Vergebung jeglicher Sünden rezipierbar.[25] Diese Deutung widerspricht aber dem Wortlaut des Textes, nach dem der Sprecher sich *nur* gegen Gott vergangen hat. Herbert Haag nimmt an, dass Ps 51,6 terminologisch zwischen »Schuld« und »Sünde« unterscheidet, so wie »später die deuteronomische und erst recht die nachexilische Literatur das ›Sündigen‹ gegen einen Menschen nicht kennt. Man kann einem Menschen Böses antun (z. B. Ps 105,15), aber *sündigen* kann man nur gegen Gott«.[26] Dagegen spricht jedoch, dass Ps 51 terminologisch sonst gerade nicht zwischen »Sünde(n)«, »Schuld(en)« und »Vergehen« unterscheidet (s. o.), und auch sonst in der Hebräischen Bibel nirgends ausdrücklich gesagt wird, dass man nur gegen

[22] So z. B. auch Bernhard Duhm, Die Psalmen, KHC 14, Tübingen ²1922, 211; Hermann Gunkel, Die Psalmen, HK 2.2, Göttingen ⁴1926, 222; Klaus Seybold, Die Psalmen, HAT 1.15, Tübingen 1996, 212. So verstanden »spricht« Ps 51,6 »gegen die in der Ueberschrift vorausgesetzte Situation« (Alfred Bertholet in HSAT⁴ 2, 176) – bzw. dafür, dass David in dieser Situation einen Psalm gedichtet hat, der nicht »autobiographisch« zu verstehen ist.

[23] Vgl. Ex 20,3 ff.; Hi 31,24 f.; Lev 7,22 ff.; 24,10 ff.; Num 15,32 ff.

[24] Vgl. Kraus, BK, 386: »Wer Jahwes Gebote übertritt, versündigt sich an Gott selbst – das ist ohne Frage die in 6 zugrunde liegende Auffassung.« (Zu tun, was Gott missfällt, muss allerdings nicht unbedingt heißen, gegen ausdrückliche Gebote oder Verbote Gottes zu verstoßen.) Vgl. auch Ludwig Philippson, Die Psalmen, Leipzig 1857, 141: »Daß aber jegliche Sünde gegen Gott gerichtet ist, ist nicht allein durchgängige Anschauung der Thorah, sondern liegt auch in dem Begriff, daß alle Sittlichkeit auf dem Verhältniß des Menschen zu Gott beruhet ...« Ebenso Schmidt, »Individuelle Eschatologie«, 349, und wohl auch Ernst Haag, Psalm 51, TThZ 96, 1987, 169–198, 183 f. Vgl. Rainer Kampling, »Sünde«, in HGANT⁴ 2015, 409–411, 410: »Im Rahmen der Gottesordnung und des Gottesbundes ist jede S., auch die, die sich gegen den Nächsten richtet, S. wider Gott (Ps 51,6)«. Vgl. etwa Lev 5,21: »Wenn jemand sündigt und Untreue gegen Jahwe begeht und seinem Nächsten ein anvertrautes Gut ableugnet ...«

[25] Dabei würde dann freilich eher unangenehm auffallen, dass die von den Verschuldungen des Ich betroffenen Menschen in seinem Gebet mit keinem Wort bedacht werden. Darin könnte man dann geradezu ein Indiz dafür sehen, wie sehr der in diesem Psalm sich aussprechende Sünder ein »homo incurvatus in se« ist.

[26] Herbert Haag, »›Gegen dich allein habe ich gesündigt‹: Eine Exegese von Ps 51,6«, ThQ 155, 1975, 49 f.

Gott sündigen kann.[27] So bleibt das wahrscheinlichste und ungezwungenste Verständnis von Ps 51,6, dass es hier (und im ganzen Psalm) um Sünden geht, die nur das Verhältnis zwischen dem Sprecher und Gott betreffen.

Indem der Sprecher eingesteht, gesündigt zu haben, zugleich aber betont, dass er nur gegenüber Gott gesündigt hat, kann er sich von den »Übeltätern« und »Sündern« abgrenzen, die er über Gottes Wege belehren und zur Umkehr zu Gott bewegen will (V. 15). Er selbst scheint solche Belehrung und Umkehr nicht nötig zu haben; er weiß, was er falsch gemacht hat, und ist auch nachdem er gesündigt hat noch immer bei Gott (V. 13).

»Bekenntnis der Sünde schließt für den innerlich frommen Beter nicht das Zugeständnis an seine Umwelt ein, daß er ein Frevler sei. Gegen die Zumutung, als klebe Blut an seinen Händen, als habe er Witwe und Weise [sic] bedrückt u. a. m., verwahrt er sich ausdrücklich und gibt seinem Bekenntnis eine Form, die jedes Mißverständnis ausschließt: ›An dir allein habe ich gesündigt‹ ...«[28]

Er hat gesündigt, aber er ist kein Sünder!

Versteht man in V. 6 *l^ema^can* final (»damit«), klingt der Vers so, als wolle der Sprecher sagen, er habe gesündigt, *damit* Gott mit seinem Urteil im Recht ist. Dabei könnte dann entweder an ein allgemeines Urteil Gottes über die Menschheit gedacht sein (vgl. Hi 4,17 ff.; Ps 14,2 f.) oder an sein Urteil über den Sprecher, das sich in dessen innerer Einsicht (V. 8) oder/und in physischer (V. 10: »die Knochen, die du zerschlagen hast«) oder/und psychischer (V. 19: »ein zerbrochener Geist, ein zerbrochenes und zerschlagenes Herz«) Krankheit manifestiert (vgl. Hi 33,14 ff.). Nimmt man an, dass der Sprecher sich nicht ganz präzise ausdrückt, könnte man ihn dann so verstehen, dass er zwar nicht gerade bewusst gesündigt hat, um Gott ins Recht zu setzen, aber durch das Urteil Gottes zu der Erkenntnis gekommen ist, dass er gesündigt haben muss, weil Gott sonst nicht im Recht wäre, was nicht sein kann bzw. darf (»ich sage/nehme an: ich habe gesündigt, ... damit du Recht behältst ...«). In diesem Sinne deuten Hermann Gunkel und Joachim Begrich Ps 51:

»Eine schwache Natur kann durch sie [scil. die Krankheit] in die Gefahr kommen, sich einer ihr selbst nicht bewußten Sünde zu zeihen, nur um geheilt zu werden [Fußnote: Vgl. den Kommentar zu Ψ 32.]. Dagegen ist es ein Zeichen eines starken Geistes und eines wahrhaftigen Gewissens, wenn der Sänger von Ψ 26 und ein Hiob sich nachdrücklich gegen den Gedanken einer Schuld auflehnen und mit besonderer Kraft ihre Unschuld beteuern. Wo aber das Gewissen durch den Eintritt einer Krankheit wirklich getroffen ward, da konnte es geschehen, daß bei besonders innerlichen Naturen das Sündenbekenntnis nicht mehr nur Mittel für den Zweck der Heilung bildete. Da trat der Gedanke an die Krankheit zurück vor dem tieferen Gedanken, Jahves Zorn verdient zu haben, und wurde es oberstes Anliegen des Beters, Frieden mit Gott zu suchen und zu finden. Von dieser Denkweise zeigt sich Ψ 51 beherrscht.«[29]

[27] Dagegen erscheint es Elihu in Hi 35,6 fraglich, ob ein Mensch überhaupt gegen Gott sündigen kann, weil Gott so erhaben ist, dass Menschen ihm keinen Schaden zufügen können; vgl. auch Hi 7,20.

[28] Hermann Gunkel & Joachim Begrich, Einleitung in die Psalmen, Göttingen 1933, 239.

[29] Gunkel & Begrich, Einleitung in die Psalmen, 193.

Allerdings scheint es nach V. 5 dem Sprecher mindestens nachträglich klar geworden zu sein, was er falsch gemacht hat. – Versteht man *lᵉmaᶜan* dagegen konsekutiv (»sodass«), stimmt der Sprecher in V. 6 einfach Gottes Urteil über ihn (bzw. über die Menschheit) zu.

Neben der Sünde (oder den Sünden), die er begangen hat (V. 6), erwähnt der Sprecher in V. 7 auch Sünden, die bei seiner Empfängnis und Geburt geschehen sind. Diese Sünden wurden wohl von seinen Eltern begangen.[30] V. 7 sagt nicht ausdrücklich, dass bei seiner Empfängnis und Geburt Sünde(n) von seinen Eltern auf den Sprecher *übertragen* wurde(n).[31] Er besagt auch nicht, dass Empfängnis und Geburt *immer* mit Sünde(n) verbunden sind.[32] Vielmehr kann V. 7 entweder individuell verstanden werden als Aussage des Sprechers über die Sünden seiner Eltern, oder generell in dem Sinne, dass in der Welt, in die der Sprecher geboren wurde, immer wieder Sünden begangen wurden und werden. Indem er Gott darauf hinweist, will der Sprecher offensichtlich »das eigene Vergehen als verzeihlich hinstellen«.[33]

4. Die Erkenntnis der Sünde(n)

Woher weiß der Sprecher, dass er gesündigt hat und was als Sünde gilt? Aus dem Text geht nicht klar hervor, ob der Sprecher wissentlich gesündigt hat, oder ob es unwissentlich geschah und ihm erst später klar geworden ist. Wenn er wissentlich gesündigt hat, bleibt offen, ob er dies tun wollte, oder ob er es zwar nicht wollte, aber nicht anders konnte. V. 8 könnte allerdings darauf hindeuten, dass Gott dem Sprecher erst nachträglich in seinem Inneren die Einsicht vermittelt hat, dass er gesündigt hat (und vielleicht auch die Erkenntnis, was er falsch gemacht hat).[34]

30 Dass der Sprecher selbst schon bei seiner Empfängnis gesündigt hat, kann kaum gemeint sein, es sei denn, man nehme eine übertreibende Redeweise an, so Ḥakham, Psalms, 405: »The psalmist means to say that he has done wrong and sinned all his life. He exaggerates ...« (mit Hinweis auf Jes 48,8). Die hebräische Formulierung legt es aber nicht nahe, dass der Sprecher hier von seinen eigenen Sünden spricht (vgl. die Anmerkung zur Übersetzung oben).

31 Der Text spricht also nicht eindeutig von einer »Erbsünde«, die »durch Fortpflanzung an die ganze Menschheit weitergegeben wird« (Katechismus der katholischen Kirche, 134). Er konnte aber später in diesem Sinne (miss-)verstanden werden.

32 Nach Lev 12; 15,18 führen eine Geburt und ein Beischlaf mit Samenerguss zu Unreinheit. Unreinheit ist in der Hebräischen Bibel aber nicht Sünde. Sünde entsteht erst, wenn Unreinheit nicht rituell korrekt beseitigt wird. Vgl. Joep Dubbink, Unreinheit und Sünde, in Communio Viatorum 56, 2014, 234–247, mit weiteren Literaturhinweisen. Allerdings gehört zu den vorgeschriebenen Maßnahmen zur Reinigung einer Frau nach einer Geburt in Lev 12,6 auch ein »Sündopfer« (*ḥaṭṭāʾṯ*).

33 Gunkel, HK, 223.

34 Vgl. Hi 33,14 ff.; Walter Sedlmeier, »Im Geheimen lehrst du mich Weisheit«, in Helms u. a., Miserere, 109–138.

Sein physischer (V. 10) und psychischer (V. 19) Zusammenbruch könnte dann zu dieser Erkenntnis beigetragen haben[35] oder eine Folge dieser Erkenntnis sein. Jedenfalls hätte der Sprecher dann unwissentlich und unvorsätzlich gesündigt.[36]

Der Text sagt auch nicht, woher der Sprecher weiß, was als Sünde gilt und nach dem Urteil Gottes schlecht bzw. böse ist. Sagt Gott es ihm in seinem Inneren (d. h. seinem Gewissen?) (V. 8)? Wenn ja: Ist damit ein immer schon vorhandenes intuitives Wissen gemeint (das auf Gott zurückgeführt wird) oder eher spezielle, im Laufe der Zeit gewonnene (von Gott im Inneren »offenbarte«) Erkenntnisse? Welche Rolle spielen dabei kulturelle Traditionen wie die Thora, die Weisheitslehren oder die Prophetenschriften?[37]

5. Die Folgen der Sünde(n)

Welche Folgen seine Sünde(n) für den Sprecher haben, beschreibt Ps 51 mit eindrücklichen sprachlichen Bildern:

· Die Bitte um Tilgung der Sünden (V. 3.11) ist entweder so zu verstehen, dass der Sprecher seine Sünden ungeschehen machen will. Dann setzt sie voraus, dass die Sünden, obwohl vergangen, nach wie vor wirklich und wirksam sind – in der Erinnerung an sie und in ihren Auswirkungen. Es könnte aber auch daran gedacht sein, dass die Sünden des Sprechers bei Gott schriftlich aufgezeichnet sind und diese Daten allenfalls von Gott auch wieder gelöscht werden können.[38]

· Der Sprecher kennt seine Sünden, sie sind ihm mental gegenwärtig und stehen auch Gott vor Augen, sind ihm also in der Erinnerung präsent (V. 5.11).

· Seine Sünden beschmutzen den Sprecher von außen (V. 4.10) und von innen (V. 12). D. h. der Sprecher, seine Mitmenschen und Gott werden durch seinen desolaten Zustand oder auch schon durch das Wissen, dass er gesündigt hat, an seine Sünde(n) erinnert, sobald sie ihn sehen.

· Gott hat dem Sprecher die Knochen zerschlagen (V. 10) – sei es als Strafe für seine Sünden oder indirekt dadurch, dass er ihm seine Sünden bewusst gemacht und damit sein Selbstbild als »Gerechter« zerstört hat. Das Zerschlagen der

[35] Vgl. Hi 33,19 ff.

[36] Vgl. zur Unterscheidung von vorsätzlichen und unvorsätzlichen Sünden Num 15,22 ff. Vorsätzliche Sünden wären demnach auf jeden Fall mit dem Tod zu bestrafen. Vgl. Hebr 10,26 ff.

[37] Nach Gen 3 wissen die Menschen selbst, was gut und was böse (bzw. schlecht) ist. Nach Num 15,37 ff. sind sie dazu auf die (angeblich) von Gott offenbarten Gebote angewiesen.

[38] Vgl. Dan 7,10; Offb 20,12.

Knochen nimmt dem Körper seine Stabilität und seine Gestalt. Es kann hier aber auch bildlich auf die innere Haltung verweisen.

- In ähnlicher Weise nehmen ein zerbrochener Geist und ein zerschlagenes Herz (V. 19) einem Menschen den Lebensmut und die Orientierungs- und Handlungsfähigkeit. Auch hier wird nicht gesagt, ob der Sprecher durch sein Schuldbewusstsein oder zur Strafe für seine Sünden innerlich gebrochen wurde.
- Der Sprecher befürchtet, dass Gott ihn verstößt (wörtlich: »von vor seinem Gesicht hinauswirft«) und ihm seinen (Gottes) heiligen Geist wegnimmt (V. 13). Hier ist wohl in der Bildsprache von Ps 104,29 vom Tod die Rede. Wegen seiner Sünden droht dem Sprecher also der Tod (als Strafe Gottes).
- Auch mit *dāmīm* in V. 15 könnte an das »Blutvergießen« gedacht sein, das dem Sprecher als Folge seiner »Blutschuld« von Seiten Gottes oder seiner Mitmenschen droht.[39]
- Das Bewusstsein seiner Schuld und die Bestrafung durch Gott haben dem Sprecher die Lebensfreude und den Lebenswillen genommen (V. 10.14). Obwohl er Gott nichts vorzuwerfen hat (V. 6), ist er offenbar nicht mehr in der Lage, ihn zu loben (V. 17).

Nimmt man diese Aussagen zusammen, so beschreibt Ps 51 in eindrücklicher und wohl auch heute noch weitgehend nachvollziehbarer Weise die destruktiven Wirkungen der Erinnerung an eigenes moralisches Fehlverhalten. Sie zerstört das positive Selbstbild des Menschen (und dies um so mehr, je grandioser dieses Selbstbild ist) und nimmt ihm die Lebenskraft und den Lebensmut. Von den Folgen seiner Sünden für Gott als den davon Betroffenen ist in Ps 51 nicht die Rede. Der Sprecher ist ganz mit seinem eigenen Leiden unter seinen Sünden beschäftigt, aus dem er sich nicht selbst befreien kann.

6. Die Befreiung von den Sünden

Die in Ps 51 verwendeten sprachlichen Bilder für die Befreiung von Sünde(n) sind bereits zur Sprache gekommen, weil sie eng mit den Bildern für die Auswirkungen der Sünde(n) auf den Sprecher verbunden sind:

[39] Vgl. Duhm, KHC 14, 213.

- Der Sprecher bittet Gott darum, seine Sünde(n) zu tilgen (V. 3.11), d. h. sie ungeschehen zu machen oder sie aus seinen (Gottes) schriftlichen Aufzeichnungen zu löschen.
- Er bittet Gott darum, sein Gesicht vor seinen Sünden zu verbergen, d. h. sie nicht zu beachten und aus ihnen keine Konsequenzen zu ziehen (V. 11).
- Er bittet Gott, ihn von seinen Sünden zu reinigen (V. 4.9.12).
- Er bittet Gott, ihn nicht zu verstoßen und ihm seinen heiligen Geist nicht wegzunehmen (V. 13), also wohl, ihn vor dem Tod (als Strafe für seine Sünden) zu bewahren.
- Er bittet Gott um Rettung vor der Todesstrafe für sein Fehlverhalten (»Blutschuld«, V. 16).

Der sachliche Kern dieser Aussagen scheint darin zu liegen, dass die Erinnerung an das Fehlverhalten des Sprechers bei Gott (auch bei ihm selbst und allenfalls auch bei seinen Mitmenschen?) ausgelöscht wird oder doch mindestens ohne Konsequenzen für den Sprecher bleibt. Wenn dieser Vorgang als Waschung oder Reinigung, in V. 9 sogar speziell als »Entsündigung« (*ḥṭ*ʾ Pi'el) mit Ysop (als Sprengwedel) beschrieben wird, scheint dabei ein religiöses Ritual im Blick zu sein.[40] Da man aus Ps 51 sonst den Eindruck gewinnt, dass hier private und »innerliche« Angelegenheiten verhandelt werden, von denen außer dem Sprecher und Gott niemand weiß (vgl. V. 8), erscheint es möglich, die Kulthandlung hier als Bild für einen inneren Vorgang zu verstehen.[41]

Zum Verständnis der Vergebung als einem rein inneren Vorgang passt, dass von einem öffentlichen Sündenbekenntnis in Ps 51 nicht die Rede ist. Doch gelobt der Sprecher in V. 15–17, nach erfolgter Vergebung und Wiederherstellung die Übeltäter und Sünder zur Umkehr zu bewegen, Gottes Gerechtigkeit zu bejubeln und seinen Ruhm zu verkündigen. Vielleicht bringt er dabei auch seine eigenen Erfahrungen mit Sünde, Vergebung und Erneuerung zur Sprache. Damit würden seine privaten Erfahrungen im Nachhinein veröffentlicht – nicht zuletzt auch in

[40] Vgl. zu »entsündigen«: Num 19,19; Ez 43,20 (in Bezug auf Menschen); Lev 8,15; Ez 43,22 f.; Ex 29,36 (Altar); Ez 45,18 (Tempel); Lev 14,49.52 (Haus), sowie *ḥṭ*ʾ Hitpa'el in diesem Sinne: Num 8,21; 19,12.13.20; 31,19.20.23, zu Ysop als Sprengwedel: Ex 12,22; Lev 14,4.6.49.51 f.; Num 19,6.18.

[41] Dagegen denkt z. B. Seybold, HAT, 211, an den realen Vollzug eines »nicht näher bekannte(n) Ritus«, der »dem Büßer die Restitution und Rehabilitation vermitteln [soll], die sein neues Leben begründet«. Dass sich kultische Handlungen (wie die Taufe) sekundär aus bildlicher Sprache (über das Abwaschen von Sünden) entwickeln konnten, zeigt Lesley R. Di Fransico, Washing Away Sin, Biblical Tools and Studies 23, Leuven 2016.

der Gestalt des vorliegenden Psalms. Dagegen könnte allerdings sprechen, dass der Sprecher nach V. 18 f. ausdrücklich kein Opfer zum Dank für seine Wiederherstellung darbringen will, mit dem in der Regel eine öffentliche Dankfeier samt Danksagung an Gott (eventuell mit Zitat der früheren Klagen und Bitten) verbunden sein würde.

Bei seiner Bitte um Vergebung appelliert der Sprecher an Gottes Gnade, Güte und Barmherzigkeit (V. 3 f.: *ḥnn* Qal, *ḥeseḏ*, *rᵃḥamīm*). Er deutet damit an, dass er die Vergebung seiner Sünden nicht für ein einklagbares Recht hält, aber auch nicht für einen Akt, den Gott völlig willkürlich gewähren oder verweigern kann. Ein gnadenlos unbarmherziges Verfahren mit einem von ihm geschlagenen Sünder, der ihn um Vergebung anfleht, stünde einem Gott schlecht an (vgl. Ex 34,6 u. ö.).[42] Andererseits betont der Sprecher, dass Gott »gerecht« und »rein« ist, wenn er ihn für seine Sünden bestraft (V. 6: *ṣdq* Qal, *zbḥ* Qal) – auch dies ganz so, wie man es von einem Gott erwartet.[43] Dass Gott einem Sünder, nachdem er ihn bestraft hat und dieser um Vergebung gebeten hat, auch wieder vergibt, steht nach altorientalischem und alttestamentlichem Verständnis nicht im Widerspruch oder in Spannung zur Gerechtigkeit Gottes, sondern entspricht ihr.[44] Deshalb kann der Sprecher in V. 16 sein gesamtes erhofftes Geschick – Schuld, Strafe, Vergebung und Erneuerung – als Zeugnis für Gottes Gerechtigkeit (*ṣᵉḏāqāh*) bejubeln.

7. Die Wirkungen der Befreiung

Mit der Befreiung von den Sünden ist die Befreiung von deren Folgen in Ps 51 eng verbunden:

[42] Vgl. Anna Elise Zernecke, Gnadenformel, in wibilex (April 2015). »*Mercy and compassion ...* are among the most commonly sought-after responses from the gods« in the Ancient Near East: John H. Walton, Ancient Near Eastern Thought and the Old Testament, Grand Rapids, MI, 2006, 109.

[43] Siehe Walton, Ancient Near Eastern Thought, 106 ff.

[44] Vgl. Karl Theodor Kleinknecht, »Gerechtigkeit, gerecht, Gerechter«, in Calwer Bibellexikon Bd. 1, ²2006, 421–423: »›G.‹ im atl.-jüd. Sinn, der auch den ntl. Sprachgebrauch im Wesentlichen bestimmt, nicht die Übereinstimmung eines Verhaltens oder eines Subjekts mit einer idealen Norm von ›Recht‹ meint, sondern stets ein (Gemeinschafts-) Verhältnis im Blick hat: g. ist und handelt, wer sich in Bezug auf die das Leben konstituierenden Gemeinschaften wie Familie, Sippe, Volk und Gottesbund ›gemeinschaftstreu‹ verhält. Damit gewinnt ›G.‹ einen konstruktiv-engagierten, mitunter parteiischen Charakter. Sie ist kein neutrales Abwägen, sondern eine zurechtbringende, rettende G.; vgl. auch die für das landläufige Gerechtigkeitsempfinden problematische Parallelisierung von G. mit Begriffen wie Liebe, Güte, Gnade und Barmherzigkeit« (421).

- Der Sprecher möchte sich wieder freuen können – eine Fähigkeit, die Gott ihm genommen hat, indem er ihm (gleichsam) seine Knochen zertrümmert hat (V. 10, vgl. V. 14).
- Er wünscht sich, dass Gott ihm wieder hilft (V. 14).
- Der Sprecher bittet Gott um ein reines Herz sowie einen gefestigten und willigen Geist (V. 12.14).
- Er möchte die Sünder auf den Weg Gottes zurückbringen (V. 15).
- Er möchte Gott wieder loben (können) (V. 16 f.).
- Weil Tieropfer Gott nicht gefallen, wird der Sprecher ihm keine darbringen (V. 18 f.)

Bei den beiden ersten Punkten geht es um die Wiederherstellung des Zustands des Sprechers vor seinem »Sündenfall«. Demgegenüber könnte in den auf das Herz und den Geist bezogenen Bitten in V. 12 und V. 14 eine mehr oder weniger tiefgreifende Veränderung des Sprechers im Blick sein.

Die hier geäußerten Wünsche erinnern nämlich an prophetische Verheißungen eines Eingriffs Jahwes in das Innere der Israeliten, durch die nicht nur die Folgen ihrer Sünden beseitigt, sondern auch zukünftige Sünden verhindert werden sollen.[45] In diesem Sinne interpretiert Erich Zenger Ps 51:

»Mit einer Kette von sprachlich unterschiedlich gestalteten Bitten (Imperative, Vetitive, Jussiv) erfleht der Beter für sich die (individuelle) Aktualisierung der dem Volk Israel im Exil und in der frühnachexilischen Zeit gegebenen großen prophetischen Verheißungen: Vergebung der Sünden (vgl. Jes 43,25; 44,22; Jer 31,31–34), Neuschöpfung und Erschaffung von Neuem (vgl. Jes 43,1–23, besonders 43,19), Erlösung aus dem Exil als Stiftung von Jubel, Freude und Lust (vgl. Jes 35,1.10; 51,3.11), Gabe eines reinen Herzens und eines neuen Geistes (vgl. besonders Ez 36,24–28 als Neuinterpretation von Ez 11,14–20; vgl. aber auch Jer 24,7; 31,33), ja Anteilgabe am Geist Gottes selbst (vgl. Ez 37,1–14). Angesichts der den Menschen vom ersten Augenblick seiner Existenz an bedrohenden tödlichen Krankheit ›Sünde‹ erfleht der Beter eine derart fundamental ansetzende und tiefgreifende Rettung aus der beklagten Schuldverstrickung, daß er dafür zu Recht die beiden Verben *br᾽* ›schaffen‹ und *ḥdš* ›erneuern, neu machen‹ (V. 12) gebraucht. Er bittet darum, daß Gott ihn von der Mitte seiner Existenz her, an ›Herz‹ und ›Geist‹, neu schaffen möge. ›Herz‹ (*lēḇ*) und ›Geist‹ (*rūaḥ*) sind im biblischen Verständnis die beiden Grundkräfte, aus und mit denen der Mensch lebt. Das ›Herz‹ ist der Sitz der (praktischen) Vernunft ... Dagegen ist der ›Geist‹ das Zentrum der Lebenskraft und des Willens ...«[46]

[45] Vgl. dazu u. a. Krüger, Das menschliche Herz, 107 ff.

[46] Zenger in HThKAT, 53. Vgl. Heinrich Groß, Der Mensch als neues Geschöpf (Jer 31; Ez 36; Ps 51), in Lothar Ruppert u. a., Hg., Der Weg zum Menschen (FS Alfons Deissler), Freiburg 1989, 98–109.

Man muss aber aufpassen, aus den Anklängen an prophetische Texte keine vorschnellen Schlüsse zu ziehen. So ist z. B. in Ps 51,13 nicht wie in Ez 37 von einer Gabe des göttlichen Geistes die Rede. Vielmehr bittet der Sprecher Gott darum, ihm seinen Geist – den der Sprecher also bereits hat! – nicht wegzunehmen. Hier dürfte wie in Ps 104,29 f. oder Gen 6,3 an den Geist Gottes als Lebenskraft in allen Lebewesen (»allem Fleisch«) gedacht sein. Ein »reines Herz« (*lēḇ ṭāhōr*) und ein »gefestigter« oder »williger Geist« (*rūᵃḥ nāḵōn* bzw. *rūᵃḥ nᵉḏîḇāh*) werden in den prophetischen Texten der Hebräischen Bibel nirgends verheißen. Die drei Wortverbindungen sind in der Hebräischen Bibel singulär.[47] Sie sind aber im Rahmen von Ps 51 gut verständlich.

Wenn der Sprecher um Reinigung von seinen Sünden bittet, passt dazu gut die Bitte um ein reines Herz. Sie setzt voraus, dass auch das Herz von der Sünde beschmutzt – und vielleicht dadurch in seiner Funktion beeinträchtigt – wurde. Hinzu kommt, dass nicht nur die Knochen des Sprechers, sondern auch sein Herz wegen seiner Sünden zerbrochen und zerschlagen sind (V. 19). Insofern ist es nachvollziehbar, dass der Sprecher Gott bittet, ihm ein reines Herz zu »schaffen« (*brʾ* Qal), ist doch sein altes Herz zerstört. Dass dieses neue Herz sich vom zerstörten alten qualitativ unterscheidet, ist damit – anders als in Ez 11,19; 18,31; 36,26 – nicht unbedingt gesagt.

Entsprechendes gilt für den »gefestigten Geist«, um dessen »Erneuerung« der Sprecher in V. 12 bittet. »Erneuern« (*ḥdš* Pi'el) meint hier nämlich nicht, »durch etwas anderes = neues ersetzen«, sondern »wieder neu machen«, d. h. einen Zustand wiederherstellen, der früher bestanden hat.[48] Der wiederhergestellte »gefestigte Geist« soll an die Stelle seines jetzt »zerbrochenen Geistes« (V. 19) treten (bzw. dieser »zerbrochene Geist« soll wieder in einen »gefestigten Geist« verwandelt werden).

Es scheint also in V. 12 in erster Linie um die Heilung des inneren Zusammenbruchs des Sprechers zu gehen, mit dem Gott ihn für seine Sünde bestraft hat (V. 19). Sie ist eine Voraussetzung dafür, dass der Sprecher die für ihn destruktiven Folgen seiner Vergehen überwinden und wieder rechtschaffen leben und handeln kann. Anders als in den prophetischen Verheißungen wird hier aber nicht ein zum Guten unfähiges und/oder unwilliges Personzentrum (Herz und Geist) durch ein anderes und besseres ersetzt, sondern ein durch das Wissen um (oder die Strafe für) begangene Sünden gebrochenes und zerstörtes Personzentrum durch Vergebung geheilt.

Hingegen scheint es bei dem »willigen Geist«, mit dem der Sprecher »gestärkt« werden möchte (V. 14), um eine nicht selbstverständliche und vielleicht auch vorher nicht vorhandene »Hilfe« zu handeln, mit der Gott ihn bei der Verwirklichung

[47] Vgl. »gefestigtes Herz«: Ps 57,8; 108,2; 112,7; »williges Herz«: Ex 35,5.22.

[48] Siehe DCH, KAHAL oder Ges^{18} sub voce. (Vgl. auch THAT, ThWAT.)

seiner guten Vorsätze unterstützen soll. Unter diesen ist in Ps 51 das Versprechen, Gott nach erfolgter Vergebung und Wiederherstellung öffentlich zu loben (V. 16 f.), konventionell.[49] Dabei stellt V. 17 klar, dass es sich bei dem vom Sprecher in Aussicht gestellten Gotteslob nicht um eine menschliche Gegenleistung für Gottes Hilfe handelt, sondern dass es durch diese Hilfe überhaupt erst möglich wurde und insofern letztlich ebenfalls Gott anzurechnen ist.

Dagegen ist das Versprechen in V. 15, die Verbrecher und Sünder moralisch zu belehren und zur Umkehr zu Gott zu bewegen, im Psalter ziemlich einzigartig.[50] Die eigene Erfahrung, dass Gott ihn als Sünder nicht verworfen, sondern ihm vergeben und ihn wiederhergestellt hat, bewegt den Sprecher allem Anschein nach dazu, auch anderen Sündern und Verbrechern zu einer derartigen Lebenswende zu verhelfen, auch wenn er sich selbst trotz seiner Sünde(n) nicht als Sünder sehen mag.

Bemerkenswert ist auch, dass der Sprecher in V. 18 ausdrücklich auf die Darbringung von Schlacht- oder Brandopfern verzichtet, weil sie seiner Meinung nach Gott nicht gefallen. Damit folgt er der Tradition prophetischer und weisheitlicher Kultkritik in der Hebräischen Bibel.[51] Es ist nicht ganz klar, welche Opfer der Sprecher hier genau im Blick hat. Geht es um Opfer in Verbindung mit dem in Aussicht gestellten Gotteslob nach erfolgter Vergebung und Wiederherstellung (vgl. Ps 22,26 f.)? Oder geht es um Opfer im Rahmen einer rituellen Reinigung (vgl. Lev 4 f.; 14; 16)?

Letzteres liegt vielleicht näher in Anbetracht dessen, dass der Sprecher in V. 19 (s)einen zerbrochenen Geist und (s)ein zerbrochenes und zerschlagenes Herz[52] als Gott wohlgefälliges Opfer bezeichnet. Damit wird wohl – wie mit den zerschlagenen Knochen in V. 10 – seine gegenwärtige desolate Lage beschrieben, aus der er durch die Gabe eines reinen Herzens und eines gefestigten Geistes (V. 12) befreit zu werden hofft. Für die Vergebung seiner Sünden und seine Wiederherstellung

[49] Siehe z. B. Mathys in Dietrich u. a., Die Entstehung des Alten Testaments, 503 (»Lobgelübde«).

[50] Vgl. allenfalls Ps 32,8 f. (wenn der Sprecher des Psalms auch als Sprecher dieser Sätze vorgestellt werden soll) und Ps 75,5 f., wo allerdings nicht von einer Umkehr der Sünder die Rede ist. Von einer Umkehr »aller Enden der Erde« zu Jahwe spricht Ps 22,28, von einer Unterweisung der Sünder durch Jahwe Ps 25,8, vgl. dazu auch Ps 50,16 ff.

[51] Vgl. dazu etwa Rainer Kessler, Kultkritik (AT), in wibilex (Mai 2008). Anders als Kessler bin ich der Meinung, dass diese Kritik mindestens an einigen Stellen grundsätzlich gemeint ist, siehe dazu meinen dort im Literaturverzeichnis genannten Aufsatz.

[52] Vgl. Ps 34,19; 147,3; Jes 57,15; 61,1; 66,2.

bedarf es also nach Ansicht des Sprechers keiner Opfer (und auch keiner Reinigungsrituale, sofern die entsprechenden Aussagen in V. 3 f. 9 bildlich zu verstehen sind). Der durch die Strafe Gottes und die dadurch bewirkte Einsicht in seine Sünden herbeigeführte vollständige Zusammenbruch des Sprechers (Knochen, Herz, Geist) reicht – zusammen mit seinen Bitten – aus, um Gott zum Einschreiten zu bewegen, sodass er dem Sprecher vergibt und ihn heilt (vgl. Hi 5,18). Sein desolater Zustand soll die Gnade, die Güte und das Erbarmen Gottes wecken (V. 3).[53] V. 18 f. ist aber so grundsätzlich formuliert, dass damit auch ein Opfer als Zeichen des Dankes für die Erhörung durch Gott ausgeschlossen ist.

8. Psalm 51 im Rahmen der Hebräischen Bibel

Was Ps 51 über Sünde(n), Vergebung und Erneuerung des Menschen sagt (bzw. von Gott erbittet, entspricht nicht einfach »dem« alttestamentlichen Menschenbild. Im Folgenden soll kurz an einige weitere Aspekte sowie an andere Deutungen dieser Thematik erinnert werden, die in der Hebräischen Bibel begegnen.[54]

Ps 51 versteht Sünde als eine von Gott (aber auch von Menschen) als schlecht beurteilte Handlung, an die Gott und der Täter (und allenfalls auch andere Menschen) sich erinnern und die eine Bestrafung des Täters nach sich zieht. Der Täter leidet unter seinen Sünden (nicht nur wegen der damit verbundenen Strafe, sondern auch, weil sie nicht zu seinem Selbstverständnis als »Gerechter« passt). Er kann sich nicht selbst von den Folgen seiner Sünden befreien. Von den zahlreichen Bildern für Sünde(n) im Alten Testament[55] kommen zwei weit verbreitete in Ps 51 nicht vor: das Bild der Sünde als Last, die der Sünder tragen muss, die er allenfalls auch abtragen kann und die ihm von Gott abgenommen werden kann, und das Bild der Schuld, die der Sünder begleichen oder abarbeiten muss, etwa durch gute

[53] Es trifft kaum zu, dass der Sprecher »*sich selbst* als den an *Herz* und *Geist* ... erneuerten Menschen ... seinem Gott« übergibt, wie Zenger, HThKAT, 55, schreibt, sondern eher, »(d)aß der selbstgefällige, hartherzige und hochmütige Sünder sich von ihm ›zerbrechen‹ läßt und vor ihm ›klein und arm‹ wird (... vgl. besonders Ez 6,9; Ps 34,19)« (ebd.) – wobei allerdings der Sprecher des Ps 51 durchaus nicht den Eindruck eines »selbstgefälligen, hartherzigen und hochmütigen Sünders« erweckt, sondern eher den eines Menschen, der schwer darunter leidet, dass er etwas Schlechtes getan hat. Ps 51 sagt nicht, dass Gott Menschen »zerbrochen, klein und arm« machen will, sondern dass er solche Menschen nicht verachtet und ihnen hilft, aus diesem Zustand herauszukommen.

[54] Vgl. für einen ausführlicheren Überblick z. B. Horst Dietrich Preuß, Theologie des Alten Testaments, Bd. 2, Stuttgart 1992, 182 ff.

[55] Vgl. Dictionary of Biblical Imagery, 1998, 792 f.

Taten (die auch wie ein Schatz gesammelt werden können, aus dem dann für Sünden bezahlt werden kann).[56] Vielleicht hat der Verfasser diese Bilder bewusst vermieden, weil sie den Gedanken nahe legen könnten, der Sprecher könne etwas zur Befreiung von seinen Sünden beitragen. Demgegenüber stellen die Bilder des inneren und äußeren Zusammenbruchs in Ps 51 die Ohnmacht des Sprechers heraus. Deshalb kann er sich wohl auch nicht selbst von seinen Sünden reinwaschen, indem er Gutes tut, wie es Jahwe in Jes 1,16 ff. von den Israeliten fordert. Dass Menschen von der Sünde (also vom Sündigen) ablassen (*ḥdl* Qal) und sich von ihr abwenden können (*šwb* Qal, *swr* Qal), wird im Alten Testament häufig angenommen. Gelegentlich wird Sünde aber auch als eine Art Macht mit eigener Wirksamkeit vorgestellt (und vielleicht auch erfahren), die wie ein Dämon auf einen Menschen lauert, um ihn oder sie zu finden bzw. zu treffen und zu beherrschen (Gen 4,7). Das Sündigen kann zur Gewohnheit werden und zu einem schlechten Vorbild: Man kann »in« (Präposition *b*, oft auch interpretierbar im Sinne von »nach, entsprechend [dem Vorbild]«) der Sünde von jemand anderem wandeln.[57] Menschen können nicht nur Täter, sondern auch Opfer der Sünde(n) sein – womöglich sogar beides zugleich. In der Regel gehen die Sünden eines Menschen deshalb (anders als in Ps 51) nicht nur den Sünder (bzw. Täter) und Gott etwas an, sondern auch andere Menschen, die davon betroffen sind.

Sinn und Funktion von V. 7 im Kontext von Ps 51 sind nicht ganz klar (s. o.). Will der Sprecher hier auf Sünden seiner Eltern hinweisen, von denen er irgendwie mit beeinflusst ist? Oder spricht er davon, dass immer und überall Menschen sündigen? Dass es keinen Menschen gibt, der niemals sündigt,[58] oder dass es einem Menschen gar nicht möglich ist, nicht zu sündigen,[59] wird in Ps 51,7 jedenfalls nicht deutlich gesagt. Der hier ausgesprochene Gedanke scheint eher der Urgeschichte (Gen 1–11) nahe zu stehen. In Gen 3 entsteht mit der »Erkenntnis von Gut und Böse« die Möglichkeit, zu sündigen, die in Gen 4 mit dem Brudermord Kains Wirklichkeit wird.[60] Kurz vor der Sintflut muss Gott dann feststellen, »dass die Bosheit des Menschen auf der Erde groß war und alles Sinnen der Gedanken seines Herzens nur böse den ganzen Tag« (Gen 6,5). Nur »Noah war ein gerechter Mann, untadelig unter seinen Zeitgenossen; Noah wandelte mit Gott« (Gen 6,9). Ist Noah

[56] Vgl. Gary Anderson, Sin, New Haven 2010.

[57] Für Belege siehe DCH, Ges[18], KAHAL.

[58] Vgl. Koh 7,20; 1Kön 8,46; Ps 143,2; Spr 20,9.

[59] Vgl. Hi 4,17; 9,2; 14,4; 15,14; 25,4.

[60] Zur Kritik der traditionellen Deutung von Gen 3 als »Sündenfall« vgl. z. B. Krüger, Herz, 33 ff.

(wie zuvor Henoch) die Ausnahme in einer überwiegend moralisch verkommenen Menschheit? Oder ist auch Noah nur relativ gerechter als seine Zeitgenossen, aber nicht völlig gerecht?[61] In den Psalmen begegnet häufig eine stereotype Gegenüberstellung von »Gerechten« und »Sündern« (vgl. programmatisch Ps 1).[62] Gelegentlich gesteht dabei der Sprecher wie in Ps 51 eigene Vergehen ein, ohne sich deshalb selbst zu den »Sündern« zu rechnen.[63] Dem stehen Psalmen gegenüber, in denen der Sprecher sich zu seinen Sünden bekennt und in denen (deshalb?) vom Gegensatz »Gerechte vs. Sünder« nicht die Rede ist.[64] Ps 51 scheint wie die Urgeschichte und eine Reihe von Psalmen davon auszugehen, dass es neben der großen Masse der »Sünder« auch einige »Gerechte« gibt, die zwar auch nicht völlig perfekt sind und gelegentlich einmal sündigen, es aber nicht so schlimm treiben wie die »Sünder«.

In Ps 51 wird nicht ganz klar, woher der Sprecher weiß, dass er gesündigt hat, und was in den Augen Gottes böse bzw. schlecht ist. In beidem scheint der Verfasser kein großes Problem zu sehen. Im Alten Testament kann die Quelle menschlichen Wissens um Gut und Böse z. B. in den Geboten und Gesetzen gesehen werden, die auf Gott zurückgeführt werden (vgl. z. B. Num 15,37 ff.). Dabei besteht aber das Problem, dass man nicht genau wissen kann, ob Gottes Gebote und Gesetze von Menschen verfälscht wurden (vgl. Jer 8,8) – und ob Gott vielleicht auch schlechte Gebote und Gesetze gegeben hat (vgl. Ez 20,25 f.). Ist etwas Sünde (bzw. böse, schlecht), weil Gott es so sieht? Oder sieht Gott es so, weil es so ist? Können die Menschen im zweiten Fall auch selbst erkennen, was gut ist und was böse (vgl. Gen 3)? Lernt man das von den Eltern (vgl. Spr 1,8 ff.) oder sollte man ihr Ethos eher kritisch sehen (vgl. Ez 18; 20)? Muss Gott die Menschen allenfalls erst zur selbstständigen Erkenntnis von Gut und Böse befähigen (vgl. Dtn 29,3; 30,6)? Merkt ein Mensch, dass er gesündigt hat, (erst?, nur?) daran, dass er dafür bestraft wird (so vielleicht Ps 51)? Oder kann das auch (und besser?) durch Gnade und Vergebung erreicht werden (vgl. Ez 36,31)? Ist es Aufgabe der Menschen, sich gegenseitig auf ihre Sünden aufmerksam zu machen (vgl. Ez 3; 33)?

[61] Gen 8,21 scheint eher das Letztere nahezulegen, stellt doch Jahwe hier im Angesicht Noahs fest, dass »das Sinnen des menschlichen Herzens böse ist von seiner Jugend an«. Oder hat Jahwe dabei mehr die Gefährten und Gefährtinnen Noahs im Auge?

[62] Vgl. weiter Ps 5; 7; 9; 10; 11; 12; 14; 15 u. v. a. In Ps 149 machen dann anscheinend die »Frommen« mit ihrem Schwert allen anderen den Garaus, sodass sie beim abschließenden Gotteslob in Ps 150 ungestört unter sich sind.

[63] Vgl. Ps 6; 19; 25; 32; 38; 39; 40; 51; 69 (106; 107). In Ps 141 bittet der Sprecher Gott, ihn vor dem Sündigen zu bewahren.

[64] Vgl. Ps 65; 103; 130; 143 (vgl. auch 78; 79; 85; 86; 89; 90).

Die erbetene Vergebung wird in Ps 51 beschrieben als Tilgung der Sünden, als Nichtbeachtung der Sünden durch Gott und als Reinigung des Sünders (mit Wasser). Als Mittel der Reinigung können im Alten Testament neben Wasser auch Opfer und Blut dienen, was Ps 51,18 jedoch ausdrücklich ablehnt.[65] Sünde kann an anderen Stellen auch vom Sünder getragen (und eventuell auch abgetragen), von einem anderen (Menschen oder Tier) weggetragen oder von Gott aufgehoben werden (hebr. jeweils *nś*ʾ Qal). Sünde kann auch einfach von Gott verziehen werden (*slḥ* Qal). Oder sie kann durch Sühnemaßnahmen (wie Fürbitte, Opfer oder glühende Kohlen) gesühnt bzw. zugedeckt werden (*kpr* Pi'el), wobei auch Jahwe die Sühne vollziehen kann.[66] Nach Spr 16,6 wird Schuld durch Liebe (*ḥeseḏ*) und Treue (*ʾemeṯ*) gesühnt (vgl. Dan 4,24), nach Sir 3,14 durch Liebestaten (*ṣᵉḏāqāh*) an den Eltern (vgl. Tob 12,9). Gutes Handeln kann also früheres schlechtes Handeln aufwiegen.[67] Dagegen sagt Ez 18,21 ff., dass nach der »Umkehr« eines Gerechten oder eines Frevlers dessen frühere Gerechtigkeit bzw. Schuld ihm nicht mehr angerechnet werden und überhaupt nicht mehr daran gedacht werden soll. Im Vergleich mit diesen Aussagen fällt es auf, dass der Sprecher von Ps 51 kein Wort darüber verliert, dass er »umkehren« und künftig nicht mehr sündigen will. Das scheint ihm so selbstverständlich zu sein, dass er sich schon gleich vornimmt, die Sünder und Übeltäter (zu denen er sich offenbar nicht rechnet) zur Umkehr zu rufen und zu belehren (V. 15).

Dafür bittet er Gott um seine Hilfe und um Unterstützung durch einen »willigen Geist« (V. 14). Die Bitte um ein »reines Herz« (V. 12) scheint vorauszusetzen, dass auch das innere Steuerungszentrum des Sprechers von seiner Schuld befleckt ist. Das scheint aber in Ps 51 nicht dazu zu führen, dass der Sprecher infolge seiner Verschuldung gar nicht mehr in der Lage ist, sich in seinem Denken und Handeln von der Sünde zu distanzieren und fern zu halten. Diese Gefahr wird an anderen Stellen des AT klarer gesehen. So spricht etwa Jer 17,1 davon dass sich den Judäern ihre Sünde ins Herz eingeschrieben hat. Mehrfach ist in Jer von der »Verstocktheit des (bösen) Herzens« der Judäer die Rede.[68] Die hier angesprochene Korruption des Herzens durch die Sünde wird in Gen 6,5; 8,21 und Spr 20,9 anthropologisch

[65] Vgl. für Opfer z. B. Lev 4,35; 1Sam 3,14, für Blut z. B. Ex 30,10; Lev 4,25; Ez 45,19; siehe Friedrich V. Reiterer, Sünde/Sühne (AT), in Johannes B. Bauer, Hg., Bibeltheologisches Wörterbuch, Graz 1994, 515–521, 520 f.

[66] Beispieltexte jeweils bei Reiterer, Sünde/Sühne (AT), 520 f.

[67] In Tob 4,9 f. ist vielleicht schon an einen »Schatz« von guten Taten gedacht, aus dem man später für allfällige Sünden bezahlen kann, vgl. Sir 29,14 ff.; Mt 6,20; Mk 10,21; Lk 12,33; 18,22.

[68] Jer 3,17; 11,8; 13,10; 16,12; 17,9; 18,12; 23,17; vgl. Ps 81,13.

generalisiert (wenn auch wohl noch nicht universalisiert). Dtn 29f. und prophetische Orakel in Jer und Ez (z.B. Jer 31; Ez 11; 36) erwarten einen über Ps 51,12.14 hinaus gehenden Eingriff Gottes ins Innere (Herz, Geist) der Israeliten, der es ihnen ermöglicht, den göttlichen Geboten entsprechend zu leben. Auch hier bedeutet aber ein »neues« Herz oder ein »neuer« Geist wohl nicht, dass es Ähnliches noch nie gegeben hat, sondern eher, dass damit ein Zustand vor der Korruption durch die Sünde wieder hergestellt wird.

Bemerkenswert ist, dass Ez 18,31 – im selben Buch wie Ez 11 und 36 – die Israeliten dazu auffordert und ihnen also wohl auch zutraut, sich selbst ein neues Herz und einen neuen Geist zu schaffen (*ᶜśh* Qal), indem sie sich von ihren Sünden abwenden und ihr Verhalten bessern. Soll man dies als eine ältere Sicht der Dinge verstehen, die in Ez 11 und 36 kritisch korrigiert wird? Oder soll man Ez 18 als kritische Korrektur der Erwartungen von Ez 11 und 36 lesen, die den Menschen im Prozess der moralischen Erneuerung zu passiv sehen? Der Widerspruch zwischen diesen Texten macht auf ein sachliches Problem aufmerksam, das sich ergibt, wenn die moralische Erneuerung bzw. Verbesserung des Menschen durch Gott als Befreiung gedacht werden soll – und sofern Moral es mit der Orientierung des (zumindest: relativ) freien menschlichen Handelns zu tun hat (und nicht mit einer Programmierung des menschlichen Verhaltens), kann die moralische Erneuerung bzw. Verbesserung des Menschen durch Gott kaum anders denn als Befreiung gedacht werden. Dann aber stellt sich die Frage, wie im Prozess der Befreiung der Übergang von der Manipulation des unfreien Menschen durch Gott zur Freiheit des von Gott befreiten Menschen gedacht werden kann.[69]

Ps 51 gehört also zu einer Reihe von Texten der Hebräischen Bibel, die in der Sünde ein gravierendes und weit verbreitetes Problem der Menschen (und nicht nur »der Sünder«) sehen und die den Menschen als angewiesen auf Vergebung betrachten sowie auf Hilfestellung bei der Überwindung der Sünde und dem Bemühen um eine moralisch gute Lebensführung – bis hin zu einer Veränderung seiner inneren moralischen, intellektuellen und emotionalen Steuerung durch sein Herz und seinen Geist. Diese Sicht des Menschen – mit zahlreichen Unterschieden im Detail – ist im Alten Testament durchaus nicht nur marginal vertreten, sie repräsentiert aber auch nicht den Mainstream der Theologie in der Hebräischen Bibel und speziell im Psalter. Hier herrscht eher eine schablonenhafte Typisierung von »Sündern« und »Gerechten« vor, die nicht über die Möglichkeit nachdenkt,

[69] Diese Frage ist in der christlichen Theologiegeschichte unter Stichworten wie »Pelagianismus« oder »Synergismus« immer wieder diskutiert worden.

von der einen zur anderen Seite zu wechseln und deshalb den »Sündern« nur die möglichst baldige Vernichtung wünschen kann (vgl. Ps 1). So scheint auch in Ps 52ff. »David« seinen in Ps 51,15 gefassten Vorsatz, die Verbrecher und Sünder zu belehren und zu bekehren, sogleich wieder vergessen zu haben.

Besonders in den priesterlich-kultischen Traditionen der Hebräischen Bibel gibt es starke Vorbehalte gegen eine – wohl als zu »billig« empfundene – großzügige Praxis der Sündenvergebung.[70] Gemäß Num 15,30f. können »mit erhobener Hand«, also willentlich und wissentlich begangene Sünden grundsätzlich nicht gesühnt und vergeben werden. Sie führen zum Ausschluss aus der Kultgemeinschaft. Kultische Sühne ist nur möglich für »versehentlich« begangene Sünden (*šᵉgāḡāh*: V. 22ff.). In der Praxis konnte die damit aufgestellte Anforderung an die Kultteilnehmer (vgl. auch Ps 15; 24) wohl nur aufrecht erhalten werden, indem möglichst viele »Sünden« als »Versehen« deklariert wurden. Was in Lev 4f.; Num 15,22ff.; 35,9ff. »an konkreten Verschuldungen genannt ist, ist durchaus so, daß man mit einiger Kasuistik alles mögliche unter *šegāgâ* subsumieren konnte«.[71] Gegen eine derartige Praxis fordert Koh 5,5 dazu auf, Schuld nicht zu beschönigen, sondern einzugestehen.[72] Lev 16 sieht dann eine jährliche pauschale Sündenvergebungszeremonie vor, zu der auch eine »Selbst-Kasteiung« der Israeliten gehört (V. 29.31). Demgegenüber spielt sich Vergebung nach Ps 51 eher im Verborgenen, d. h. im privaten Bereich, und im Inneren des Menschen ab und bedarf keiner kultischen Zeremonien, zumindest keiner Opfer.

Ps 51 scheint vorauszusetzen, dass der Sprecher wegen seiner Sünden krank geworden ist (sei es als Folge seines Schuldbewusstseins oder als Strafe Gottes).[73]

[70] Das Folgende nach Thomas Krüger, Kohelet (Prediger), BK 19, Neukirchen-Vluyn 2000, 210f.

[71] Norbert Lohfink, Warum ist der Tor unfähig, böse zu handeln? (Koh 4,17), in Fritz Steppat, Hg., XXI. Deutscher Orientalistentag ...: Ausgewählte Vorträge, ZDMG.S 5, 1983, 113–120, 119 Anm. 40.

[72] Vgl. auch Spr 28,13; Sir 4,26 (17,25ff.; 39,5); Ps 25,11.18; 32,3ff.; 130,3f. sowie Hi 5,8ff.; 8,5f.; 11,13ff.; 22,23ff.; 33,18ff. (vgl. Leo Perdue, Wisdom and Cult, SBL.DS 30, 1977, 171ff.). Vgl. auch die in deuteronomistischer Tradition stehenden Gebete in Esr 9; Neh 1,5ff.; 9; Dan 9; Bar 1,15ff.; Tob 3,1ff., die jeweils ein Schuldbekenntnis einschließen.

[73] Geht man davon aus, dass »das Gebet für den Kranken rezitiert wurde, so wurde dieser dadurch angeleitet, seine Situation in einer bestimmten, dogmatisch vorgeformten Weise zu verstehen und zu akzeptieren, nämlich als Folge seiner Sünden. Hatte die Krankheit ihn schon zermürbt, so mußte der deutliche Hinweis, daß sie die Folge seiner Sünde sei, ihn vollends zerbrechen und zu einer tiefen Buße treiben. Es ging nun nicht in erster Linie darum, daß Gott ihn von seiner Krankheit heile, sondern darum, daß er seine Sünden auslösche«: Ernst Würthwein, Bemerkungen zu Psalm 51, in Klaus Seybold & Erich Zenger, Hg., Neue Wege der Psalmenforschung,

Jedenfalls scheint der Psalm davon auszugehen, dass sein Sprecher, sobald Gott ihm vergeben hat, auch wieder gesund werden wird. Dass Krankheit und Sünde miteinander zusammenhängen, ist eine im Alten Testament wie im alten Orient weit verbreitete Überzeugung (vgl. z. B. Dtn 28,20 ff.; Lev 26,14 ff.; Ex 15,26). Auch der »Diener Jahwes« in Jes 52,13 ff. ist zwar nicht wegen eigener Sünden krank, aber doch wegen der Sünden anderer Menschen, die er auf sich genommen hat. Die Bücher Hiob und Tobit zeigen dagegen, dass Krankheiten auch unschuldige Menschen treffen können.[74] Von daher müsste auch Vergebung ohne gleichzeitige Heilung denkbar sein (vgl. NT: Mk 2,1 ff.).

9. Psalm 51 aus christlicher Sicht

So wenig es »das« alttestamentliche (oder neutestamentliche) Menschenbild gibt, so wenig gibt es »das« christliche Menschenbild. Trotzdem soll hier abschließend versucht werden, die Sicht des Menschen und der Sünde in Ps 51 mit einigen grundlegenden Gesichtspunkten einer heute vertretbaren christlichen Anthropologie (mit reformierter Prägung) zu vergleichen.[75] Das geschieht nicht mit der Absicht, die »Wahrheit« (oder »Korrektheit«) des Psalms nach Maßgabe einer dogmatischen Vorgabe zu überprüfen, die selbst nicht zur Diskussion steht. Es soll nur verdeutlichen, welche Differenzen bestehen zwischen der Sicht des Menschen in Ps 51 (und in anderen Texten der Hebräischen Bibel) und einer heute vertretbaren christlichen Sicht (die hier nicht ausführlich begründet werden kann). Damit soll nicht etwa ein abschließendes theologisches Urteil über Ps 51 gesprochen, sondern vielmehr eine theologische Diskussion über die in diesem Text angesprochenen anthropologischen Fragen angeregt werden.[76]

HBSt 1, Freiburg ^{2}1995, 381–388, 386. Gegen den letzten Satz im Zitat von Würthwein vgl. jedoch Ps 51,10.12–14, in denen es zumindest auch um Heilung geht.

[74] Hermann Spieckermann, Psalmen und Psalter, in Edward Noort & Florentino García Martínez, Hg., Perspectives in the Study of the Old Testament and Early Judaism (FS Adams S. Van Der Woude), VT.S 73, Leiden 1998, 137–153, 151 f., versteht Ps 51 als einen Gegen-Text zum Hiobbuch. M. E. verhält es sich eher umgekehrt, denn Ps 51 sagt nichts wesentlich anderes als die Freunde Hiobs (vgl. bes. Hi 4 f.). Das schließt aber nicht aus, dass Ps 51 jünger ist als Hi(*).

[75] Zu den hermeneutischen Problemen, die mit einer christlichen Rezeption der Psalmen verbunden sind, vgl. bereits W. M. L. de Wette, Ueber die erbauliche Erklärung der Psalmen, Basel 1836.

[76] Vgl. zum Folgenden die einschlägigen dogmatischen Lehrbücher sowie Wolfgang Schoberth, Einführung in die theologische Anthropologie, Darmstadt 2006. Vgl. auch Harry M. Kuitert, Ich habe meine Zweifel: Eine kritische Auslegung des christlichen Glaubens, Gütersloh 1993 (zum Menschenbild: 89 ff.).

Ein deutlicher Unterschied zwischen Ps 51 und einer christlichen Sicht des Menschen besteht wohl darin, dass Ps 51 den Menschen (noch) nicht in einem protologischen (urgeschichtlichen) und eschatologischen (endzeitlichen) Horizont betrachtet. Nach traditionellem christlichen Verständnis hat Gott die Menschen »sehr gut« geschaffen, doch nach dem »Sündenfall« sind alle Menschen irgendwie von der Sünde infiziert. Erst nach dem »Jüngsten Gericht« werden sie (alle oder einige?) in einer neuen Schöpfung von der Sünde völlig und endgültig frei sein. Diese Sicht des Menschen ist allerdings im wörtlichen Sinne mit dem, was wir heute sonst noch über den Menschen wissen, kaum vereinbar.[77] Sie kann aber bildlich als ein Hinweis darauf verstanden werden, dass die Erfahrung der Sünde auf ein grundlegendes Problem der Menschen verweist, das in ihrem endlichen Leben nicht völlig gelöst werden kann.

Mit dem Sinn für Moral (dem »Wissen bzw. Erkennen, was gut ist und was böse«) entwickeln die Menschen auch zunehmend klarer die Einsicht, dass sie nicht so gut sind, wie sie sein könnten, sollten und wollen.[78] Sie machen weiter die Erfahrung, dass ihre Versuche, sich zu bessern, nur teilweise zum Erfolg führen, wenn sie nicht sogar ganz scheitern. Die Arbeit an ihrer moralischen Verbesserung kann sie dann so sehr in Beschlag nehmen, dass sie vor lauter Beschäftigung mit sich selbst die Herausforderungen und Chancen ihres alltäglichen Lebens nicht mehr wahrnehmen und sich so nur immer tiefer in ihr moralisches Scheitern verstricken. Erschwerend kommt hinzu, dass das Schlechte, das sie durch ihr Tun oder Lassen gewollt oder ungewollt herbeiführen, Konsequenzen hat, die ihnen weiter zu schaffen machen, indem sie z. B. einen Schaden, den sie angerichtet ha-

[77] Wenn heute eine »evolutionäre Anthropologie« das Sesshaftwerden der Menschen in der Jungsteinzeit als eine Art »Sündenfall« der Menschheit betrachtet (vgl. Carel van Schaik & Kai Michel, Das Tagebuch der Menschheit, 2016, Einleitung), kann man fragen, ob es sich hier nicht um eine unbewusste und unreflektierte Nachwirkung des traditionellen christlichen Menschenbildes handelt. Vgl. auch Yuval Noah Harari, Eine kurze Geschichte der Menschheit, München 2013, Teil 1; Emerich Sumser, Evolution der Ethik, Berlin 2016.

[78] Vgl. den Kontrast zwischen Gen 1,31 (und 3,22a) und Gen 6,5 ff. oder Röm 1–3. Aus evolutionär-anthropologischer Sicht wäre diese Einsicht wohl zurückzuführen auf die Spannung zwischen der »ersten Natur« der Menschen (als Jäger und Sammler) und ihrer »zweiten Natur« (als sesshafte Ackerbauern), die mit verschiedenen moralischen Prinzipien verbunden sind, sodass der Jäger und Sammler im Ackerbauern diesem immer wieder ein schlechtes Gewissen macht, wenn er z. B. sein Eigentum gegen seine Nachbarn verteidigt oder seinen Ernteertrag nicht mit ihnen teilt. Zu den psychologischen Dimensionen von Sünde und Schuldbewusstsein vgl. etwa Raphael M. Bonelli, Selber Schuld, München 2013.

ben, wieder gut machen müssen, eine Strafe für ihr Fehlverhalten zu erleiden haben oder durch gestörte oder zerstörte Beziehungen in ihrem Leben beeinträchtigt werden.[79]

In Anknüpfung an die altisraelitische Religion (und mittelbar auch die Religionen des alten Orients) verstehen Judentum und Christentum die Selbst- und Weltbeziehungen der Menschen im Horizont ihrer Gottesbeziehung. In moralischer Hinsicht werden dabei sowohl die Befähigung der Menschen zu moralischer Einsicht als auch die Erkenntnis ihrer moralischen Defizite und deren Konsequenzen, als auch die Möglichkeit, die schlechten Folgen schlechten Tuns und Lassens zu überwinden und sich moralisch zu bessern, auf Gott zurückgeführt. Das Christentum leitet weiter aus der Darstellung der Lehre, des Wirkens und des Geschicks Jesu Christi in den Evangelien und ihrer Deutung in den übrigen Schriften des Neuen Testaments die Zuversicht ab, dass Gott den Menschen ihre Sünden vergeben hat und sie zu besseren, ja zu neuen Menschen macht, indem sie von Jesus Christus ergriffen werden und ihr Leben nach seinem Vorbild umgestaltet wird.[80]

Dabei befreit sie das Vertrauen darauf, dass sie von Gott nicht bei ihren Sünden behaftet, sondern als Gerechte betrachtet und zu Gerechten gemacht werden, dazu, zu ihren Fehlern zu stehen, sie sofern es möglich ist wieder gut zu machen und sich selbst zu bessern, sich aber auch den neuen Herausforderungen und Chancen des Lebens zu öffnen, ohne sich auf die Arbeit an den Folgen ihrer Fehler und ihrer künftigen Vermeidung zu fixieren und ohne von der Angst vor neuen Fehlern gelähmt zu werden. Im Vertrauen auf Gott erfahren sie, dass die entscheidenden Veränderungen in ihrem Leben gar nicht von ihnen selbst bewerkstelligt werden (müssen), sondern ihnen im Kraftfeld des Geistes Jesu Christi ohne ihr Zutun zuteil werden.[81]

Vor dem Hintergrund dieser hier nur knapp angedeuteten Gesichtspunkte einer christlichen Sicht des Menschen und der Sünde ist es sicher zu begrüßen, dass Ps 51 die in vielen Psalmen vorherrschende schablonenhafte Gegenüberstellung von »Gerechten« und »Sündern« zumindest insoweit überwindet, als auch der Sprecher, der sich offensichtlich nicht zu den »Sündern« zählt, bekennt, gesündigt zu haben. Einer christlichen Anthropologie kommt Ps 51 auch darin entgegen, dass sein Sprecher die Befreiung von seinen Sünden und die Befähigung zu einer moralisch besseren Lebensführung allein von Gott erwartet und nicht als etwas in

[79] Vgl. die Ausführungen über das Leben unter der Macht der Sünde in Röm 5–7.

[80] Vgl. Röm 6 f.; Gal 2,20 ff.; Phil 2.

[81] Vgl. Röm 3 f.; 8.

seiner Macht stehendes und durch religiöse Praktiken zu bewerkstelligendes betrachtet. Auch in seiner Bereitschaft, den »Sündern« die Möglichkeit der Umkehr zu Gott zuzugestehen, was in den Psalmen keineswegs selbstverständlich ist, stimmt der Sprecher von Ps 51 mit einem christlichen Menschenbild überein.

Schwer nachvollziehbar ist dagegen aus christlicher Sicht seine Überzeugung, nur gegenüber Gott gesündigt zu haben. Dass ein Mensch gegenüber seinen Mitmenschen und seiner nichtmenschlichen Umwelt überhaupt nie etwas falsch gemacht haben soll, ist auch ohne die Voraussetzung einer »Erb«- oder »Ursünde« kaum vorstellbar. Zudem ist zu fragen, ob Interaktionen zwischen einem Menschen und Gott überhaupt so von allen Weltbezügen zu isolieren sind, dass ein Mensch allein gegen Gott sündigen kann, ohne dass irgendjemand oder irgendetwas sonst davon betroffen ist. Sünden von Menschen gegen andere Menschen sind aber schwerlich allein im Zwiegespräch mit Gott »im stillen Kämmerlein« oder »im Inneren« des Menschen aus der Welt zu schaffen. Statt Gott um Vergebung anzuflehen, sollte man sich in solchen Fällen vielleicht lieber um eine Aussöhnung mit den Betroffenen bemühen und seine Fehler wieder gut zu machen versuchen, soweit das möglich ist.[82]

Nach christlichem Verständnis befreit das Vertrauen auf die von Seiten Gottes bereits erfolgte Vergebung die Menschen von religiösen Bemühungen, mit Gott ins Reine zu kommen, sodass sie sich in Liebe ihren Aufgaben in der Welt widmen können. Der Sprecher von Ps 51 erweckt demgegenüber den Eindruck, völlig auf seine Bemühungen um Vergebung seiner Sünden fixiert zu sein. (Oder soll man sich vorstellen, dass ihn das Sprechen dieses Gebets von dieser Sorge befreit?)

Bei dem Bemühen um die Belehrung und Bekehrung der »Sünder« (Ps 51,15) müsste aus christlicher Sicht jedenfalls deutlich werden, dass man nicht von einem Standpunkt moralischer Überlegenheit mit ihnen spricht, sondern in der Solidarität fehlbarer Menschen, die nur dank der Güte Gottes nicht in ihren Sünden verstrickt und durch sie erstickt werden. Demgegenüber scheint sich der Sprecher von Ps 51 trotz der von ihm begangenen Sünden nicht für einen »Sünder« zu halten.

Der Sprecher von Ps 51 erweckt den Eindruck, vor seiner Verschuldung, für die er um Vergebung bittet, »gerecht« gewesen zu sein. Er scheint zu hoffen, nach der von Gott erbetenen Vergebung und Erneuerung wieder so »gerecht« zu sein wie vor seinem »Sündenfall«. Diese Sicht der Sünde als eines im Leben des Menschen

[82] Vgl. Mt 5,23 ff.

auftauchenden und lösbaren Problems muss aus christlicher Sicht als eine Verharmlosung der Sünde erscheinen.[83]

So eindrücklich und berührend Ps 51 das Leiden eines Menschen unter seinen Sünden beschreibt, so fremd werden doch bei genauerem Zusehen einige seiner Aussagen einer heutigen christlich-reformierten Frömmigkeit erscheinen. Sie wird sich von dieser Lebensäußerung eines »fremden Verwandten« eher zu einem »neuen Lied« inspirieren lassen als dazu, sie sich als Gebet zu eigen zu machen – so wie es wohl auch der Absicht des Psalters entspricht.

[83] Problematisch erscheint auch die (allerdings schon in Ps 51 selbst nicht ganz klare) Annahme eines Zusammenhangs zwischen Sünde und Krankheit (physischem und psychischem Zusammenbruch).

Samuel Vollenweider

Ganzheitlich oder doch dualistisch?

Über wenig attraktive Alternativen in der neutestamentlichen Anthropologie

Es zählt zu den stabilen Einsichten neuzeitlicher theologischer Anthropologien, dass die Bibel grundsätzlich von einem im Ansatz ganzheitlichen Verständnis des Menschen ausgeht. Vor allem das Alte Testament und, in seinem Gravitationsfeld, das Judentum lassen eine Sicht personaler Identität erkennen, die sich über das spezifisch anthropologische Modell hinaus auch sozial, ethisch und eschatologisch artikulieren lässt.[1] Die Theologie hat sich mit Hilfe der holistischen Figuren befreit von der Dominanz überkommener Konzeptionen, die einen Dualismus von Körper und Geist oder von Sinnlichkeit und Vernunft voraussetzen. Nicht selten hat sich mit dem Lob der biblischen Ganzheitlichkeit eine Verurteilung von dualisierenden bzw. dichotomischen Anthropologien verbunden, die seit dem Griechentum bzw. dem Hellenismus die spätantike, mittelalterliche und noch frühmoderne Geistesgeschichte mitbestimmt haben.[2] In jüngerer Zeit ist das Modell des »ganzen

[1] Der Klassiker ist hier H.W. Wolff, Anthropologie des Alten Testaments (1973), neu herausgegeben von B. Janowski, Gütersloh 2010 (besonders 29–31); zur Würdigung vgl. Janowski, hier 373–414, besonders 394f. sowie B. Janowski, Anthropologie des Alten Testaments. Grundfragen – Kontexte – Themenfelder, ThLZ 139 (2014) 535–554, hier 536–540. Vgl. z.B. H.-H. Schrey, Art. Leib/Leiblichkeit, TRE 20 (1990) 638–643, hier 638f. (»Die Frage, ob das Alte Testament dichotomisch oder trichotomisch denke, also eine strikte Unterscheidung zwischen Seele und Geist mache, ist müßig, da sie der Denkart des Alten Testaments fremd ist. Geist, Seele und Leib meinen jeweils den ganzen Menschen in je verschiedener Hinsicht«); R. Albertz, Art. Mensch II. Altes Testament, TRE 22 (1992) 464–474, hier 465 (»Die anthropologische Begrifflichkeit des Alten Testaments weist auf ein ganzheitliches Menschenverständnis, das durchaus Parallelen in den antiken semitischen Kulturen besitzt, sich aber deutlich vom dichotomischen [Seele-Leib] bzw. trichotomischen [Geist-Seele-Leib] Menschenbild der philosophisch-christlichen Tradition des Abendlandes unterscheidet«).

Menschen« sogar weiträumig in den verschiedenen anthropologischen Entwürfen und Diskursen der antiken Mittelmeerwelt identifiziert worden.[3] Das Neue Testament selber ist in diesem Diskurszusammenhang verschiedenartig beurteilt worden. Es ließ sich mit einigem exegetischem Aufwand doch in die holistische Hauptlinie einreihen. Oder man nahm interne Unterscheidungen vor, die etwa die Jesusüberlieferung in ihren synoptischen Spielarten von den dualisierenden Zugkräften im Johannesevangelium oder in der Briefliteratur absetzen. Dabei bot es sich an, noch einmal die stark von der griechisch-hellenistischen Kultur her bestimmte Rezeption neutestamentlicher Texte in Antike, Mittelalter und Vormoderne im Kontrast zu ihrem biblisch-jüdischen Ursprungskontext zu problematisieren. Mehr oder weniger deutlich verbinden sich derartige Alternativen mit bestimmten Wertungen.

I. Jenseits der Stereotype

Die eben skizzierte Sichtung biblischer Anthropologien ist mit Absicht holzschnittartig entworfen. Wie überall in den Geistes- und Kulturwissenschaften erzeugen Stereotype den berechtigten Ruf nach Differenzierung. Im Folgenden wird versucht, den überkommenen Schematismus von Holismus versus Dualismus ein Stück weit zu relativieren und nach geeigneteren und textnäheren Beschreibungen zu suchen.[4] Vorweg deute ich vier Gesichtspunkte an, die für die Problemanalyse hilfreich sein können.

[2] Repräsentativ etwa: K. Schöpflin, Art. Seele II.AT, TRE 30 (1999) 737–740, hier 739f.; G. Dautzenberg, Art. Seele IV.NT, 744–748, hier 745; 747; R. Leonhardt, Grundinformation Dogmatik, Göttingen [3]2011 (UTB 2214), 262f.

[3] Vgl. den Sammelband von B. Janowski (Hg.), Der ganze Mensch. Zur Anthropologie der Antike und ihrer europäischen Rezeptionsgeschichte, Berlin 2012 (bzw. 2011). Hier besonders B. Janowski, Der »ganze Mensch«. Zur Geschichte und Absicht einer integrativen Formel, 9-21, mit besonderem Fokus auf den Relationen und auf der Unterscheidung von Leibsphäre und Sozialsphäre, d.h. dem Konzept einer »konstellativen Anthropologie«. Vgl. zum letzteren: ders., Konstellative Anthropologie. Zum Begriff der Person im Alten Testament, in: Ch. Frevel (Hg.), Biblische Anthropologie. Neue Einsichten aus dem Alten Testament, Freiburg 2010 (QD 237), 64–83.

[4] »Holismus« und »holistisch« wird in diesem Aufsatz synonym zu »Ganzheit« und »ganzheitlich« verwendet, und zwar als Antonym zu »Dualismus«. Im Kontrast zu dessen anderem möglichen Antonym, dem (anthropologischen) »Monismus«, liegt beim »Holismus« ein weites semantisches Spektrum und eine ›weichere‹ Konzeption vor, die mehr Differenz zulässt und vor allem Relationalität einschließt. Zum Gegensatz von anthropologischem Dualismus und Monismus vgl. W. Pleger, Handbuch der Anthropologie. Die wichtigsten Konzepte von Homer bis Sartre, Darmstadt 2013, 55–93.

Erstens: Statt einer Antithese von Holismus versus Dichotomie bietet sich fast von selber das Modell eines *dynamischen Feldes* an. Anthropologische Reflexionen haben es unausweichlich immer mit beziehungsreichen Differenzen zu tun – etwa mit dem Verhältnis von Einzelnem und Gemeinschaft, dem von Lebendigsein und Totsein, und natürlich mit der ›psychophysischen‹ Polarität. Zur Frage steht nun, wie stark derartige Differenzen gewichtet werden, und hier gibt es erhebliche Unterschiede. Fragen wir nach dem Stellenwert von Differenzen und besonders nach demjenigen von Dualen, so rückt umgekehrt die Frage nach der personalen Einheit ins Blickfeld – ein ›Ganzes‹ setzt ja einen bestimmten Beziehungszusammenhang zwischen Verschiedenem voraus, der ein verbindendes Eines artikuliert.

Der klassische Bibeltext zur Menschenschöpfung, Gen 2,7, arbeitet beispielsweise mit einer markanten Polarität: Der Mensch ist Staub vom Erdboden und beseelt vom göttlichen Lebensatem. Genau so ist er aber *ein* ganzes »lebendiges Wesen«.[5] Der Dual von Körper und Lebensgeist führt also nicht notwendig zu einer dichotomischen Anthropologie. Erst dann, wenn das personale Zentrum des Menschen, sein Selbst, ganz in der einen Hälfte verortet wird, haben wir eine im Ansatz dual(istisch) entworfene Anthropologie vor uns.

Im Horizont antiker Religionen ist es naheliegend, die Doppelnatur des Menschen mit zwei Welten zu korrelieren: der himmlischen Welt der Götter bzw. Engel einerseits und der irdisch-sinnlichen Welt andrerseits. Wie der Mensch in diesem Raumgefüge zu situieren ist, wird ganz verschieden beantwortet. Ein in der späteren Antike prominent gewordenes Anthropologumenon, das eine reiche Rezeptionsgeschichte erzeugt hat, ist das Bild des »Amphibiums«: Der Mensch steht zwischen beiden Welten und hat an beiden teil; er ist ein Grenzgänger und Zwischenwesen. Die in der Fussnote[6] aufgeführten exemplarischen Texte zeigen deutlich, wie

[5] Vgl. B. Janowski, Der ganze Mensch. Zu den Koordinaten der alttestamentlichen Anthropologie, ZThK 113 (2016) 1–28, hier 6–8 (»Zu den Charakteristika alttestamentlicher Anthropologie zählt zunächst der die personale Identität konstituierende Zusammenhang von Leib und ›Leben(skraft)‹«, 6).

[6] Philon zufolge steht der Mensch an der Grenze zwischen geistiger und körperlicher Welt, opif. 135 (»der Mensch steht auf der Grenze zwischen der sterblichen und unsterblichen Natur [τὸν ἄνθρωπον θνητῆς καὶ ἀθανάτου φύσεως εἶναι μεθόριον], da er an beiden so viel, wie nötig ist, teilhat, und er ist zugleich sterblich und unsterblich geschaffen, sterblich in Bezug auf seinen Körper, unsterblich hinsichtlich seines Geistes«); dazu D.T. Runia, On the Creation of the Cosmos according to Moses, Leiden 2001 (Philo of Alexandria Commentary Series 1), 321 (der Mensch als »borderline creature«); vgl. 327; vgl. sodann Greg. Nyss., hom. opif. 16 (PG 44, 181B/C): »Ein Mittleres ist der Mensch, zwischen göttlicher, unkörperlicher Natur und unvernünftigem, tierischem Leben.« Systematisch reflektiert wird der Gedanke besonders bei Hierokles, carm. aur. 1,5; 2,4; 20,2; 23,1–11 Köhler (»als ein Mittleres zwischen so Verschiedenem wird der Mensch angesehen als ein ›Doppellebiges‹, vom Oberen das Letzte, vom Unteren das Erste [μεσότης δὲ τῶν οὕτω διεστηκότων ὁ ἄνθρωπος ἐνορᾶται ἀμφίβιός τις ὢν καὶ ἔσχατος μὲν τῶν ἄνω, πρῶτος δὲ τῶν κάτω], 23,2) und bei Nemesios, nat. hom. 1, bes. 2,24 ff. Morani (»wie auf der Grenzscheide zwischen geistiger und sinnlicher Wesenheit [ὥσπερ ἐν μεθορίοις ἐστὶν νοητῆς καὶ αἰσθητῆς οὐσίας]); vgl.

anthropologische Konzeptionen über distinkte Kulturen hinweg als plausibel empfunden werden und selber als Grenzgängerinnen anzusprechen sind: Philon von Alexandria ist als platonischer Philosoph frommer Jude, der Bischof Nemesios von Emesa (um 400) steht ganz in griechischer literarischer Tradition,[7] bei Hierokles (5. Jh.) hat die Forschung lange Zeit darüber diskutiert, ob er als Alexandriner zwischen heidnischem und christlichem Neuplatonismus vermittelt.

Zweitens: Beschäftigt man sich mit Texten der frühen Kaiserzeit, bewegt man sich in einer kulturtheoretisch zu beschreibenden Konstellation, die mit dem Stichwort *Hellenisierung* verbunden ist. In der jüngeren Exegese hat man sich abgewandt von dem »Judaism-Hellenism-Divide«, der fragwürdige kulturelle Alternativen aufrichtet und die Ausleger zu einem ›Bekenntnis‹ drängt. Im Zug der hellenistischen Globalisierung, die den gesamten Mittelmeerraum über Jahrhunderte hinweg tiefgreifend transformiert und auch das Judentum in all seinen Spielarten umfassend tangiert (womöglich sogar: generiert), verbreiten sich auch dual orientierte Anthropologumena, die auf das klassische Griechenland, namentlich auf die Orphik und auf Platon, zurückgehen.[8] So begegnet die Unterscheidung von Körper und Seele (bzw. Geist) auch im jüdischen Kernland und in aramäisch-hebräischer Lite-

5,9; 6,7; 15,3 ff. (»kleiner Kosmos« [μικρὸς κόσμος]). Stark dualisiert erscheint das Schema im hermetischen Poimandres, CorpHerm 1,15 (es »ist der Mensch im Gegensatz zu allen [anderen] Lebewesen auf der Erde zweifachen Wesens: sterblich wegen seines Körpers, unsterblich aber wegen des wesenhaften Menschen«).

[7] Zu diesem Autor vgl. J. Söder, Der Mensch als personifizierte Freiheit bei Nemesios von Emesa in: L. Jansen / Ch. Jedan (Hg.), Philosophische Anthropologie in der Antike, Heusenstamm 2010, 363–380; D. De Brasi, Eine Neubewertung des Körpers. Anthropologie und Glauben in den Schriften zur menschlichen Natur des Nemesios von Emesa und Gregor von Nyssa, in: D. de Brasi / S. Föllinger (Hg.), Anthropologie in Antike und Gegenwart. Biologische und philosophische Entwürfe vom Menschen, München 2015, 377–395.

[8] Vgl. z. B. U. Poplutz, De immortalitate animae. Antike Vorgaben und das Neue Testament, HBl 1.2 (2005) 42–54; J. N. Bremmer, The Rise of the Unitary Soul and its Opposition to the Body. From Homer to Socrates, in: Jansen / Jedan, Anthropologie (s. Anm. 7) 11–29; ders., Die Karriere der Seele. Vom antiken Griechenland ins moderne Europa, in: Janowski, Mensch (s. Anm. 3) 497–524. Ein instruktiver Text ist der pseudo-platonische Axiochos; vgl. die mit Essays versehene Ausgabe: I. Männlein-Robert u. a. (Hg.), Ps.-Platon. Über den Tod, Tübingen 2012 (Sapere 20). Zu beachten ist, dass Zweinaturen-Anthropologien tief in den Alten Orient zurückreichen; vgl. W. Burkert, Die orientalisierende Epoche in der griechischen Religion und Literatur, Heidelberg 1984 (SbHAW.PH 1984.1), 117, im Blick auf das Atramchasis-Epos: »Hier bereits, rund 1000 Jahre vor Homer, liegt eine dualistische Anthropologie vor, die ›Geist‹ und ›Lehm‹ im Menschen, das göttliche und das körperliche Element einander gegenüberstellt.«

ratur, etwa in den Henochbüchern und in rabbinischen Texten, vom Diasporajudentum samt der Septuaginta ganz zu schweigen.[9]

Drittens: Mit den angedeuteten großräumigen Kulturtransformationen verbunden spielt die *Individualisierung* für die Anthropologien eine weitreichende Rolle. Seit der späthellenistischen Zeit gibt es, offenkundig das erste Mal in der abendländischen Geschichte, die Möglichkeit ganz individueller Optionen für die Lebensführung, jedenfalls im urbanen Raum, zunächst für Eliten, dann zunehmend auch für Mittelschichtangehörige. Natürlich darf man auch Individualisierungsprozesse nicht linear bzw. progressiv beschreiben. So entwurzelt der Übergang von der selbständigen Polis zum Großreich die Menschen keineswegs; gerade im ersten und zweiten Jahrhundert n. Chr. entwickeln sich in den prosperierenden Städten neue gemeinschaftliche Formen des Wir-Empfindens, etwa im Vereinsleben (*collegia*). Der Einzelne spielt im Fall des Christentums als Konversionsreligion eine ausschlaggebende Rolle, so sehr auch das mitinvolvierte »Haus« einerseits, die neue Gemeinschaft andrerseits ihr eigenes Gewicht entfalten. Die gesellschaftliche Individualisierung schlägt sich selbstverständlich auch in anthropologischen Entwürfen nieder; in der Eschatologie begegnet sie etwa in den Spielarten des Beurteilungsgerichts, das über die Einzelnen ergeht. Einige Formen religiöser Philosophie schreiben dem Einzelnen schließlich einen herausragenden Stellenwert zu; dem Thomasevangelium zufolge spricht Jesus die Einzelnen selig, und der Neuplatoniker Plotin zelebriert die »Flucht des Einzelnen zum Einzigen«, zum *einen* Göttlichen.[10]

Viertens: Besonderer Aufmerksamkeit bedarf das Verhältnis von Kategorien, die sich stärker an Substanzen orientieren, zu solchen *relationaler* Art. Es ist hinreichend bekannt, dass das neuzeitliche Interesse – in Absetzung von überkommenen, von Haus aus metaphysisch aufgeladenen Konzeptionen – den Beziehungen

[9] *Locus classicus* ist Sap 9,15: »ein vergänglicher Leib nämlich beschwert die Seele, und das irdische Zelt belastet den um vieles besorgten Geist« (φθαρτὸν γὰρ σῶμα βαρύνει ψυχήν καὶ βρίθει τὸ γεῶδες σκῆνος νοῦν πολυφρόντιδα). Zur Septuaginta vgl. M. Rösel, Der hebräische Mensch im griechischen Gewand. Anthropologische Akzentsetzungen in der Septuaginta, in: B. Janowski u. a. (Hg.), Der Mensch im Alten Israel, Freiburg 2009 (HBS 59), 69–92.

[10] Vgl. EvThom 49,1 (»Selig sind die einzelnen, die Erwählten. Denn ihr werdet das Königreich finden«); 16,4; 75; zu Interpretationsnuancen vgl. S. Gathercole, The Gospel of Thomas. Introduction and Commentary, Leiden 2014, 278–282. – Plotin, enn. 6,9,11:49–51 (»Abscheiden von allem andern was hienieden ist, ein Leben das nicht nach dem Irdischen begehrt, Flucht des Einsamen zum Einsamen [φυγὴ μόνου πρὸς μόνον])«; vgl. zur Gebetsbeziehung des »Einsamen zum Einsamen« 5,1,6:8–12.

gilt, die sich ihrerseits eher hermeneutisch bzw. dialogisch oder aber funktional bzw. systemisch bestimmen lassen. Auch hier wird man den antiken Texten mit scharfen Alternativen nicht gerecht: Substanzialistisch entworfene Anthropologien schließen relationale Dimensionen keineswegs aus. Partizipation ist beispielsweise nicht nur ein Schlüsselbegriff der paulinischen Theologie, sondern auch des Platonismus.[11]

Im Folgenden unternehmen wir eine Tour d'horizon, die einige neutestamentliche Stationen aufsucht, vor allem: das Dreigestirn von Jesus, Johannes und Paulus. Im Fokus stehen Aussagen, die sich mindestens auf den ersten Blick nicht eben ganzheitlich ausnehmen. Wir fragen danach, ob sie die Dualisierung so weit treiben, dass sie nicht mehr leicht oder gar nicht mehr in das biblisch-theologische Paradigma eines »ganzen Menschen« einzugliedern sind.[12] Faktisch werden wir es mit Texten zu tun haben, die die Differenz von Geist bzw. Seele und Fleisch bzw. Körper mehr oder weniger stark artikulieren. Am Rand ist immer mitzubedenken, dass schon im Alten Testament, und vollends im antiken Judentum, die Verhältnisse differenziert wahrzunehmen sind und duale Figuren mit solchen holistischer Art in Wechselwirkung stehen.[13] Die Qumrantexte dokumentieren beispielsweise Bilder des »gespaltenen« Menschen und des Gegensatzes von »Fleisch« und »Geist«, die einigen Paulustexten auffällig nahe stehen.[14]

[11] Gerade bei Platon hat man sich auch zu hüten vor Simplifikationen. So unterscheidet sich sein Spätwerk markant von den frühen oder ›klassischen‹ Dialogen (wie dem Phaidon). Vgl. J. Müller, Leib-Seele-Dualismus? Zur Anthropologie beim späten Platon, in: De Brasi / Föllinger, Anthropologie (s. Anm. 7) 59–96.

[12] Immer wieder auf Paulus zu sprechen kommt M. Welker in seinem Versuch, »dual und dualistisch strukturierte Anthropologien [zu] vermeiden, wie sie für die überwiegende Mehrzahl der anthropologischen Entwürfe immer noch Standard sind«: Anthropologie der Artikulation und theologische Anthropologie, in: Ch. Polke u. a. (Hg.), Niemand ist eine Insel. Menschsein im Schnittpunkt von Anthropologie, Theologie und Ethik, FS W. Härle, Berlin 2011 (TBT 156), 219–232 (Zitat: 226).

[13] Vgl. die Anzeige bei: Ch. Frevel, Die Frage nach dem Menschen. Biblische Anthropologie als wissenschaftliche Aufgabe – Eine Standortbestimmung, in: ders., Anthropologie (s. Anm. 3) 29–63, hier 35–37 (»Das biblische Menschenbild gibt es nicht«).

[14] Vgl. H. Lichtenberger, Der »gespaltene Mensch«. Menschenbilder in Qumran, in: Janowski, Mensch (s. Anm. 3) 223–233 sowie unten Anm. 43; ferner H.-J. Fabry u. a., Anthropologische Texte aus Qumran und ihre Bedeutung für einen Entwurf qumranischer Anthropologie, in: Frevel, Anthropologie (s. Anm. 3) 332–347.

II. Ein neutestamentlicher Rundgang

II.1 Der Seele und Körper in die Hölle wirft: Jesus

Unsere erste Station machen wir bei der Jesusüberlieferung. Das Matthäusevangelium bietet in seiner Aussendungsrede einen Spruch, der angesichts von Verfolgung und möglichem Martyrium die Angst zum Thema macht (Mt 10,28):

> »Fürchtet euch nicht vor denen, die den Leib töten, die Seele aber nicht töten können. Fürchtet euch mehr vor dem, der Seele und Leib in der Hölle verderben kann (τὸν δυνάμενον καὶ ψυχὴν καὶ σῶμα ἀπολέσαι ἐν γεέννῃ).«

Das Logion stammt aus der Logienquelle (vgl. Lk 12,4f.). Wahrscheinlich war es schon in der voraufgehenden mündlichen Überlieferung verbunden mit der nachfolgenden Spruchreihe, die komplementär und sogar überbietend nicht Furcht und Endzeit, sondern Vertrauen und Schöpfung aufbietet (Mt 10,29–31 par).

Offenkundig setzt das Jesuswort die Unterscheidung von Seele und Körper voraus.[15] Es ist kein Zufall, dass Verfolgung, Martyrium und gewaltsames Geschick der Frommen schon Jahrhunderte zuvor die jüdische Eschatologie in engem Verbund mit der Anthropologie mutiert haben.[16] Der zweite Teil des Spruchs V. 28b variiert das »Töten« von V. 28a zum »Verderben«. Das lässt sich als rhetorische Steigerung lesen und ist anschlussfähig für verschiedene eschatologische Optionen (die in vielen Texten der jüdisch-christlichen Literatur durchaus koexistieren): »Verderben« ist entweder als Synonym für das Töten zu taxieren oder, m.E. viel wahrscheinlicher, zu beziehen auf die Höllenpein, und zwar im *status resurrectionis*:[17] Wenn »Seele *und* Leib« in der Hölle platziert werden, setzt das ihre Wiedervereinigung aufgrund der Totenauferstehung voraus.[18]

[15] Vgl. U. Luz, Das Evangelium nach Matthäus, Bd. 2, Zürich/Neukirchen 1990 (EKK I/2), 126f.

[16] So werden Körper und Seele in den Martyriumsberichten von 2Makk 6,30 und 4Makk 13,13–15 unterschieden. Im Wächterbuch von 1Hen (22) ist es vor allem das Problem des gewaltsamen Geschicks der Frommen, das die Ausdifferenzierung der eschatologischen Erwartungen mit der Separierung der Seelen bzw. Geister in den entsprechenden »Kammern« generiert. Ein ähnlicher Befund begegnet öfter in paganer Literatur; vgl. Sextus, sent. 363b; *locus classicus* ist der Spruch des Sokrates »Mir wird wohl weder Meletos noch Anytos einen Schaden zufügen. Sie könnten es auch gar nicht« (apol. 30c/d; zitiert bei Epiktet, ench. 53,4 und öfter im 2. Jh. n. Chr., auch bei Christen, vgl. U. Brandt, Kommentar zu Epiktets *Encheiridion*, Heidelberg 2015 [WKLGS], 324). Dazu kommt Platons Phaidon als Diskurs im Gefängnis über die Seelenunsterblichkeit.

[17] Vgl. zur Alternative W. D. Davies / D. C. Allison, A critical and exegetical Commentary on the Gospel according to S. Matthew, Bd. 2, London 2004 (ICC), 206f.

[18] D. Zeller, The Soul that cannot be killed by Men (Matt 10:28), in: W. J. C. Weren u. a. (Hg.), Life beyond Death in Matthew's Gospel. Religious Metaphor or bodily Reality?, Louvain 2011

Interessant ist die Reformulierung bei Lk (12,4f.: »Fürchtet euch nicht vor denen, die den Leib töten, darüber hinaus aber nichts tun können. Ich will euch zeigen, wen ihr fürchten sollt: Fürchtet den, der, nachdem er getötet hat, die Macht hat, in die Hölle zu werfen [φοβήθητε τὸν μετὰ τὸ ἀποκτεῖναι ἔχοντα ἐξουσίαν ἐμβαλεῖν εἰς τὴν γέενναν]. Ja, ich sage euch: Den fürchtet!«): Lukas verzichtet in beiden Spruchteilen auf die Nennung der Seele, unterstreicht aber dasjenige, was *nach* dem Töten des Leibes geschieht (zweimaliges »danach«). Er umschifft auf diese Weise die Aussage, dass Gott die Seele verderben bzw. auslöschen kann. Eine Brücke zum sonst bei Lukas beobachtbaren Interesse am individuellen postmortalen Leben ist allerdings nicht erkennbar. Zu beachten ist ferner, dass der lukanische Kontext den Fokus von der »Furcht« auf die Heuchelei rückt.

Ausschlaggebend für unsere Fragestellung ist das Folgende: Der Mensch ist einerseits dual - oder präziser: polar - organisiert. Angesichts des drohenden Martyriums wird die Seele gegenüber dem Körper privilegiert; das Selbst ist in jener zentriert. Andrerseits wird die im Sterben aktualisierte Scheidung von Seele und Körper durch das endzeitliche Handeln Gottes wieder aufgehoben. Insofern zielt der Spruch auf den »ganzen« Menschen, der lediglich episodisch auseinanderdividiert wird.

II.2 Ecce homo, Geist und Fleisch: Johannes

Unser nächster Halt ist das Johannesevangelium. Leider erschließt es sich nicht leicht für anthropologische Fragestellungen.[19] Zwei Zugänge bieten sich an. Der eine besteht in der Jesusgeschichte selber, die mehrfach mit der beziehungsvollen Differenz von vorfindlicher und offenbarter Person Jesu operiert: Dem Sohn Josefs steht das vom Himmel herabgekommene Brot gegenüber (6,42; vgl. 1,45f.; 7,27f.). Der Kontrast gipfelt im Wort des Pilatus über den gefolterten und spottgekrönten Angeklagten (19,5):[20]

(BToSt 13), 95–105, behauptet, dass ein »ruin of the soul« unmöglich ist für griechisches Denken (102f.). Diese Alternative ist zu rigide, wie Platon, Kriton 47b–e, zeigt (auf die Seele werden folgende Verben bezogen: διαφθεροῦμεν / ἀπώλλυτο / διεφθαρμένου), zitiert etwa bei Epiktet, Diss. 4,1:163 (zur Übersetzung von ἀπόλλυται hier vgl. L. Willms, Epiktets Diatribe *Über die Freiheit* [4.1], Bd. 2, Heidelberg 2012 [WKGLS], 928–930).

[19] Zu Konstruktionsmöglichkeiten vgl. U. Schnelle, Neutestamentliche Anthropologie. Jesus – Paulus - Johannes, Neukirchen 1991 (BThSt 18), 134–170; E. Reinmuth, Anthropologie im Neuen Testament, Tübingen 2006, 137–185.

[20] Zur christologischen, soteriologischen und kosmologischen Dimension des Pilatusworts vgl. Th. Söding, Ecce homo. Die johanneische Ikone des Menschen, ZThK 114 (2017) 119–137: Joh gibt zu bedenken, »dass der Sohn Gottes in seiner Familie Mensch geworden ist und als Messias, der in Bethlehem geboren wurde, aus Nazareth kommt. An beiden Eckpunkten zeigt sich genau jenes Geheimnis Jesu, das den Bekannten als den Unbekannten und den Unbekannten als den Bekannten entdecken lässt« (128).

»Da, der Mensch (ἰδοὺ ὁ ἄνθρωπος)!«

Rudolf Bultmann hat in der punktgenauen Identifizierung von Mensch und Offenbarer das johanneische Paradoxon schlechthin erkannt.[21] Wir notieren nur am Rand, dass dabei das johanneische Interesse an der jüdischen Herkunft Jesu unterbestimmt ist (vgl. Joh 1,45–47; 6,42; 7,27f.; 19,19) und damit eine Story im Gefüge einer umfassenden History (4,22) ausgeblendet wird – Logos und Sarx berühren sich eben nicht nur in einem ausdehnungslosen Punkt. Das Pilatuswort *ecce homo* ruft geradezu nach einer anthropologischen Amplifikation.

Der andere Zugang nimmt seinen Ausgangspunkt von den markanten antithetischen Wesensbestimmungen, die Joh sowohl in Bezug auf Christus wie in Bezug auf die an ihn Glaubenden vornimmt. Prägnant geschieht letzteres in Jesu Dialog mit Nikodemus (3,1–12, hier v. a. V.3–8; vgl. 1,13; 8,47): Die Zeugung von oben bzw. aus dem Geist kontrastiert mit der Zeugung aus dem Fleisch (V. 6):

»Was aus dem Fleisch geboren ist, ist Fleisch, und was aus dem Geist geboren ist, ist Geist.«

Das Menschsein wird über die jeweilige *Herkunft* bestimmt. Diese Herkunft selber wird wesentlich durch das Kommen Christi, seine Selbstoffenbarung und sein Sprechen konstituiert, also durch einen schöpferischen Akt (und nicht durch vorzeitliche Setzung). Führt man die beiden genannten Zugänge zusammen, so wird deutlich, dass der johanneische Christus den Menschen eine radikal andere Identität zuspielt, als sie sich in ihren *bleibenden* vorfindlichen Lebenszusammenhängen von selber zuschreiben können.

Für unsere Fragestellung ergeben sich einige interessante Schlussfolgerungen:

1. Johannes baut eine überaus scharfe dualistische Konfiguration auf. Die Sphären des Geistes und des Fleisches stehen sich ohne jegliche Vermittlung gegenüber. Traditionsgeschichtlich wird die aus dem Alten Testament bekannte Unterscheidung von Geist als Gotteskraft und Fleisch als geschöpflicher ephemerer Beschaffenheit zum radikalen Dual gesteigert.[22] In großer Nähe zu dieser Figur von gegensätzlichen Sphären, die Kosmologie und Anthropologie übergreifen, stehen

21 »Im Sinne des Ev[an]g[e]listen ist damit die ganze Paradoxie des Anspruches Jesu zu einem ungeheuren Bilde gestaltet. In der Tat: solch ein Mensch ist es, der behauptet, der König der Wahrheit zu sein! Das ὁ λόγος σὰρξ ἐγένετο ist in seiner extremsten Konsequenz sichtbar geworden« (R. Bultmann, Joh, 510; vgl. 40).

22 Religionsgeschichtlich ist man gut beraten, für die entsprechende Matrix nicht mit Alternativen wie »jüdisch« oder »hellenistisch« oder »(früh-)gnostisch« zu operieren. Vgl. J. Frey, Auf der Suche nach dem Kontext des vierten Evangeliums. Zur religions- und traditionsgeschichtlichen

nicht nur jüdisch-hellenistische Texte, sondern gerade auch solche aus Qumran. Menschsein wird in diesem Typ von »sphärischer Anthropologie« durch *Teilhabe* charakterisiert.[23]

2. Konterkariert wird diese im Ansatz dualistische Konstellation durch den »ganzen« Menschen: Joh schreibt dem ganzen Menschen entweder den einen oder aber den anderen Ursprung zu. Offenbar ist eine Scheidung von Geist und Fleisch innerhalb des menschlichen Selbst nicht im Blickfeld.

3. Der Herkunftsort des Menschen wird konstituiert durch eine *Relation*:[24] Laut V. 8 verdankt er sich der souveränen Schöpfermacht des Geistes. In der Rede Jesu, die an den Dialog mit Nikodemus anschließt (V. 13–21), wird dieser Sachverhalt christologisch reformuliert (V. 13–17) und auf den Glauben hin zugespitzt (V. 15–18): Die Zeugung aus Gott, ein in der Antike verbreitetes Anthropologumenon, steht im Zeichen der Relation von Wort und Glaube.

4. Die neue Herkunft entspricht einer neuen Zukunft: Den aus Gott Gezeugten wird ewiges Leben zugesagt (V. 15 f.), jenseits des Gerichts (V. 18–20). Diese Zukunft wird in den Abschiedsreden zum Thema (14,2 f.; 17,24; vgl. 12,32).

Die steile kognitive Operation, die der johanneische Christus seiner Hörerschaft zumutet, führt mich zu zwei Interpretationsproblemen, die sich hier nur andeuten lassen.

Zum einen: Im Blick auf die dualistische sphärische Anthropologie bricht die grundsätzliche Frage nach dem johanneischen Verständnis der Welt auf: Mit dem »Fleisch« verbinden sich äußerst negative Konnotationen (neben 3,6 besonders 6,63: »Der Geist ist es, der lebendig macht, das Fleisch vermag nichts«). Inwieweit

Einordnung, in: ders., Die Herrlichkeit des Gekreuzigten. Studien zu den johanneischen Schriften, Tübingen 2013 (WUNT 307), 45–87, besonders 74–78.

[23] Ein Stück weit entspricht die partizipationistische Perspektive dem Typ von jüdischer Anthropologie, den T. L. Putthoff verankert im Verständnis eines »self intrinsically malleable, such that it mimics the ontological state of the space it inhabits«: Ontological Aspects of Early Jewish Anthropology. The Malleable Self and the Presence of God, Leiden 2017 (The Brill Reference Library of Judaism).

[24] Vgl. J. Zumstein, Das Johannesevangelium, Göttingen 2016 (KEK 2), 140: Es »ist das Sein des Menschen durch seine Herkunft (ἐκ) determiniert. [...] Wenn also der Mensch die Sphäre des Fleisches für seine einzige Grundlage und für seinen einzigen Horizont hält, ist er der Finsternis und dem Tod ausgeliefert. Um authentisches Leben zu empfangen, braucht er eine neue »Herkunft« (= eine neue Geburt [ἐκ]), die nicht dem Bereich des Fleisches, also dem der immanenten Welt verfügbaren Bereich angehört.«

kommt die Inkarnation des Gottessohns (σάρξ 1,14) dem Fleisch und, damit verbunden, der Welt (κόσμος als Menschenwelt oder als Schöpfung schlechthin) überhaupt zugute?[25] In eine positive Richtung weisen neben dem Prolog auch 3,16 (»also hat Gott die Welt geliebt«, im Anschluss an das Nikodemusgespräch!) sowie die eucharistische Brotrede (6,51–55). Sodann ist an den finalen Gebetswunsch des sich verabschiedenden Jesus zu erinnern (17,21.23: »… damit die Welt glaubt/erkennt«).

Zum anderen: Die Diskussion im ersten Johannesbrief (3,9f.; 4/5; vgl. 3Joh 11) zeigt, dass sich der johanneische Kreis drängenden Fragen nach der ethischen Verifizierung des Erzeugtseins aus Gott gegenübersieht.

Im Blick auf beide Problemanzeigen stimmt die summierende Aussage in 1Joh 5,19 recht nachdenklich:

> »Wir wissen, dass wir aus Gott gezeugt sind, und die Welt als ganze im Argen liegt.«

Wir begnügen uns damit, die beunruhigende Fragestellung offen zu halten – gerade auch im Blick auf die jüngsten welt- und gesellschaftspolitischen Turbulenzen –, und begeben uns an unsere dritte Haltestelle, zu Paulus.

II.3 Die Entdeckung des »inneren Menschen«: Paulus

Es ist unübersehbar und unbestritten, dass der Apostel vielfach in die Matrix einer im Ansatz ganzheitlichen Anthropologie, die sich vom Alten Testament an das antike Judentum vererbt hat, eingebettet ist. Das klassische Dictum von Rudolf Bultmann, dass der Mensch nicht ein *sōma* hat, sondern *sōma* ist, hat hier sein gutes Recht.[26] Namentlich der 1. Korintherbrief rückt gegen die Anhänger eines in Korinth offenbar trendigen Spiritualismus den inneren Zusammenhang von Personalität und Leiblichkeit ins Zentrum: Die Glaubenden sind Teil einer Gemeinschaft, die ihrerseits als Christi Leib proklamiert wird (1Kor 12,12–31). In ihrem Alltagsverhalten bilden sie ihre Christusgemeinschaft leiblich ab (6,12–20); ihre Freiheit inkarniert sich in der Liebe (8,1–13; 10,23–33). Auch in der nahen endzeitlichen Zukunft ist es ihr Leib, an dem Gottes schöpferisches Wirken ergeht (15,35–

[25] Zuversichtlich ist etwa J. Frey, Zu Hintergrund und Funktion des johanneischen Dualismus, in: ders., Herrlichkeit (s. Anm. 22) 409–482.

[26] R. Bultmann, Theologie des Neuen Testaments, Tübingen ^{9}1984, 195. Miteinzubeziehen ist dabei der gesamte Abschnitt »Die anthropologischen Begriffe« (192–226).

58).[27] Umso auffälliger sind aber nun Figuren und Formulierungen in den Paulusbriefen, die nicht nur auf den ersten Blick eine gegenläufige Tendenz dokumentieren, sondern bereits in der Wirkungsgeschichte zu »platonischen« und »gnostischen« Lektüren geführt haben.

II.3.1 Geist, Seele, Körper (1Thess 5,23)

Wir stellen zunächst fest, dass in Paulus' literarischer Hinterlassenschaft die Seele im klassisch anthropologischen Sinn wenigstens einmal explizit erwähnt wird – die Psyche hat sonst im Neuen Testament (leider) kaum Gastrecht gefunden.[28] Am Schluss von 1Thess äußert Paulus einen Gebetswunsch (5,23):

> »Er aber, der Gott des Friedens, heilige euch durch und durch; Geist, Seele und Leib mögen euch unversehrt und untadelig erhalten bleiben (ὁλόκληρον ὑμῶν τὸ πνεῦμα καὶ ἡ ψυχὴ καὶ τὸ σῶμα ἀμέμπτως ... τηρηθείη) bis zur Ankunft unseres Herrn Jesus Christus.«

Viel spricht dafür, dass der Briefautor einen traditionellen Segenswunsch variiert, der gern am Briefschluss zu stehen kommt und das gemeinschaftliche Pneuma fast synonym mit einem Personalpronomen aufbietet (»die Gnade unseres Herrn Jesus Christus sei mit eurem Geist«, Gal 6,18; Phil 4,23).[29] Es ist aufschlussreich, dass die Erweiterung zur dreiteiligen (»trichotomischen«) Formel mit dem Ausblick auf die nahe Wiederkunft Christi zusammenhängt, also eschatologisch auf das Gericht hin ausgerichtet wird (die Parusie- und Gerichtsperspektive hat auch sonst Gewicht im 1Thess). Erneut ist es die Eschatologie, die anthropologische Differenzierungen provoziert. In diesem Fall kommt der Gebetswunsch unserer Leitfrage sogar ein-

[27] Vgl. zum letzteren meinen Aufsatz: Auferstehung als Verwandlung. Die paulinische Eschatologie von 1Kor 15 im Vergleich mit der syrischen Baruchapokalypse (2Bar), in: M. Konradt / E. Schläpfer (Hg.), Anthropologie und Ethik im Frühjudentum und im Neuen Testament. Wechselseitige Wahrnehmungen, Tübingen 2014 (WUNT 322), 463–490.

[28] Selbstverständlich abgesehen von den Zusammenhängen, wo »Psychisches« als Gegenpol zum »Pneumatischen« firmiert, z.B. von der falschen Weisheit Jak 3,15 (ἐπίγειος, ψυχική, δαιμονιώδης). Zum Befund vgl. Th.K. Heckel, Body and Soul in Saint Paul, in: J. P. Wright / P. Potter (Hg.), Psyche and Soma. Physicians and Metaphysicians on the Mind-Body Problem from Antiquity to Enlightenment, Oxford 2000, 117–131. Zur Problemstellung vgl. Th. Krüger, »Ach ja die Seele«. Der Verlust der Seele – ein Gewinn für die theologische Anthropologie?, HBl 1.2 (2005) 34–41.

[29] Vgl. dazu Ch. Masson, Sur I Thessaloniciens v, 23. Note d'anthropologie paulinienne, RThPh 33 (1945) 97–102.

ladend entgegen, da er eine ›holistische‹ Stoßrichtung hat: Pneuma, Seele und Körper mögen »vollständig/unversehrt« (ὁλόκληρον) bleiben.[30] Teile und Ganzes sind hier spannungsfrei korreliert (was bei der Dreizahl tendenziell leichter fällt als bei der Zweizahl). Paulus nimmt ganz selbstverständlich eine verbreitete triadische anthropologische Figur auf; das Pneuma ist dabei als jüdisch-christliche Variation des Geistprinzips (Nūs usw.) anzusprechen.[31]

Mit den beiden im Folgenden zu besprechenden großen Textpassagen aus dem 2. Korintherbrief und aus dem Römerbrief haben wir es demgegenüber mit überaus komplexen Interpretationsproblemen zu tun. Im Folgenden können nur ein paar willkürlich anmutende Schneisen geschlagen werden.

II.3.2 Tönerne Gefäße, innerer Mensch, Zelt und Wanderschaft (2Kor 4,7–10)

Wer wie etwa Ludwig Feuerbach die Leibfeindlichkeit und Weltverneinung schon des ursprünglichen Christentums herausstellen wollte, wurde hier fündig.[32] In einer theologisch auffallend dichten Passage des 2. Korintherbriefs, deren umgreifender Kontext das Wesen des apostolischen Dienstes herausstellt (2,14–7,4), findet sich ein ganzes Cluster von anthropologischen Aussagen, die direkt oder indirekt auf die in der kaiserzeitlichen Antike weit verbreiteten Figuren von zwei Welten zurückgreifen.[33] In zahlreichen Spielarten dieser dualisierenden Konfiguration gehört das wahre menschliche Selbst so klar auf die eine Seite, dass es meist berechtigt ist, von anthropologischem Dualismus zu sprechen. Das gilt zu guten Teilen auch von Paulus selber, allerdings in jeweils sehr charakteristischer Variation.

[30] Das Prädikat bezieht sich auf alle drei anthropologischen Komponenten.

[31] Vgl. dazu A. J. Malherbe, The Letters to the Thessalonians, New York 2000 (AB), 338 (»Paul's trichotomy in l Thessalonians is the earliest occurrence of that precise formulation«). Dabei ist zu bedenken: »That Paul was not interested in precise anthropological classification appears from the different ways in which he uses anthropological terms to describe the entire person« (339).

[32] Vgl. L. Feuerbach, Das Wesen des Christentums, hg. W. Schuffenhauer, Berlin 1956, Bd. 2, Anhang 16 und 17, 479–485: (»Das Christentum machte den Menschen zu einem ausserweltlichen, übernatürlichen Wesen« [479]; »Der Zölibat und das Mönchtum [...] sind sinnliche Erscheinungen, notwendige Folgen von dem supernaturalistischen, extramundanen Wesen des Christentums« [480]; »diese Gesinnung der Absonderung vom Leben, vom Leibe, von der Welt, diese erst hyper-, dann antikosmische Tendenz ist echt biblischen Sinnes und Geistes« [481]).

[33] Zur Fragestellung vgl. besonders D. E. Aune, Anthropological Duality in the Eschatology of 2 Cor 4:16–5:10, in: T. Engberg-Pedersen (Hg.), Paul beyond the Judaism/Hellenism Divide, Louisville 2001, 215–239.

Für zahlreiche Metaphern lassen sich in der Umwelt illustrative Analogien finden, sowohl in der hellenistischen wie in der jüdischen, und hier besonders in der apokalyptischen Literatur:[34] Der Leib als Tongefäß; die Bedrängnisse der Weisen (Peristasenkataloge); der »innere Mensch«; Vergängliches und Unvergängliches; der Leib als Haus und Zelt; der Leib als Gewand (etwa der Seele); Diesseits als Fremde, Jenseits als Heimat, u.a.m. Für die religionsgeschichtliche Komparatistik sind vielfache Kontexte zu berücksichtigen: platonische Geistmetaphysik und Psychologie, stoische Ethik (zumal im Umgang mit Lebenskontingenzen) und Psychagogik bzw. Selbsterziehung; antike *ars moriendi*;[35] apokalyptische Theologie (hier ist namentlich die syrische Baruchapokalypse zu nennen).

Unsere Passage gliedert sich in drei Hauptabschnitte, die vielfach miteinander verbunden sind (4,7–15; 4,16–18; 5,1–10). Vorgängig ist die Frage zu klären, um wen es sich bei der durchgehenden ersten Person Plural handelt. Klar ist, dass Paulus von sich selbst als Apostel spricht, allenfalls im Verbund mit seinen Mitarbeitern.[36] Es gibt aber gute Gründe für die (alte) These, dass Paulus sich selber so darstellt, dass sich auch die Leserschaft und damit die Christenmenschen darin zu erkennen vermögen.[37]

In 4,7–12 dominiert der Kontrast von Irdisch-Vergänglichem und Göttlich-Lebendigem, also ein im Ansatz markantes Schema zweier Welten und ihrer Repräsentation im Menschen. Aber schon V. 7 nimmt eine weitreichende Variation vor: Beim Schatz, den die tönernen Gefäße – Metapher für den Leib – bergen, handelt es sich nicht um das geistige Selbst, sondern um den Träger des apostolischen Diensts, der das Evangelium verkündigt. In ihm kommt die Kraft Gottes, seine Dynamis, zum Zug (V. 7b). Wir können von einer Figur des *Externen*, vielleicht sogar des Exzentrischen, sprechen. Der folgende Peristasenkatalog (V. 8 f.) bringt deshalb nicht die Unerschütterlichkeit des wahren Selbst – wie in popularphilosophischen Texten –, sondern das Getragensein durch Gott zum Ausdruck. In V. 10–12 unterläuft Paulus das duale Schema vollends: Beides, Tod und Leben, kommt an seinem

[34] Unter den Kommentaren bietet die reichhaltigste Zusammenstellung von Umwelttexten H. Windisch, Der zweite Korintherbrief, Göttingen 1924 = 1970 (KEK 96). Besonnene Sortierungen nimmt Th. Schmeller vor, Der zweite Brief an die Korinther, Bd. 1, Neukirchen / Ostfildern 2010 (EKK VIII/1).

[35] Vgl. M. Vogel, Commentatio mortis. 2Kor 5,1–10 auf dem Hintergrund antiker ars moriendi, Göttingen 2006 (FRLANT 214).

[36] Für das Letztgenannte spricht sich insbesondere aus: L. P. M. Berge, Faiblesse et force, présidence et collégialité chez Paul de Tarse. Recherche littéraire et théologique sur 2 Co 10–13 dans le contexte du genre épistolaire antique, Leiden 2015 (NT.S 161). Zur Diskussion vgl. die knappe Darstellung bei Th. Schmeller, »Wir« meint uns. Konfessionelle Zugänge zum Zweiten Korintherbrief?, in: U. Luz u. a. (Hg.), Exegese – ökumenisch engagiert. Der »Evangelisch-Katholische Kommentar« in der Diskussion über 500 Jahre Reformation. Ein Rückblick und ein Ausblick, Neukirchen 2016, 81–87.

[37] Es fällt auf, dass sich jeweils am Schluss der einzelnen Gedankengänge ausdrücklich inklusive Formulierungen finden (4,14 f.; 5,10).

sterblichen Leib zum Austrag (V. 10f.); V. 12 verteilt den Dual von Tod und Leben sogar auf Briefautor und Adressaten.

V. 14–16 arbeiten mit der Gegenüberstellung von äußerem und innerem Menschen bzw. von Zeitlichem und Ewigem.

> »Darum verzagen wir nicht: Wenn auch unser äußerer Mensch verbraucht wird, so wird doch unser innerer Mensch Tag für Tag erneuert.«

Der »innere Mensch«, eine Figur platonischen Ursprungs, ist in der Antike anschlussfähig für verschiedenartige anthropologische Konzeptionen.[38] Was sie verbindet, trifft auch für Paulus zu: Der äußere Mensch hat es mit der irdisch-leiblichen Konstitution zu tun, der innere Mensch mit dem geistigen Aspekt – die Beschwörung des ganzen Menschen unter jeweils zwei Aspekten wird dem Text nicht gerecht.[39] Und wie in platonischen Zusammenhängen korreliert mit dem äußeren Mensch das Sichtbare und Vergängliche, mit dem inneren aber das Unsichtbare und Ewige (V. 18). Eine aufschlussreiche Variation des Topos nimmt nun aber V. 16b vor: Der innere Mensch wird »Tag für Tag erneuert« (es handelt sich um ein Passivum divinum). Die Zukunftsdimension, die Paulus bereits in V. 14 mit dem Ausblick auf die Totenauferstehung artikuliert hat, kommt auch hier zum Ausdruck: das Neues erschaffende endzeitliche Wirken Gottes (Jes 43,18f.; 2Kor 5,17; Gal 6,15). So wie der äußere Mensch, ausgesetzt in seiner Sphäre, bewegt wird, wird auch der innere von der ihm zugeordneten Sphäre bewegt. Dieser gewinnt damit ein eschatologisches Profil; er wird, wenn man die Formulierung wagen darf, *exzentrisch* und *relational* formatiert: Er hat sein Zentrum in der Zukunft, und er verdankt sich ganz dem fortgesetzten schöpferischen Wirken Gottes. Das »Ewige«, von dem V. 17f. spricht, ist eben zugleich das, was das Zeitliche, das »Vorübereilende«, bald verwandeln wird.

Schließlich arbeitet der Abschnitt 5,1–10 mit dualen Figuren. Der schwierige Text spielt nun die bisher im Hintergrund gehaltenen endzeitlichen Dimensionen

[38] Zum »inneren Menschen« gibt es viele Spezialuntersuchungen. Vgl. H. D. Betz, The Concept of the ›Inner Human Being‹ (ὁ ἔσω ἄνθρωπος) in the Anthropology of Paul, in: ders., Paulinische Theologie und Religionsgeschichte. Gesammelte Aufsätze, Bd. 5, Tübingen 2009, 23–52; Th. K. Heckel, Der Innere Mensch, Tübingen 1993 (WUNT II/53); Ch. Markschies, Art. Innerer Mensch, RAC 18 (1997) 266–312; A. Weissenrieder, Verkörperung des inneren Menschen? 2. Korinther 4,16 im Lichte antiker medizinischer und philosophischer Traditionen, in: G. Etzelmüller / A. Weissenrieder (Hg.), Verkörperung als Paradigma theologischer Anthropologie, Berlin 2016 (TBT 172), 183–218.

[39] Für Bultmann, Theologie (s. Anm. 26) 204, ist der »innere Mensch« das vom Pneuma verwandelte »eigentliche Ich, aber im Gegensatz zum körperlichen Leib«.

ein: Himmelshaus und Himmelsgewand, Metaphern für die Auferstehungsleiblichkeit (V. 1–4; vgl. 1Kor 15,53 f.).

Für unsere Fragestellung von Interesse ist der Nebengedanke in V. 3 f., wonach der temporäre leiblose Zustand nach dem Tod, metaphorisch das Nacktsein, als Unbehagen auslösende Option empfunden wird - ganz im Unterschied zur oft positiv gewerteten Befreiung der nackt gewordenen Seele vom Körper in philosophischer Literatur.[40] »Wir« sehnen uns vielmehr nach der Bekleidung, d. h. der Auferstehung. Man darf hier ein genuin jüdisches, holistisches Anliegen identifizieren.

Der Geist vergewissert die Glaubenden schon jetzt dieser Zukunft (V. 5; vgl. 1,22; Röm 8,23). Mit V. 6–8 steigert der Apostel die Dualisierung: Im Leib ist man in der Fremde, beim Herrn ist man in der Heimat. (Wie sich die ersehnte jenseitige Christusgemeinschaft zur Auferstehungserwartung verhält, ist ein delikates Problem, das sich auch in Phil 1,23 stellt.) Nirgends sonst reiht sich Paulus so sehr unter die Repräsentanten des spätantiken Programms der Weltflucht, der *fuga saeculi*, ein.[41] Immerhin geben V. 9 f. ein Gegengewicht zu erkennen: die in der Gegenwart eingeforderte Verantwortung, die das Leben in der Fremde und in der Heimat egalisiert. Der Ausblick auf das Jüngste Gericht bringt den ganzen Menschen wieder ins Spiel; ausschlaggebend sind hier die Taten, das, was »jeder Einzelne getan hat mittels seines Leibes«. Die Dualisierung, v. a. diejenige von V. 6–8, wird offenkundig relativiert. Darin konvergiert der Apostel durchaus mit antiken Philosophen, die ethische Bewährung und Pflichterfüllung gerade angesichts des attraktiven Sterbens einfordern. Am dualistischen Gesamtgefälle unseres Texts ändert der ethisch-eschatologische Turn aber wenig.

II.3.3 Das gespaltene Ich und seine Erlösung: Röm 7,7–8,17

Das siebte und achte Kapitel des Römerbriefs konfrontiert uns mit einem Text, der die Exegese in Abgründe und Labyrinthe hinabführt, aber auch weite Ausblicke

[40] Den Hintergrund dafür bildet die Vorstellung des Leibs (oder verschiedenartiger Leiber) als »Gewand« der Seele (dazu: A. Kehl, Art. Gewand [der Seele], RAC 10 [1978] 945–1025); sie verbindet sich mit der positiv gewerteten Nacktheit im Gymnasium und Wettkampf. Vgl. z. B. OrChald 116 (»Denn nicht erreichbar ist das Göttliche den Sterblichen, die Körperliches denken, sondern nur denen, die nackt aufwärtseilen zur Höhe«); Porph., abst. 1,31:3–5 (»wir müssen die vielen Gewänder ausziehen, zumal dieses sichtbare und fleischliche […]; nackt und kleiderlos wollen wir hinaufsteigen zur Rennbahn, zum Wettlauf an den olympischen Spielen der Seele«).

[41] Vgl. meinen Aufsatz: Weltdistanz und Weltzuwendung im Urchristentum, in: H.-G. Nesselrath / M. Rühl (Hg.), Der Mensch zwischen Weltflucht und Weltverantwortung. Lebensmodelle der paganen und der jüdisch-christlichen Antike, Tübingen 2014 (STAC 87), 127–145.

eröffnet.[42] Wieder blenden wir zahlreiche Auslegungsfragen aus, insbesondere zur Funktion des Gesetzes, und folgen einigen wenigen thematisch einschlägigen Pfaden. Der »ganze Mensch« steht hier wie nirgends sonst im Neuen Testament auf dem Prüfstand. Der Fall wäre besonders dramatisch, wenn das »Ich« von Kap. 7 auf den christlichen Menschen gedeutet würde. Aber auch bei einer retrospektiven Lektüre des »Ichs« wären Gespaltenheit und Zerrissenheit ein zentrales Kennzeichen des Menschen, soweit sich dieser nicht zu Christus bekehrt hat.

Es gibt zwei Hauptargumente dafür, Röm 7,7–25 auf das nichtchristliche bzw. vorchristliche menschliche Sein zu beziehen. Zum einen richtet 7,5f. eine scharfe temporale Sequenz auf: »damals im Fleisch« – »jetzt aber«, »in der neuen Wirklichkeit des Geistes«.[43] Das Diptychon von Röm 7/8 entfaltet diese beiden Seinsweisen, »einst« und »jetzt«; Röm 7,5f. fungiert als Themaangabe. Zum andern fehlt in Röm 7,7–25 genau das, was die Christenmenschen schlechterdings ausmacht: der Geist – er kommt erst in Kap. 8 zum Zug (und im Leitthema 7,6). Trotzdem ist man nicht gut beraten, wenn man das Drama des unerlösten Menschen zur bloßen rhetorischen Konstruktion erklärt. Der Text arbeitet intensiv mit Erfahrungen, die Menschen gemacht haben und immer noch machen, und dies durchaus auch als Christusgläubige. Zu diesen anthropologischen Mustern zählen besonders die Erfahrung der »Akrasie«, d.h. der Willensschwäche,[44] und die Erfahrung der Attraktion des Verbotenen.[45] Die Kunst einer angemessenen Interpretation von Röm 7 besteht m.E. darin, das Modell der Retrospektive auf die nichtchristliche Vergangenheit so zu erweitern, dass die Selbstbeschreibung des Ichs auch für

[42] Eine knappe und sehr instruktive Darstellung der wichtigsten Auslegungsprobleme bietet St. Krauter, Einführung. Perspektiven auf Römer 7, in: ders. (Hg.), Perspektiven auf Römer 7, Neukirchen 2016 (BThSt 159), 1–15.

[43] Für die religionsgeschichtliche Einbettung der paulinischen (und teilweise johanneischen) Antithese von »Geist« und »Fleisch« ist man gut beraten, sich vor einer Alternative zwischen hellenistisch-jüdischem und palästinischem Weisheitsdualismus zu hüten; zu letzterem mit besonderem Blick auf Qumran vgl. oben Anm. 14 sowie J. Frey, Die paulinische Antithese von Fleisch und Geist und die palästinisch-jüdische Weisheitstradition, in: ders., Von Jesus zur neutestamentlichen Theologie, Tübingen 2016 (WUNT 368), 265–300; M. Goff, Being Fleshly or Spiritual. Anthropological Reflection and Exegesis of Genesis 1–3 in 4QInstruction and First Corinthians, in: C.K. Rothschild / T.W. Thompson (Hg.), Christian Body, Christian Self. Concepts of Early Christian Personhood, Tübingen 2011 (WUNT 284), 41–59.

[44] Zur Akrasie-Thematik vgl. J. Müller, Willensschwäche und innerer Mensch in Röm 7 und bei Origenes. Zur christlichen Tradition des Handelns wider besseres Wissen, ZNW 100 (2009) 223–246; St. Krauter, Is Romans 7:7–13 about akrasia?, in: Rothschild/Thompson, Body (s. Anm. 43) 113–122.

[45] Für die Anziehungskraft des Verbotenen vgl. neben der Paradiesgeschichte (Gen 2,16f.; 3,1–3) Ovid, amores 3,4:17 (»ständig begehren wir Verbotenes und trachten nach dem, was versagt ist [*nitimur in vetitum semper cupimusque negata*]«), und den »Blaubart« der Grimm'schen Märchen. St. Krauter, »Wenn das Gesetz nicht gesagt hätte, …«. Röm 7,7b und antike Äußerungen zu paradoxen Wirkungen von Gesetzen, ZThK 108 (2011) 1–15, zeigt, dass es auch antike Belege dafür gibt, dass Verbote überhaupt erst auf die Idee bringen, das Verbotene zu tun (Röm 7,7f.).

Erfahrungen christlicher Leser resonanzfähig ist. Anthropologisch hieße das, dass die Glaubenden zwar dem Teufelskreis von Sünde, Gesetz und Tod entrissen, aber trotzdem noch den Gravitationswellen dieses vergangenen Konflikts ausgesetzt sind, solange sie in der gegenwärtigen Weltzeit »im Fleisch« leben. Die machtvolle Hilfe des Geists und die gemeinschaftliche Orientierung an Lebensregeln bewahren sie davor, sich wieder an die aus der Vergangenheit andrängenden Turbulenzen zu verlieren.

Der erste Hauptteil von Röm 7,7–25, nämlich V. 7–13, geht narrativ vor. Paulus erzählt die Geschichte eines »Ichs«, die einerseits als rhetorisches Stilmittel anzusprechen ist – es handelt sich um die Technik der *Prosopopoeia* bzw. *fictio personae* –, andrerseits durchaus persönlichen Erfahrungen des Briefautors die Stimme leiht.[46] Indem Paulus hier Gesetzgebung (Ex 20) und Sündenfall (Gen 2/3) ineinander blendet,[47] macht er deutlich, dass im »Ich« Adam zu Wort kommt,[48] der für das Menschsein schlechthin steht – das entspricht dem universalen Programm des Römerbriefs: Paulus adressiert alle Völker, Juden wie Griechen (1,16). Das »Ich«, das der Apostel sprechen lässt, schließt Heiden und Juden schlechthin ein,[49] die alle von Adam herkommen. Die Leserschaft hat mit dieser umfassenden menschheitlichen Perspektive schon in 5,12–21 Bekanntschaft gemacht (vgl. 8,20). Namentlich die *short story* in V. 9–11 vom Leben ohne Gesetz, vom Kommen des Gebotes, vom

[46] Vgl. G. Theissen / P. von Gemünden, Der Römerbrief. Rechenschaft eines Reformators, Göttingen 2016, die für eine »introspektive Lektüre« des Röm plädieren; zu Röm 7 vgl. 425–437.

[47] Dieser Lektüre zufolge weist das Gesetz »du sollst nicht begehren« (Röm 7,7c) über die ersten Worte des zehnten Dekaloggebots (Ex 20,17; Dtn 5,21) zurück auf das Paradiesgebot von Gen 2,17 (vgl. 3,6), das die Tora vom Sinai *in nuce* enthält. Anders M. Wolter, Röm (EKK VI/1), 2014, 431f.

[48] Das Klassikerzitat dazu: »Es gibt nichts in unsern Versen, was nicht auf Adam passt, und alles passt nur auf Adam [...]«, E. Käsemann, An die Römer, Tübingen 41980 (HNT 8a), 188 zu Röm 7,7–13. Für eine Beziehung des »Ichs« speziell auf Eva gibt es, gegen Krauter (s. Anm. 45), keine Indizien. Wolter, Röm I (s. Anm. 47) 431 f. bezieht Röm 7,7 ff. auf den »idealtypischen Juden«. Die Hauptschwierigkeit dieser Deutung ist einerseits das »Sterben« des »Ichs« in 7,9–11: Diese spezifisch narrative Referenz lässt sich viel plausibler von der Sündenfallgeschichte her erklären (vgl. 5,12) als vom generellen Lehrsatz, dass Sünde den Tod zur Folge hat. Am Prätext von Gen 2/3 kommt man in der Auslegung von Röm 7 ohnehin nicht herum; ab V. 11 f. wird das etwa auch von Wolter 438 f. konzediert. Bei der Deutung des »Ichs« auf »den Juden« allein blendet man andrerseits die wahrscheinliche Absicht des Autors aus, die Leserschaft sich selber in der Geschichte des »Ichs« wiedererkennen zu lassen (zumal dann, wenn man, wie Wolter 44 f., judenchristliche Adressaten grundsätzlich ausschließt).

[49] Diese Hypothese ist auch vertretbar, wenn man die Adam-Bezüge minimalisieren will, so etwa J. Schröter, Der Mensch zwischen Wollen und Tun. Erwägungen zu Römer 7 im Licht der »New Perspective on Paul«, in: P. G. Klumbies / D. du Toit (Hg.), Paulus. Werk und Wirkung. FS A. Lindemann, Tübingen 2013, 195–223 (»Das ›Ich‹ in V. 9 ist demnach ein idealtypisches ›Ich‹, denn es geht um eine urbildliche Erfahrung, die für das Menschsein an sich kennzeichnend ist«, 211).

Betrug durch die dämonische Sündenmacht und vom Sterben des Ichs setzt auf Seiten der Leser Bekanntschaft mit der Paradiesgeschichte voraus.

Für unsere Fragestellung interessanter sind V. 14–25, wo Paulus deskriptiv formuliert. Hier arbeitet er mit anthropologischen Dualen, die auf den überkommenen Gegensatz von Geistselbst (bzw. Seele) und Körper zurückgreifen. Sie erfahren bei ihm erneut bedeutsame Variationen.

Wir haben wieder eine multikulturelle Konstellation vor uns. Im Vordergrund steht der philosophische Diskurs über die Akrasie, d. h. die Willensschwäche, das Auseinanderklaffen von Absicht und Tun, verdichtet im Paradigma des Medea-Konflikts.[50] Im Hintergrund steht die ursprünglich platonische Konfiguration der Gefangenschaft des Geistselbst und seiner Befreiung,[51] die etwa Philon in weitem Umfang rezipiert.[52] Die gesamte Metaphorik des Sterbens, die bei Paulus den Transfer vom alten zum neuen Sein kennzeichnet (vgl. Gal 2,19 f.; Röm 6,1–23), ist ohne diesen Hintergrund nicht verständlich zu machen. Bei der Versklavung spielen außerdem neben naheliegenden alltäglichen Erfahrungen in der reichsrömischen Gesellschaft auch spezifisch jüdische Konnotationen hinein, nämlich die auch positive Pointierung der Knechtschaft (8,25b; 7,6): Menschsein heißt immer, einer Herrschaft unterstellt zu sein (6,16–7,4 beschreibt den Herrschaftswechsel). Es kommt hinzu die Einwohnungsmotivik (die Sünde wohnt im Menschen und übernimmt seine Steuerung, V. 17.20), die wieder ein Kulturen übergreifendes umfassendes Muster, die Besessenheit (*possession*), artikuliert und in Kap. 8 ihr positives Gegenbild hat, nämlich die Einwohnung des Geistes bzw. Christi (V. 9–11).[53]

[50] Zum Medea-Konflikt und seinen verschiedenen antiken Deutungen vgl. G. Theissen, Psychologische Aspekte paulinischer Theologie, Göttingen 1983 (FRLANT 131), 213–223; R. von Bendemann, Die kritische Diastase von Wissen, Wollen und Handeln. Traditionsgeschichtliche Spurensuche eines hellenistischen Topos in Römer 7, ZNW 95 (2004) 35–63; Wolter, Röm I (s. Anm. 47) 448–451.

[51] Man braucht dabei nicht so weit zu gehen wie E. Wasserman, The Death of the Soul in Romans 7. Sin, Death, and the Law in Light of Hellenistic Moral Psychology, Tübingen 2008 (WUNT II/256). Sie platziert Röm 7 (im Kontext von 6–8) im »Platonic model of the soul locked in a struggle between reason and emotions, higher and lower faculties, virtue and vice« (115), und operiert mit einem Gegensatz zwischen der cartesianischen »unified person« und der »Platonic divided soul« (»Romans 7 beyond the Bultmann-Käsemann Debate«, 145–148). Die Problematisierung des neuzeitlichen theologischen Personbegriffs – die sich ein Stück weit mit unserer Relativierung des holistischen Paradigmas deckt – sollte nicht den Blick darauf verstellen, dass die Platoniker das Selbst, den »inneren Menschen«, exklusiv im Geist, dem Nūs, verorten, und dass das »Ich« von Röm 7 auch konsequent dieser Seite zugeschlagen wird. Problematisch ist sodann die Frontstellung gegen die Deutung der Sünde als (apokalyptischer) kosmischer Macht, die Ernst Käsemann seinerzeit so markant herausgearbeitet hat. Vgl. dazu B. R. Gaventa, The Shape of the »I«. The Psalter, the Gospel, and the Speaker in Romans 7, in: ders. (Hg.), Apocalyptic Paul. Cosmos and Anthropos in Romans 5–8, Waco 2013, 77–91.

[52] Vgl. zu diesem religionsphilosophischen Hintergrund G. H. van Kooten, Paul's Anthropology in Context. The Image of God, Assimilation to God, and tripartite Man in Ancient Judaism, ancient Philosophy and Early Christianity, Tübingen 2008 (WUNT 232), 357–392.

[53] Vgl. meinen Aufsatz: Göttliche Einwohnung. Die Schechina-Motivik in der paulinischen

Wir blicken zunächst auf das zu einem Teufelskreis eskalierende Drama. Die Aufspaltung des Ichs und sein Handlungskompetenzverlust bauen sich sukzessiv auf. Laut V.14 ist das Ich »verkauft« unter die Sünde und (deshalb?) fleischlich. In V.17 und 20 gibt das Ich seine Handlungskompetenz an die Sünde ab, die im Menschen Wohnung genommen hat (davon hat Paulus zuvor in V.7–13 erzählt). Deren Wohnung wird in V.18 im Fleisch, nicht mehr im Ich, geortet. Auf der negativen Seite werden sodann die »Glieder«, die Organe für leibliche Aktivitäten, platziert (V.23; vgl. 7,5). Schließlich wird das Gefängnis bestimmt: »dieser Leib des Todes« (8,24b). Hier schreibt Paulus das, was er sonst vom Fleisch (σάρξ) sagt, sogar dem Körper (σῶμα) zu (ebenso 6,6: »Leib der Sünde«; vgl. 8,13 »Töten der Taten des Körpers «).

Nehmen wir uns nun die andere Seite des Duals vor. Das Ich schließt offenbar auf der positiven Seite den inneren Menschen ein (V.22). Dieser orientiert sich an der Tora. Er dürfte mit der Vernunft, dem Nūs von V.23b, identisch sein. Variiert wird das in V.25b: »Mit der Vernunft diene ich dem Gesetz Gottes.«[54]

Blicken wir auf das dramatisch entwickelte Bild des nicht-christlichen bzw. vorchristlichen Menschen, so lassen sich drei Feststellungen treffen: (1.) In summierenden Aussagen wird der »alte Mensch« als ganzer von Fleisch und Tod beherrscht (Röm 6,6) - hier konstatieren wir Ganzheitlichkeit in einer negativen Lesart. (2.) In der Retrospektive fächert sich der alte Mensch auf: Hier die Sarx und mit ihr das todbringende Gesetz der Sünde; dort der Nūs, der innere Mensch, und mit ihm die Tora Gottes; dazwischen das »Ich«, dessen Kern aber doch auf die gute Seite gehört und das sich von den »Gliedern« und schließlich vom »Leib des Todes« unterschieden weiß. (3.) Wir dürfen annehmen, dass für Paulus dieses auf der Seite des Gottesgesetzes stehende Ich diejenige Größe bildet, an der das Heilshandeln Gottes schöpferisch tätig wird.

In Röm 8,1–17 wird erkennbar, dass die Dualität, die den »alten Menschen« tragisch bestimmt hat, im »neuen Menschen« (so Kol 3,10) zwar tiefgreifend variiert, aber nicht eliminiert wird. An die Stelle des verlorenen Ichs tritt nun das »wir« derer, denen die Gabe des Geistes geschenkt ist. Die Sprachformen der Teilhabe rücken in den Vordergrund; ähnlich wie Joh 3 artikuliert Paulus eine sphärische Anthropologie: Die Glaubenden haben Anteil am Geist und werden nicht mehr vom Fleisch beherrscht (V.4–8). Komplementär treten Einwohnungsaussagen hinzu: Der Geist bzw. Christus nimmt Wohnung in den Glaubenden (V.9–11). Sie lassen sich wieder in der Fluchtlinie einer exzentrischen Anthropologie deuten. Zugleich aber leben die Glaubenden weiterhin in einem sterblichen Körper (Röm

Theologie, in: B. Janowski / E. Popkes (Hg.), Das Geheimnis der Gegenwart Gottes. Zur Schechina-Vorstellung in Judentum und Christentum, Tübingen 2014 (WUNT 318), 203–217.

[54] Obwohl V. 25b an seinem vorfindlichen Ort notorische Interpretationsschwierigkeiten erzeugt, empfiehlt es sich aus grundsätzlichen methodischen Überlegungen doch, ihn nicht als Randbemerkung eines späteren Lesers auszuscheiden.

8,11; 6,12), der zwar nicht mehr der unumschränkten Herrschaft der Sarx unterworfen ist, aber ihren bedrohlichen Impulsen ausgesetzt bleibt. Formulierungen wie das »Kreuzigen des Fleisches mit den Leidenschaften und Begierden« (Gal 6,24) geben zu denken. Sie deuten so gut wie etwa die auf Selbstdisziplinierung zielende Agon-Metaphorik (1Kor 9,24–27) auf ein Ethos hin, das - durchaus vergleichbar mit philosophischen Praktiken der Lebenskunst - eine Distanznahme zu Affekten einübt. Dabei geht es nicht um Unterdrückung, sondern um Transformation. Etwas plakativ formuliert: Der Geist schmilzt die archaischen Mächte der Sexualität und Aggression zu den ›innovativen‹ Kräften der Liebe (ἀγάπη) und der Ausdauer (ὑπομονή) um.

»Ganzheit« ist demgegenüber erst von der Vollendung zu erwarten, wenn Gott die sterblichen Leiber verwandelt in den Status der Herrlichkeit (Röm 8,11; vgl. Phil 3,21; 1Kor 15,35–57). Diese eschatologische Perspektive eröffnet Paulus im zweiten Teil des Kapitels (8,18–39). In der Gegenwart aber haben die Glaubenden an beiden Weltzeiten Anteil, an der vergehenden wie an der anbrechenden. Anders als in philosophischen Anthropologien sind die Menschen in dieser Sichtweise nicht so sehr Lebewesen, die Oberes und Unteres verbinden, sondern weit mehr Vergangenheit und Zukunft. Über räumliche Aspekte hinaus bekommt die Gleichzeitigkeit des Ungleichzeitigen ein besonderes Gewicht.

Bevor wir uns an einem Ausblick versuchen, lohnt es sich, einem weiteren, nunmehr vierten neutestamentlichen Zeugen Gehör zu schenken, der durchaus zu Recht als Antipode des Paulus firmiert.

II.4 Ganzwerden als Weg des Glaubens: Jakobus

Der Jakobusbrief bewegt sich in einem Milieu, das ausgesprochen stark alttestamentlich-jüdische Traditionen fortschreibt, ohne sich aber gegen popularphilosophische Einflüsse abzuschotten. In seinem ersten größeren Abschnitt (1,2–18) arbeitet er das Wesen des Glaubens heraus und ruft zur Ganzheitlichkeit auf (1,3 f.):[55]

[55] Vgl. K.-W. Niebuhr, Jakobus und Paulus über das Innere des Menschen und den Ursprung seiner ethischen Entscheidungen, NTS 62 (2016) 1–30: »Für wenige neutestamentliche Textzusammenhänge ist das Modewort ›Ganzheitlichkeit‹ so geeignet wie für den Jakobusbrief« (5). Zu Vollkommenheit und Gespaltenheit in Jak 1,2–8 vgl. sodann M. Konradt, Christliche Existenz nach dem Jakobusbrief. Eine Studie zu seiner soteriologischen und ethischen Konzeption, Göttingen 1998 (StUNT 22), 267–274. »Gerechtsein setzt nichts weniger als eine ganzheitliche Lebenshingabe an Gott voraus, mit der der Christ dem Geschenkcharakter des Lebens entspricht« (301).

> »Ihr wisst, dass die Erprobung eures Glaubens Ausdauer bewirkt. Die Ausdauer aber werde begleitet von einem vollkommenen Werk; so werdet ihr vollkommen und ganz (τέλειοι καὶ ὁλόκληροι), und es wird euch nichts fehlen.«

Der Lehrer findet unter seinen Adressaten Zweifel und Dissipation vor. Er vergleicht den Zweifler mit der unsteten Meeresbrandung und warnt ihn vor der Erwartung, irgendetwas von Gott zu erhalten (1,8):

> »Er ist ein Mann mit gespaltener Seele (ἀνὴρ δίψυχος), unstet und haltlos auf all seinen Wegen.«[56]

Zuspruch und Warnung des Jakobusbriefs lassen sich so lesen, dass der Autor auf gesellschaftliche Bewegungen reagiert, die ihrerseits die Entwicklung und Ausarbeitung dualisierender Anthropologien in seiner Umwelt begünstigen. Wonach wir mit unserer Fragestellung auf der Suche waren – das zu klärende Verhältnis von Ganzheitlichkeit und Entzweiung –, macht der Weisheitslehrer zum ethischen Programm. Er denkt dabei vornehmlich an Versuchungen. Sein Gegenmittel auf dem Weg zur Vollkommenheit besteht in Gebet und ungeteiltem Glauben.

III. Ein zweifacher Ausblick

Wir haben eine Reihe exemplarischer Texte wahrgenommen, in denen auf ganz verschiedene Weise holistische und dualistische Figuren in Wechselwirkung treten. Ganzheitlichkeit kommt neuzeitlichem Empfinden offenkundig entgegen, während sich entlang ›dichotomischer‹ Fluchtlinien schwierige geschichtliche Erfahrungen kumulieren – Leibfeindlichkeit und Abwertung der Sexualität verfolgen die abendländische Kulturgeschichte und mit ihr das Christentum wie ein Schatten. Umso mehr ist es geraten, Zugänge zu einer kulturhermeneutischen Beurteilung dualisierender Faktoren in der Anthropologie zu suchen. Ich öffne hier lediglich zwei Fenster.

Zum einen ist es verlockend, die urchristlichen Aussagen in ein übergreifendes kulturtheoretisches Paradigma einzuzeichnen, das sich mit den Stichworten »Europa und die Entdeckung des Selbst« charakterisieren lässt.[57] Zu denken ist speziell

[56] Zum Hintergrund der Spaltseele, zumal zum rabbinischen Doppelherz, vgl. D.C. Allison, James (ICC), London 2013, 186–190.

[57] Vgl. dazu die folgenden Monographien und Sammelbände: Ch. Taylor, Sources of the Self. The Making of the Modern Identity, Cambridge, Mass. 1989; J. Assmann (Hg.), Die Erfindung des inneren Menschen. Studien zur religiösen Anthropologie, Gütersloh 1993; J. Assmann / G. Stroumsa (Hg.), Transformations of the inner Self in Ancient Religions, Leiden 1999 (SHR 83); Rothschild / Thompson, Body (s. Anm. 43); Ch. Gill, The Structured Self in Hellenistic and Roman

an die mit der griechischen Kultur verbundene »Entdeckung des Geistes«,[58] die mit Modellen zweier Welten Hand in Hand geht und spätestens im Übergang zur späten Antike Konzeptionen eines Selbst generiert, das einer ganz anderen Welt als der vorfindlichen zugeordnet wird. Das antike Christentum lässt sich, bereits in seinen Ursprüngen, nicht von dieser kulturenüberspannenden Drift isolieren, auch wenn es ganz spezifische Formationen hervorgebracht hat und nicht einfach im »Geist der Spätantike« eingeebnet werden kann. Ähnliches gilt für das antike Judentum. In ganz verschiedenen Spielarten werden Zuordnungen holistischer und dualistischer Figuren erkennbar. Es bildet sich eine für den mediterran-abendländischen Kulturraum charakteristische *Zweinaturen-Anthropologie* heraus.

Zum andern bieten sich Perspektiven an, die von modernen Modellen evolutionärer Anthropologie ihren Ausgangpunkt nehmen. Die Zweinaturen-Anthropologie lässt sich so ins Spiel bringen, dass sie im Blick auf die Anthropogenese - die Menschwerdung (!) - die Ambivalenz unserer Herkunft im Blick auf mögliche Zukunft thematisiert. Deutet man das »Fleisch«, die Sarx jüdisch-christlicher Theologie, auf das biologische Erbe des Menschen, das wir aus unserer Millionen von Jahren dauernden Hominidenvergangenheit mit uns tragen, dann bricht die Frage nach der Zukunftsfähigkeit der *homines sapientes* auf. Neutestamentliche Texte verorten die an Christus glaubenden Menschen im Spannungsfeld zweier Gravitationsfelder. Sie stellen das Gewicht umfassender Transformationsprozesse heraus, in denen der »alte Mensch« zum »neuen Menschen« verwandelt wird und der Geist zum Zug kommt.[59] Im Fokus stehen archaische Programme und Muster unseres biologischen Erbes, der Sarx, die von der Selbsterhaltung über die Zentrierung um die Gruppe bis zur Entfesselung von Aggression, Gier und Sexualität reichen. Die Eigendynamik dieses sarkischen Fundus kollidiert mit den Ansprüchen einer planetaren Oikumene, die auf Menschlichkeit, Solidarität und Nachhaltigkeit beruht. Die alte Rede von zwei Naturen hält das Wissen darum wach, dass das Projekt Menschwerdung gefährdet ist und bleibt. Hoffnung hat es in der Tat mit dem (noch) Unsichtbaren zu tun (Röm 8,24 f.).

Thought, Oxford 2006; R. Sorabji, Self. Ancient and modern Insights about Individuality, Life, and Death, Chicago 2006; P. Remes / J. Sihvola (Hg.), Ancient Philosophy of the Self, Dordrecht 2008.

[58] Klassiker: B. Snell, Die Entdeckung des Geistes. Studien zur Entstehung des europäischen Denkens bei den Griechen, Göttingen [9]2009.

[59] Anregend wie immer: G. Theissen, Das transformative Menschenbild der Bibel. Die Erfindung des »inneren Menschen« und seine Erneuerung im Urchristentum, in: Janowski, Mensch (s. Anm. 3) 269–287.

Michael Moxter

Szenische Anthropologie – Eine Skizze

> To be alive means to be possessed by an urge toward self-display. Living things make their appearance like actors on a stage set for them.
> Hannah Arendt

Die Anthropologie gilt als Ort der Bewährung theologischer Rede, nicht nur dessen, was Schrift, Bekenntnis und dogmatische Reflexion explizit *de homine* lehren, sondern auch des christlichen Glaubens insgesamt. Da Theologie nicht nur von Gott, sondern von der Korrelation zwischen Gott und Mensch, vom Zusammenhang zwischen Gottes- und Selbsterkenntnis handelt, ist eine anthropologische Zuspitzung ihrer Aussagen ihr genauso selbstverständlich wie der Umstand, dass ihr auf diesem Feld konkurrierende Beschreibungen des Menschseins begegnen (von der Seelenlehre der klassischen Metaphysik über Moralistik, neuzeitliche Philosophie und Humanwissenschaften bis hin zu vielfältigen kulturellen Selbstdeutungen). Die Auseinandersetzung um ein angemessenes humanes Selbstverständnis (oder gar um das sog. Menschenbild) ist als *common ground* ein bevorzugter Begründungskontext systematischer Theologie[1]. Die Gefahr, dass auf diesem Boden »die theologischen Aussagen über den Menschen in einen vorgegebenen anthropologischen Rahmen« nur eingezeichnet und angepasst werden, besteht durchaus, rechtfertigt aber nicht Versuche, sich von Begründungsaufgaben zu entlasten oder die interdisziplinäre Bearbeitung anthropologischer Fragen zu meiden[2].

Der grundsätzlichen Bedeutung entsprechend sind die Horizonte weitgespannt: Von Gott dem Schöpfer zu sprechen, schließt die Rede von der Würde des Menschen ein; dessen Sünde und Schuld erfordern einen anthropologischen Blick auf Selbstwiderspruch und Selbstverfehlung, auf das Gewissen oder auf den sozi-

[1] Man denke nur an die Ansprüche von W. Pannenberg, Anthropologie in theologischer Perspektive, Göttingen 1983, 7f., 15.

[2] Vgl. G. Ebeling, Dogmatik des christlichen Glaubens Bd. I, Tübingen 1979, 340.

alen Zusammenhang, in dem sich Sünde konkretisiert. Christologie, Pneumatologie und Eschatologie leiten je für sich, erst recht aber gemeinsam, dazu an, den neuen Menschen bzw. das neue Gesamtleben der Menschheit in den Blick zu nehmen. Insofern können die Frage nach der anthropologischen Relevanz, Stichhaltigkeit und Überzeugungskraft wohl an jeder Stelle des dogmatischen Diskurses aufgeworfen werden – freilich nicht in diesem (schon zu lang geratenen) Aufsatz, der viele Themen theologischer Anthropologie unbearbeitet lässt und sich auf einen Gesichtspunkt konzentriert und das Exemplarisch-Experimentelle für signifikanter hält als das Umfassende und nach allen Seiten Gesicherte.

Skizziert wird zunächst eine unscheinbare anthropologische Bemerkung Luthers, die das Gewicht der Reformationsfeier im Oktober 2017 gewiss nicht zu tragen vermag, aber dennoch zu denken gibt. Dann wird in einem zweiten Teil auf den Umstand aufmerksam gemacht, dass in der sog. *Philosophischen Anthropologie* des zwanzigsten Jahrhunderts (zu denen ich noch andere Autoren als das Dreigestirn Scheler, Plessner, Gehlen rechne) ein spezifisches – zuvor m. W. unbekanntes – Interesse an einer ›Anthropologie des Schauspielers‹ bzw. an einer ›Anthropologie des darstellenden Handelns‹ ergeben hat, das im Ausblick auf eine ›Szenische Anthropologie in theologischer Perspektive‹ diskutiert werden soll.

I.

1. Erinnert man daran, dass die klassische Definition des Menschen als *ζῷον λόγον ἔχον* bzw. als *animal rationale* das anthropologische Thema als eines der Stellung dieses Lebewesens in einer umfassenden Seinsordnung begriff, dann fällt auf, wie anders Luther verfährt, wenn er vom Menschen handelt. Ich meine an dieser Stelle nicht, jedenfalls nicht in erster Linie, den vielzitierten Umstand, dass die reformatorische Theologie in Abgrenzung gegenüber einer scholastischen Substanzontologie eine relationslogische Perspektive profiliert, also vom Menschen im Verhältnis zu Gott, vom Menschen als Selbstverhältnis und von seiner Relation zum Anderen (zum Nächsten wie zur Welt) spricht. Mein Fokus liegt auf einer in definitorischer Absicht gegebenen Beschreibung des Menschen, die Luther in seiner Genesisvorlesung, ca. ein halbes Jahr nach der *Disputatio de homine* von 1536 und deren Auseinandersetzung mit der philosophischen Definition des Menschen, anlässlich der Auslegung von Gn 8,21 aufstellt. Wandte Luther gegen die oben genannte, in der Philosophie nicht alternativlose Definition 1536 ein, am ungeklärten Vernunftverständnis zeige sich, dass wir vom Menschen fast nichts wissen (»*nos*

de homine paene nihil scire«), so erklärt er in der exegetischen Vorlesung wenige Monate später: »*Si igitur Hominem voles vere definere, ex hoc loco definitionem sume, quod sit animal rationale, habens cor fingens*«[3].

Sieht man einmal von der vor allem die Disputationsthesen bestimmenden Überbietungsrhetorik des Polemikers ab (vielleicht auch nur: von der Eigenart dieser akademischen Gattung), so wird deutlich, dass zwischen Philosophie und Theologie, zwischen rationalem Selbstverständnis und biblischem Wort die Beschreibung der *conditio humana* strittig ist. Freilich wird kein bloßer Gegensatz beschworen, sondern das gemeinsame Nichtwissen (*nos paene nihil scire*) genauso im Blick gehalten wie die Verständigung über die menschlichen Angelegenheiten fortgesetzt und ergänzt. Wie Luther in der Disputation die paulinische Generalthesis von Röm 3,28 in den Rang einer theologischen Kurzdefinition des Menschen rückt[4], so unterbreitet er in der Genesisauslegung den Vorschlag, den Menschen im Horizont einer elementaren Spannung (zwischen Rationalität und Imagination) zu begreifen, mit der dieser erst angemessen in den Blick komme. Bevor jedoch nach der inhaltlichen Bestimmung gefragt werden kann, sind einige knappe methodische Bemerkungen nötig.

Luther formuliert keine umfassende und abschließende theologische Bestimmung des Menschen, sondern offeriert eine Proposition für diejenigen, die nach einer Definition suchen. Diese hat weder einen bloß ergänzenden oder additiven Charakter (als sei dieses Lebewesen nicht nur vernünftig, sondern außerdem auch nicht herzlos, nicht nur vom *λόγος*, sondern auch von *φαντασία* bestimmt oder als würde die allgemeine Vernunftbestimmtheit unter den einschränkenden Bedingungen humaner Sinnlichkeit spezifiziert) noch ersetzt sie die philosophische Definition durch eine ganz andere, heterogene Bestimmung. Es handelt sich auch nicht um eine Kombination aus philosophischer (hellenistischer), an der Partizipation des Menschen am *mundus intelligibilis* orientierter *λόγος*-Lehre einerseits und theologischer (jüdischer, biblischer), am Herzen als Zentrum der Existenz ausgerichteter Tradition andererseits. Ihre Pointe scheint mir darin zu liegen, dass sie

[3] »Wenn Du folglich den Menschen wirklich definieren willst, dann nimm aus dieser Stelle die Definition, dass er das vernünftige Lebewesen sei, das ein Bilder fertigendes Herz hat« (M. Luther, Genesisvorlesung (1535–45). Caput Octavum Genesis, in: WA 42, 335–353, hier: 348, Z. 37 f.).

[4] These 32 aus M. Luther, Disputatio de Homine (1536), in: WA 39/I, 174–180, 176, Z. 33–35: Paulus Rom. 3: Arbitramur hominem iustificari fide absque operibus, breviter hominis definitionem colligit, dicens, Hominem iustificari fide; vgl. G. Ebeling, Die Botschaft von Gott an das Zeitalter des Atheismus, in: ders., Wort und Glaube Bd. 2, Beiträge zur Fundamentaltheologie und zur Lehre von Gott, Tübingen 1969, 372–395, 394.

statt den Menschen *rein* oder *durchgängig* oder zumindest idealiter durch eine Eigenschaft zu bestimmen, ihn aus einer fundamentalen Differenz begreift.

Gemäß der spätmittelalterlichen Definitionslehre stehen neben *genus* und *differentia specifica* auch die Angabe eines *proprium*, ja sogar bestimmte Akzidentien zur Verfügung, um ein Seiendes zu identifizieren.[5] Allerdings wechselt man bei solcher Erweiterung des Verfahrens unter Umständen von einer ontologischen zu einer regionalen Definition, wenn man etwa den Menschen als diejenige Substanz bestimmt, die aus einem Körper und einer *anima intellectiva* zusammengesetzt sei. Eine solche Definition erzeugt zwar Eindeutigkeit, weil es kein anderes Wesen gibt, für das eine solche genetische Betrachtung zutrifft, doch verbleibt sie in der Sphäre der Natur[6]. Als Kombination von Wesenseigenschaft und Akzidentien erscheint die Definition *homo est risibile, erecte ambulativum, latas habens ungues*. Sie schließt aus, dass jedes aufrecht gehende Tier als Mensch begriffen werden muss und erlaubt eine eindeutige Subsumtion von Erscheinungen unter den Begriff. Luthers Definition ist, so betrachtet, eine, Wesensdefinition und Beschreibung des Menschen kombinierende *definitio descriptiva*, die dem von Ockham aufgeführten Typ: *homo est animal rationale … latas habens ungues*[7] formal entspricht.

Luthers Kombination ist keine kontingente, äußere Verbindung, sondern sucht die Vernunft darin als menschliche zu begreifen, dass sie diese in einem *inneren* Verhältnis zum bildproduktiven und für Bilder empfänglichen Herzen sieht. Die *conditio humana* wäre unzulänglich bestimmt, setzte man eine Wesensaussage unabhängig von derjenigen Wirklichkeit an, in der dieses Wesen faktisch lebt, also gleichsam in reiner Identität mit sich selbst oder in vollständiger Erfüllung seiner Möglichkeiten. Vielmehr gilt: Der Mensch ist, was er ist, im Horizont eines Unterschieds, der zu ihm selbst gehört.[8] Zuwenig hätte man vom Menschen gesagt, wenn man nicht beachtete, dass er die Fiktionen seines Herzens selbst produziert und ihnen zugleich anhängt, ja ihnen verfällt – was vom Gottesverhältnis (»*servit diis, qui non sunt natura dei sed dei opinabiliter, phantasticae. Homo finxit in corde suo*

[5] Vgl. G. Ebeling, Lutherstudien Bd. II: Disputatio De homine, 1. Teil, Tübingen 1977, 54 verweist darauf, dass Porphyrios fünf verschiedene Weisen kennt, wie ein Individuum am Allgemeinen partizipiert, und mit ihnen Grade der Allgemeinheit abstuft: est autem, so übersetzt Boethius, genus quidem ut animal, species vero ut homo, differentia autem ut rationale, proprium ut risibile, accidens ut album, nigrum, sedere.

[6] Vgl. Ebeling, a. a. O. 63 ff.

[7] Vgl. Ebeling, a. a. O. 70.

[8] In gewissem Sinne stimmt das auch für die Bestimmung *animal rationale*, die aber vor allem als Zugehörigkeit zu zwei Bereichen gedeutet wurde.

talem cogitationem de deo«[9]) über das Weltverhältnis (vertauschten Gebrauchs und Genusses) bis zum Selbstverhältnis eines zwischen gnadenloser Selbstzensur und heilloser Selbstüberschätzung changierenden Gewissens auch praktisch deutlich wird. Angemessen redet man vom Menschen, wenn man ihn nicht im reinen Wesen ruhend denkt, sondern als immer schon *gesinnt* und *gerichtet* begreift, weshalb er im Horizont dessen beschrieben werden muss, was er *anrichtet* und was sich ihm *ansinnt*[10].

Man darf das Verfahren einer Anthropologie, die eine konstitutive Differenz benennt, um vom Menschen als solchem zu reden, ›differenzanthropologisch‹[11] nennen. Bei Ricoeur findet sich strukturell verwandtes unter dem Titel der ›Disproportionalität‹ des Menschen[12]. Beide Formulierungen führen über die Rede von einer *relationalen Anthropologie* insofern hinaus, als sie an Bruch und Riss, auch am Abstand zwischen wahrem Sein und faktischem Sosein (Essenz und Existenz im Sinne Tillichs[13]) orientiert sind. Ich spreche im Folgenden auch von einer ›Anthropologie der Distanz‹, womit im Sinne des gerade Gesagten ebenfalls Abständigkeit gegenüber reiner Wesensmöglichkeit gemeint ist. Doch verbinden sich in diesem Denktitel mehrere Bestimmungen, die im Abschnitt II erläutert werden.

2. Dass Bildlichkeit, Imagination, Fiktionalität und/oder Picturalität bei der Bestimmung des Menschen als eines vernünftigen Lebewesens im Blick sein müssen, bestätigt sich, wenn Luther im Blick auf die humane Erkenntnis sagt, dass wir »nichts on bilde dencken noch verstehen koennen«[14]. Fast dürfte man folgern: Begriffe ohne Anschauungen sind leer, denkend buchstabieren wir das Gegebene, um es als Erfahrung zu lesen. Wir sagen: ›Ich bin im Bilde‹, wenn wir über das informiert wurden, worauf es ankommt, und wir nutzen die Kompetenz des Bildes, sichtbar zu machen, was ohne es nicht erkennbar wäre, wo immer wir uns

[9] M. Luther, Galater Vorlesung (1531), in: WA 40/1, 604, Z. 14 f.

[10] Das Wortspiel ist bei G. Ebeling, Lutherstudien Bd. II: Disputatio de homine, 3. Teil, Tübingen 1989, 326 vorbereitet.

[11] Vgl. R. Meyer-Hansen, Apostaten der Natur. Die Differenzanthropologie Helmuth Plessners, Tübingen 2013.

[12] P. Ricoeur, Die Fehlbarkeit des Menschen. Phänomenologie der Schuld Bd. 1, München 1971, 36.

[13] P. Tillich, Systematische Theologie Bd. 2, Berlin 1987, 27–32 u. ö.

[14] M. Luther, Die Dritte Predigt, auff den Ostertag (1533), in: WA 37, 62–72, hier: 63, Z. 26. Im Folgenden werden deutsche Zitate aus der WA gegenwärtigen Sprach- und Schreibgewohnheiten angepasst.

bildgebender Verfahren und Modelle bedienen. Diese erkenntnistheoretische Akzentuierung ist jedoch nicht das für Luther Entscheidende. Er hat Selbstverständnis und Selbsterfahrung einer Existenz im Blick, die im Widerstreit ihres angefochtenen Gewissens von Bildern getrieben wird. Deshalb ist der Mensch darauf angewiesen, dass ihm in Bildersturm und Fiktionenflut solche Bilder und Vorstellungen unterkommen, die nicht nur Macht und Attraktivität haben, sondern eine spezifische Bewegung freisetzen, nämlich – abgekürzt gesprochen – Tod in Leben konvertieren. Das zeigt sich vor allem in und an Luthers *Sermon von der Bereitung zum Sterben* (1519)[15], einer der *ars moriendi* verpflichteten Anweisung für ein Leben, das sich der Angst vor dem Tod erwehren kann. Wort, Sakrament[16] und Bild sind so aufeinander bezogen, dass der Glaube sich gegenüber der Anfechtung zu behaupten vermag. Die anthropologische Generalthese, der Mensch sei ein *animal rationale habens cor fingens*, ist nicht nur hamartiologisch (wie man im Blick auf die ausgelegte Textstelle aus Gn 8 meinen könnte), sondern auch soteriologisch einschlägig. Sie fundiert die seelsorgerlichen Ausführungen von 1519 sozusagen aus der Perspektive der entfalteten reformatorischen Theologie. Denn der frühe Luther hat beobachtet: »je tiefer der Tod betrachtet, angesehen und erkannt wird, je schwerer und gefährlicher ist das Sterben«[17]. Er führt das auf den Umstand zurück, dass Bilder sich dem Menschen einbilden und der Mensch das bekommt, was er sieht (wysiwyg). Darum können Bilder, die übrigens von Haus aus eine Affinität zum Tod haben (s. u. Abs. II.3), wenn sie diesen zur Unzeit präsentieren, Leben verstörenden Charakter haben. Im Leben solle man die Bilder des Todes betrachten, im Sterben sie aber ausschlagen und nicht länger zulassen. »Die Kunst ists, ganz und gar sie fallen zu lassen und nichts mit ihnen handeln. Wie geht aber das zu? Es geht also zu: Du musst den Tod in dem Leben, die Sünd in der Gnaden, die Höll im Himmel ansehen und dich von dem Ansehen oder Blick nicht lassen treiben, wann dirs gleich alle Engel, alle Kreatur – ja wenn auch dich dünkt Gott selbst – anders vorlegen, was *sie* doch nicht tun, aber der böse Geist macht solchen Schein«[18]. Und weiter: »Also mußt du dich um den Tod Christi allein bekümmern, so wirst du das Leben finden, und wo du den Tod anderswo ansiehst, so tötet er

[15] Vgl. M. Luther, Ein Sermon von der Bereitung zum Sterben (1519), in: WA 2, 685–697.

[16] Ich spreche vom Abendmahl, aber bei Luther ist 1519 noch unbeschwert von letzter Ölung die Rede.

[17] Luther, Bereitung zum Sterben, 687, Z. 10 f.

[18] Luther, a. a. O. 688, Z. 33–689, Z. 2.

dich mit großer Unruhe und Pein. Darum sagt Christus: ›In der Welt‹ – das ist auch in uns selbst – ›werdet ihr Unruhe haben, in mir aber den Frieden‹«[19].

Was in die Augen fällt, ist der Schein, sei es als schöner Schein der Leistung, als beeindruckend demonstrierte Macht oder – ohne zu gefallen – das Zwielicht einer letzten Ausweglosigkeit und Einsamkeit. Gegen das Augenscheinliche und Offensichtliche, das sich der humanen Selbstbetrachtung im Sterben aufdrängt, wird ein Gegenbild mobilisiert und zwar nicht das Urbild eines schlechterdings kräftigen Gottesbewusstseins, sondern das Bild des Gekreuzigten, in dem der Tod sozusagen als Tod des Todes betrachtet wird.

Der Zusammenhang zwischen Christologie und Soteriologie, zwischen Wort, Glaube und Sakrament, mit dem der Sache nach zu rechnen ist, kann hier nicht entfaltet werden, ich belasse es bei dem Hinweis, dass Luther das menschliche Leben als eines beschreibt, das auf Bilder anspricht, zwischen Fakten und Fiktionen changiert. Welchem Bild es gleichförmig wird, ist entscheidend und zwar in einem Bilderstreit, in dem nichts gegen ein Bild hilft als allein ein anderes Bild[20].
Unter dieser Voraussetzung fällt auch Licht auf die menschliche Vernunft, die nicht ohne Bilder auskommt, durchaus ihre Fiktionen pflegt[21], aber von ihren Bildern auch gefangen gesetzt werden kann. Fingiert das Herz beispielsweise diejenige Selbstverfehlung, die Sünde heißt, auf irrige Weise, dann erscheinen Götzendienst und Werkgerechtigkeit, der Glanz sogenannter guter Werke des Menschen als vernünftige Mittel. Faktisch jedoch schlägt das »gross liecht« der Vernunft[22] in eine instrumentelle Rationalität um, die sich das Heil verdienen will. Eine solche Fehlbildung der Vernunft bleibt den Logiken von Gabe und Gegengabe, Mittel und Zweck, Berechnung und Erfolg verpflichtet und gerät damit in selbstverschuldete Unmündigkeit.

Auch in Sachen Rationalität wird im Kontext recht verstandener reformatorischer Theologie nicht auf Eindämmung der Macht der Sinnlichkeit bzw. der Imagination gezielt werden können – als gälte es, eine zur Rationalität befreite Lebensführung zu restituieren, die sich von allen Bildern abwendet. Vielmehr kommt es

[19] Luther, a. a. O. 689, Z. 20–23.

[20] Vgl. M. Luther, Ein Sermon von der Betrachtung des heiligen Leidens Christi (1519), WA 2, 136–142, 138. Mit Magie hat dies nichts zu tun; ist doch, sie zurückzuweisen, die Ausgangspointe des Textes.

[21] Zu denken ist an I. Kant, Kritik der reinen Vernunft (B, 799); vgl. den von Markus Firchow und mir betreuten Sammelband: Fiktionen der Vernunft (in Vorbereitung).

[22] M. Luther, Der Prophet Jona ausgelegt (1526), in: WA 19, 185–251, hier: 206, Z. 13.

auch diesbezüglich darauf an, Bilder guten Lebens zu mobilisieren. Wie im philosophischen Kontext nicht der Weg vom Sichtbaren zum Unsichtbaren eingeschlagen werden muss, sondern das Übersehene zu zeigen, rationale Aufklärungsarbeit ist, so führt die Theologie ebenfalls nicht vom Sichtbaren zur unsichtbaren Hinterwelt, sondern vom Offensichtlichen zum Verborgenen, wenn sie das, was *prima vista* als ›Torheit‹ erscheint, als ›Weisheit‹ entdeckt. In diesem Sinne entspricht die paulinische Definition der Gemeinde als der Versammlung derer, denen »Christus als der Gekreuzigte vor Augen gemalt wurde« (Gal 3,1) einem basalen anthropologischen Sachverhalt und kann als soteriologisches Formativ sozialer Identität verstanden werden.[23] Die theologische Anthropologie ist nicht nur in dem Sinne eine ›Anthropologie der *imago Dei*‹, dass sie dem Begriff der Gottebenbildlichkeit des Menschen eine zentrale Rolle zuweist, sie entwickelt vielmehr auch noch diese konkrete Bestimmung (mit ihren Ausstrahlungen auf den Würde-Diskurs) bildanthropologisch[24]. Der Mensch ist ein vernünftiges Wesen, das der Bilder fähig ist, das zu fingieren und zu bilden vermag, das nicht nur mit *Fakten*, sondern auch mit *Fiktionen*, nicht nur mit Wirklichkeit, sondern auch mit Möglichkeit umgeht. Er ist Ebenbild Gottes (*ṣælæm, dəmut*) und Macher von Götterbildern (*pæsæl*), ein Fabrikant von Idolen, weil er in einem elementaren Sinne auf Bilder (und in ihnen auf sich selbst) ansprechbar ist. Es ist deshalb sachgemäß, dass Luther die Rede von der imago Dei auch im Jargon des Fiktionalen rekapitulieren kann: »*Ubi enim Deus est cum suo Spiritu, ibi non amplius est figmentum cordis humani, sed figmentum Dei*«[25].

Das aber geschieht dadurch, dass sich den Glaubenden das Bild Gottes in Person und Werk Christi verdeutlicht, also die Inkarnation als Inszenierung erweist. In diesem Sinne ist die Rückführung des Wortes ins Bild bei Luther Ausdruck einer

[23] Die soziale Ordnung wird über Imagination gebildet und zusammengehalten; vgl. zu C. Castoriadis M. Moxter, Das Unsichtbare der Gemeinschaft und die Verborgenheit der Kirche, in: Grenzgänge der Gemeinschaft, hg. v. E. Gräb-Schmidt / F. G. Menga, Tübingen 2016, 127–148.

[24] Dazu: M. Moxter, Der Mensch als Darstellung Gottes. Zur Anthropologie der Gottebenbildlichkeit, in: Theologie zwischen Pragmatismus und Existenzdenken. FS H. Deuser, Marburg 2006, 271–284. Orientierung über die unterschiedlichen Bildbegriffe und ihre Bedeutung für die Anthropologie findet sich (hoffentlich) in: F. Hartenstein / M. Moxter, Hermeneutik des Bilderverbotes, Leipzig 2016.

[25] WA 42, 352 zit. n. G. Ebeling, Lutherstudien Bd. II: Disputatio de Homine, 2. Teil, Tübingen 1982, 458, Anm 18. In meinem Text fehlt eine Auskunft zum Verhältnis von Fiktionalität und Bildlichkeit (*fingens / pingens*), wie Martina Kumlehn zurecht eingewandt hat. Dass dieses Desiderat nicht prinzipiell offen bleiben muss, sondern aus Raumgründen vernachlässigt wird, sei mit diesem Lutherzitat zumindest angedeutet. Vgl. im übrigen: W. Iser, Die Doppelstruktur der literarischen Fiktion, in: Funktionen des Fiktiven, Poetik und Hermeneutik X, hg. v. D. Henrich / ders., München 1983, 497–510.

Inkarnationschristologie: »ich woll, odder wolle nicht, wenn ich Christum hore, so entwirfft sich ynn meym herzten eyn mans bilde, das am creutze henget, gleich als sich meyn andlitz naturlich entwirfft yns wasser, wenn ich dreyn sehe«[26]. Die Spiegelung im Wasser ist ein natürliches Bild, das Bild im ›Hertzen‹ ist demgegenüber keine ›übernatürliche‹, supranaturale Erscheinung, die oberhalb und jenseits der humanen Prozesse der Imagination und Einbildung, der subjektiven Bildproduktionen, sozusagen ›vom Himmel fiele‹. Gewiss ist das Entstehen eines solchen Bildes für Luther ein ›geistgewirktes Geschehen‹, aber keines, das die humane Bildtätigkeit ausschalten würde wie das einst den sogenannten ›acheiropoetischen‹ Ikonen nachgesagt wurde. Im Gegenteil kommt es auf die äußere Kommunikation des Evangeliums genauso an wie auf das, was man sich vor Augen halten oder woran man sich erinnern *lässt* (nicht immer fällt es mit dem zusammen, woran Prediger und Predigerinnen erinnern wollten). Was die Glaubenden als Evangelium hören und im Sakrament empfangen, verdeutlicht sich ihnen im Bild Jesu am Kreuz – freilich unter der Bedingung, dass dieser Prozess kein bloßer Kopiervorgang, auch kein holzschnittartig in Serie gehender Druck ist, sondern ein Ineinander von Äußerem und Innerem, von vorgeprägtem Bild und rezipierender, aneignender Antwort (also ein individueller Bildungsprozess) – zugespitzt gesprochen: ein Ineinander von ›Werden‹ und ›Machen‹.

II.

Luthers prägnante Variation einer Definition des Menschen soll im Folgenden ins Verhältnis zu solchen Anthropologien gesetzt werden, die vom *animal symbolicum* oder vom *homo pictor* sprechen bzw. den Menschen als darstellendes Wesen begreifen. Es ist von einer Skizze[27] die Rede, weil weder Vollständigkeit noch Aufklärung über Filiationen und wechselseitige Bezugnahmen noch auch nur chronologische Ordnung versprochen wird. Sie versucht Dimensionen freizulegen, die mitgesetzt oder doch im Blick zu halten sind, wenn man in Anknüpfung an die genannten Lutherstellen von einer ›lebensbedeutsamen Szene‹[28], von symbolischer oder iko-

[26] M. Luther, Wider die himmlischen Propheten, von den Bildern und Sakrament (1525), in: WA 18, 62–125, hier: 83, Z. 9–12.

[27] Als solche ist sie ein erster Ausblick auf das Projekt, das ich in diesem Jahr im Wissenschaftskolleg zu Berlin erarbeite.

[28] Vgl. K. Stock, Grundlegung der protestantischen Tugendlehre, Gütersloh 1995, 97 ff.; E. Herms, Die Sprache der Bilder und die Kirche des Wortes, in: Die Kunst und die Kirchen. Der Streit um die Bilder heute, hg. v. R. Beck et al., München 1984, 242–259.

nischer Prägnanz des Glaubens oder von darstellendem Handeln spricht. Der innere Bezug reformatorischer Theologie auf Bilder und Szenen entspricht einem anthropologisch ausweisbaren Sachverhalt.

1. Als Cassirer seine *Philosophie der symbolischen Formen* in knapper Form einer potentiellen Leserschaft in den Vereinigten Staaten, in denen er Exil gefunden hatte, vorstellte, beschrieb er diese sowohl als »philosophy of culture«[29] wie auch als *philosophische Anthropologie*. Den Zusammenhang beider Bestimmungen stellte er mit der Überzeugung her, das eigentümlich Humane sei nicht in einer mentalen Mitgift, nicht in zusätzlichen Eigenschaften (in einer Art Sonderausstattung mit sog. ›höheren‹ Eigenschaften als sie im Tierreich zu finden sind), nicht in einer Ausnahme von der Naturordnung gegründet, sondern in einer spezifischen Reaktion auf das Gegebene. Der Mensch unterscheide sich vom Tier noch in den Merkmalen, die tierischen Verhaltensmustern ähnelten und vergleichbar seien: »As compared with other animals man lives not merely in a broader reality; he lives, so to speak, in a new *dimension* of reality«[30]. Nur so lasse sich seine Art der Anpassung, die typische Gestalt des humanen Funktionskreises[31] erklären. Gegenüber der organischen *reaction* auf einen *stimulus*, die direkt und unmittelbar erfolgt, bestehe die *human response* auf die Wirklichkeit in einer Verzögerung, einer Unterbrechung. Der Reflexionsbogen bleibt erhalten, das Verhalten des Menschen responsorisch, aber auf eigentümliche Weise ›umwegig‹. Blumenberg wird den Sachverhalt auf die Formel bringen: »Der Mensch zögert und zaudert nicht, weil er Vernunft hat, sondern er hat Vernunft, weil er gelernt hat, sich das Zögern und Zaudern zu leisten«[32]. Da hier, anders als in der traditionellen Logosmetaphysik, Vernunft als etwas Gewordenes beschrieben wird, versteht man, dass Cassirer es als Eigenart des menschlichen Lebens begriff, zwischen Merknetz und Wirknetz, zwischen *stimulus* und *response* ein Drittes zwischenzuschalten, nämlich die Welt der Symbole bzw. das symbolische System[33]. Dieses erlaubt qualitativ neues und anderes als bloße Interjektion, als emotionale Lautkundgabe, die sich auch im

[29] E. Cassirer, An Essay on Man. An Introduction to a Philosophy of Human Culture, in: ders., Gesammelte Werke Bd. 23, hg. v. B. Recki, Hamburg 2006, 2.

[30] Cassirer, a. a. O. 29. Eine vergleichbare Verwendung des Dimensionsbegriffs bei P. Tillich, Systematische Theologie Bd. 3, Berlin [4]1987.

[31] Wie er mit Jakob Johann von Uexküll, den er als »Johannes von Uexküll« zitiert, sagt (Cassirer, a. a. O. 29).

[32] H. Blumenberg, Beschreibung des Menschen, Frankfurt 2006, 559.

[33] Cassirer, a. a. O. 29.

Schmerzesschrei des Tieres findet, denn das symbolische Netz ist ›propositional‹ strukturiert und ermöglicht Referenz als Bezugnahme auch auf abwesende Gegenstände. Deshalb müssen *signs* und *symbols* kategorial unterschieden werden[34]. Nicht die Unterbrechung des Reiz-Reaktions-Bogens als solche, sondern dessen symbolische Formatierung unterscheide Mensch und Tier.

Aktuelle Varianten eines solchen Blicks auf den Menschen begegnen bei Terrence W. Deacon[35] und Michael Tomasello[36] in Nachbarschaft zur These von der Koevolution von *mind and brain*. Tomasello etwa sieht die evolutionäre Verwandtschaft humaner Kommunikation mit den Signalen der Tierwelt, mit dem Informationsaustausch im Bienentanz oder dem Ausdrucksverhalten und den Zeigegesten bei Menschenaffen darin prinzipiell überschritten, dass die humane Sprache auch *über Abwesendes* sowie *über Kommunikation* zu kommunizieren erlaubt. Verneinung, Modalisierung und temporale Differenzierung verwenden zu können, unterscheide das menschliche Kommunikationsverhalten von allem, was in einem metaphorischen Sinne ›Tiersprachen‹ heißt. Insbesondere könne der gestische Ausdruck nicht so beschrieben werden als ob es sich um eine Sprache handele, in der statt Wörter Gesten verwendet werden oder als seien Tiersprachen einfach strukturiert, während die menschliche Sprache nur komplexer ausfalle[37]. Statt solchen Gradualismus gilt kategoriale Differenz. Sprache ist nicht nur Fortsetzung, sondern auch Absetzung von der Natur – nach Deacon mit durchschlagenden Konsequenzen: »Symbol use itself must have been the prime mover for the prefrontalization of the brain in hominid evolution. Language has given rise to a brain which is strongly biased to employ« (die für es typischen neuen Formen der Anpassung an die Wirklichkeit)[38].

Cassirers Redeskription des *animal rationale* als eines *animal symbolicum* erscheint im Licht gegenwärtiger evolutionärer Humanbiologie also nicht unmotiviert. »Reason is a very inadequate term with which to comprehend the forms of man's cultural life in all their richness and variety. But all these forms are symbolic forms. Hence, instead of defining man as an animal rationale, we should define

[34] Cassirer, a. a. O. 34 ff.

[35] T.W. Deacon, The Symbolic Species. The Co-evolution of Language and the Brain, New York / London 1997.

[36] M. Tomasello, Die Ursprünge der menschlichen Kommunikation, Frankfurt 2009.

[37] Deacon, Symbolic Species, 22 f., 33, 42.

[38] Deacon, a. a. O. 336.

him as an animal symbolicum«[39]. Die Pointe dieser Einlassung liegt selbstverständlich nicht darin, dass Anthropologie eine Definition des Menschen zu geben versuche und hier eine solche gefunden sei, sondern in dem Hinweis auf eine Verschiebung der Beschreibung des Menschen bzw. einer Veränderung des humanen Selbstverständnisses, sobald Rationalität an Symbolizität bzw. Vernunft an Einbildungskraft gekoppelt wird. Die symbolische Form ermöglicht Distanz gegenüber der Wirklichkeit zugunsten einer Neudimensionierung des Realitätsbezugs.

2. Hans Jonas' Deutung des Menschen als *homo pictor* arbeitet mit einem Bildbegriff, dessen zentrale Bestimmung Ähnlichkeit ist. Das begrenzt seinen Einfluss in der gegenwärtigen Konjunktur der Bildwissenschaften. Für unseren Zusammenhang soll es darauf nicht ankommen, denn Jonas richtet die anthropologische Frage nicht an der Definition des Bildes, sondern am Bildgebrauch aus. Woran, so seine Ausgangsfrage, ließen sich gegebenenfalls in den Tiefen des Alls angetroffene Lebewesen als uns in der entscheidenden Hinsicht vergleichbare, aber fremde Intelligenz mit Sicherheit erkennen? Hinweise auf körperliche Ähnlichkeiten oder auf die Produktion von Artefakten blieben kontingent, hinreichend sei jedoch die Kompetenz, Bilder zu gebrauchen und anzufertigen. Denn ein bildermachendes Wesen sei eines, das noch andere Zwecke kenne als die rein biologischen[40] und das Gegenstände auch auf eine andere Weise anzueignen verstehe denn als bloße Mittel und Werkzeuge. Vom *homo faber* hebe sich die Gemeinschaft der *image-user* dadurch ab, dass sie – wie Jonas in Anlehnung an Kant formuliert – ein interesseloses Wohlgefallen an der Gestalt, an einer Form entwickelten und damit eine ›neue Objektbeziehung‹ aktualisierten. Intentionalität (englisch gedacht als Absichtlichkeit, aber durchaus mit Erinnerung an Husserl), Freiheit und vor allem die Fähigkeit, zwischen Bildträger, Bildgegenstand und Bildreferenz zu unterscheiden[41], werden in ihr auf den Weg gebracht. Insofern ist der *homo pictor* einer, der sich auf Distinktion versteht[42], der »die bildliche Gegenwart des physisch Abwesenden […] in eins mit der Selbstverleugnung des physisch Anwesenden« realisiert. Dagegen habe es das Tier allein »mit dem anwesenden Ding zu tun«[43]. Die sinnliche, näherhin: visuelle Wahrnehmung vollzieht sich im Kontext

[39] Cassirer, Essay, 31. Vgl. die inhaltlichen Charakterisierungen a. a. O. 38 f., 74 f.

[40] H. Jonas, Homo pictor: Von der Freiheit des Bildens, in: G. Boehm (Hg.): Was ist ein Bild? München 1994, 105–124, 107.

[41] Jonas, a. a. O. 111.

[42] Jonas, a. a. O. 115.

[43] Jonas, a. a. O. 116.

einer Unterscheidung, »die selber nicht wahrnehmungsmäßig« ist: Ein Bild wird *als Bild* wahrgenommen, also in Abhebung von visueller Gegenstandswahrnehmung erlebt. Dass der Mensch das kann, begründet seinen Unterschied zum Tier (eine Annahme, die nicht durch den Umstand widerlegt wird, dass ein Schimpanse sich selbst im Spiegel wiedererkennen kann).

Mit dieser am Bildgebrauch orientierten Leitthese wird die problematische Dominanz des Ähnlichkeitsbegriffs entspannt und ein weiter Spielraum von Bildlichkeit zugelassen: »Die unfreiwilligen Übervereinfachungen und Verzerrungen von Kinderzeichnungen oder die Souveränität künstlerischer Absicht, mögen nur schwache Spuren von Ähnlichkeit zum dargestellten Gegenstand übriglassen [...] Es gibt fast keine Grenze für die Spannweite der Imagination, über die das Vermögen symbolischen Verstehens verfügt«[44]. Geht die Ähnlichkeit im Bild sozusagen gegen Null, könne die »abbildende Darstellung ... durch stellvertretende Repräsentation abgelöst werden«[45].

Diese Formulierungen mögen die Frage aufwerfen, ob eine trennscharfe Abhebung des Jonasschen *homo pictor* von Cassirers *animal symbolicum* möglich ist bzw. ob der Hinweis auf das Bildvermögen im Rekurs aufs Symbolische aufgeht. Man kann freilich auch, gegenläufig akzentuierend, der Auffassung sein, Jonas habe das Verdienst, auf Bild und Bildgebrauch aufmerksam zu machen, dadurch geschmälert, dass er seinen Bildbegriff an Ähnlichkeit ausrichtet, und er versuche dieses Handicap mit dem Symbolbegriff auszugleichen. Ein breiter aufgestellter Bildbegriff vermeide die daraus resultierenden Probleme und sei folglich eine ernstzunehmende Alternative zu Cassirers anthropologischer Generalthesis.

Wesen unserer Art, so wäre dann zu folgern, sind an der Fähigkeit, etwas als ein Bild wahrzunehmen bzw. zu gebrauchen, spezifischer gedacht: an ihrer Fähigkeit, Bilder zu machen, erkennbar[46]. Bildlichkeit ermöglicht Distanz gegenüber »der Andringlichkeit der Umwelt« und markiert gerade deshalb die Eigenart des Menschseins. »Ein Zurücktreten zweiter Ordnung liegt vor, wenn Erscheinung *als* Erscheinung ergriffen, von der Wirklichkeit unterschieden und, mit freier Verfügung über ihre Anwesenheit interpoliert wird zwischen das Selbst und das Wirkliche, dessen Anwesenheit nicht frei verfügbar ist«[47]. Erkennbar verbinden sich in

[44] Jonas, a. a. O. 110.

[45] Ebd. Zu beachten ist auch die Bemerkung: »Bildlichkeit in der Tat ist nicht eine Funktion des sinnlichen Ähnlichkeitsgrades, sondern eine begriffliche Dimension für sich, innerhalb welcher alle Ähnlichkeitsgrade vorkommen können« (Jonas, a. a. O. 115).

[46] Jonas, a. a. O. 114.

[47] Jonas, a. a. O. 119.

diesen Ausführungen die beiden Leitthemen dieses Aufsatzes: Bild- und Distanzanthropologie. Das Bild als Bild zu gebrauchen verwirklicht eine Unterscheidung, die zugleich als Mittel der Distanzierung gegenüber einer übermächtigen Wirklichkeit dient[48]. Das *tertium* oder Medium, handele es sich um Bilder oder Symbole, ermöglicht ein neues Verhältnis zur Welt und also zu dem, worüber man nicht in absoluter Freiheit verfügen kann.

Ist man Jonas soweit gefolgt, dann überrascht eine Art Kehrtwende von der zuvor betonten *Äußerlichkeit und Sinnlichkeit* des Bildes zum Vermögen der Einbildungskraft und mit ihr zu mentalen Bildern. »Diese freie Verfügung ist zuerst [!] erreicht in der inneren Ausübung der Einbildungskraft, der Imagination, durch die sich - soviel wir wissen - menschliche Erinnerung von tierischem Gedächtnis unterscheidet«[49]. Die Priorität (»zuerst«) des inneren Bildes als des Mittels, die »Freiheit der Distanz«[50] zu gewinnen, nimmt die bildanthropologische Pointe tendenziell zugunsten einer Bewusstseinsphilosophie oder Geistlehre zurück. Damit erneuert sich ein Idealismus, der nicht länger des Leitfadens der ikonischen Prägnanz bedarf. In der Konsequenz wird das Bild zu etwas äußerem, das sekundär ins Wirkliche übersetzt wurde: »Die erinnerte Form kann alsdann [!] von innerer Einbildung übersetzt werden in ein äußeres Bild, das wiederum Gegenstand der Wahrnehmung ist […] Es ist veräußerlichte Erinnerung«[51]. Das Bildermachen wird zum Umsetzen einer Vorstellung ins Äußere, zu einem handwerklichen Tun, im Grunde zur Exekution einer Idee[52]. Diese freundliche Übernahme durch einen Idealismus bzw. eine Bewusstseinstheorie ersetzt die verkörperte Bildgestalt durch ein Verhältnis von innerer Form und äußerem Material (Stoff). Sie zu vermeiden, ist dem Projekt einer Bildanthropologie bzw. einer szenischen Anthropologie aufgegeben. Der Leitgedanke, der Mensch sei *animal rationale habens cor fingens*, ist nicht ausgeschöpft, solange die Darstellung Sache äußerer Ausführung bleibt[53].

[48] Natürlich folgt diese Formulierung H. Blumenberg, Arbeit am Mythos, Frankfurt 1979.

[49] Jonas, a. a. O. 119.

[50] Jonas, Homo Pictor, 120.

[51] Ebd.

[52] Vgl. ebd.

[53] Wenn Jonas betont, im (äußeren) Bild begegne eine »zeitlose Gegenwart« (Homo Pictor, 112), die dem inneren Sinn einen Gegenhalt gegen den permanenten Fluß der Vorstellungen zur Verfügung stelle (»So nach außen gesetzt bietet das Bild der Zeit wirksameren Trotz als in seiner prekären inneren Bewahrung. Was dem Fluß der Dinge abgewonnen war, wurde dort dem Fluß des Ich anvertraut. Wieder nach außen versetzt, verharrt es in sich selbst, in seiner Anwesenheit unabhängig von den Stimmungen und Reizen, die die Arbeit des Gedächtnisses mitbestimmen«

3. Die anthropologische Relevanz der Bilder (und folglich die Eigenart des *homo pictor*) wird grundsätzlicher gedacht, wenn man mit Hans Belting die Bildpraxis im Umgang mit dem Tod bzw. im Horizont des Totenkultus begründet sieht. Die Verschränkung von Anwesenheit und Abwesenheit, von der Cassirer und Jonas sprechen, interpretiert Belting im Zusammenhang von Totenmasken, präparierten Schädeln und Begräbnisriten. Seine Bildanthropologie erkennt die Anfänge des Bildkultus darin, »dass Bilder einmal Gefäße der Verkörperung gewesen waren«, die »den Toten ihre verlorenen Körper ersetzten«[54]. Der Tod verwandele nämlich den beweglichen (mit Lebenskraft erfüllten) Körper in ein Bild seiner selbst (die Leiche), das durch ein anderes Bild ersetzt bzw. verdeckt werde. Das Bild eines Toten ist insofern Paradigma für die pictorale Leistungskraft[55], die sich in einem Prozess materialisiert, in dem ein Bild gegen ein anderes Bild gesetzt wird (*nihil contra imaginem nisi imago ipsa*). Die humane Bildpraxis zielt auf Abständigkeit gegenüber dem Tod, auf Rettung des Lebens angesichts seiner Endlichkeit.

Belting begreift die Bildpraxis als eingebettet in den religiösen Ritus, als ein Handeln mit dem Bild, nicht als ein Phänomen bloßer Betrachtung. Der Mensch ist ein Bildermacher, »das *Bildermachen* … wichtiger als das *Bilderhaben*«[56]. Freilich impliziert diese Akzentuierung nicht, dass der Bildermacher als souveräner Herr seines Tuns zu denken wäre. »Im anthropologischen Blick erscheint der Mensch nicht als Herr seiner Bilder, sondern – was etwas anderes ist – als ›Ort der Bilder‹, die seinen Körper besetzen: er ist den selbst erzeugten Bildern ausgeliefert, auch wenn er sie immer wieder zu beherrschen versucht«[57]. Diese Verschränkung von Aktivität und Passivität, von Attraktivität und Tätigkeit, gehört zum Fokus einer Bild-Anthropologie, die übrigens durchaus konsequent mit der Beschreibung des

[a. a. O. 120]), setzt er freilich noch einmal einen anderen Akzent. Das sog. kantische Kontrastargument (innerhalb der transzendentalen Deduktion der *Kritik der reinen Vernunft* bzw. innerhalb ihrer ›Widerlegung des Idealismus‹ vorgetragen) bestand in der These, ohne einen externen Referenzpunkt, der Stabilität stiftet, lasse sich die Kontinuität sich ablösender innerer Vorstellungen (also Bewusstsein) nicht einmal denken, eine bestimmte Unterscheidung von Vorstellungen im undifferenzierten Strom nicht vollziehen, kehrt hier *mutatis mutandis* wieder. Nimmt man ernst, dass das äußere Bild die Bedingung der Möglichkeit der Unterscheidung von Vorstellungen ist, löst sich die These von der Priorität des inneren Bildes auf.

54 H. Belting, Bild-Anthropologie. Entwürfe für eine Bildwissenschaft, München 2001, 143.

55 Belting, a. a. O. 144.

56 Belting, a. a. O. 146.

57 Belting, a. a. O. 12.

Bilderglaubens des Menschen fortgesetzt wurde.[58] Mit Beltings Bildanthropologie verschiebt sich die Frage nach dem menschlichen Bildergebrauch zugunsten der Frage, warum der Mensch Bilder brauche.

Stand die Totenmaske am Anfang des Bildkultus, so ist sie Paradigma der menschlichen Angewiesenheit auf Verhüllung und Verdeckung. Sie ist eine elementare Form der Unterscheidung[59], einer Innen-Außen-Differenzierung, mit der Distanz zum gegebenen Erscheinungsbild ermöglicht wird – insbesondere ein Abstand gegenüber dem Bild des Verfalls: Sie verdeckt die Leiche bzw. den Totenschädel, von dem sie genommen wird. »Die Maske ist ein pars pro toto für die Verwandlung unseres eigenen Körpers in ein Bild. Wenn wir aber an unserem und mit unserem Körper ein Bild herstellen, dann ist es nicht ein Bild von diesem Körper. Der Körper ist dann eher ein Bildträger … Die Maske verbirgt ihn in einem Bild«[60]. Sie verhüllt Gesicht und Leib »um an ihm etwas zu zeigen«[61]. Sie stiftet nicht nur Erinnerung, sondern Präsenz der Ahnen, wenn sie im Totenumzug oder in anderen rituellen Handlungen mitgeführt oder gar durch einen Träger animiert wird, kurz: Das darstellende Handeln wahrt den Zusammenhang der Lebenden und der Toten. Nach Belting haben Bild und Theater gemeinsame Wurzeln im Totenkult, sei doch die ursprüngliche Rolle, in die ein Schauspieler schlüpft, die des Ahnen, den er darstellt. Die Masken »konnten von Tänzern getragen werden, welche auf diese Weise die Toten szenographisch wieder zum Leben brachten. Die Mimen sind die Darsteller von Toten gewesen, bevor sie im Theater des Lebens das Publikum an Lebende erinnerten«[62] und in Maske agierten. Die Idee einer Erweiterung der Bildanthropologie zugunsten einer szenischen Anthropologie und ihr Sachzusammenhang mit einer Theorie darstellenden Handelns liegt in diesem Zitat zum Greifen nahe.

Die ›*persona*‹ ist vor diesem Hintergrund ursprünglich eine, die einen anderen stellvertretend repräsentiert, ihn als Abwesenden im Bilde präsent sein lässt. Lange bevor sie im griechischen Theater mit der durchtönenden Stimme eines Handelnden assoziiert wurde (*personare*), war die Maske ein Mittel der Figuration.

[58] Belting, a. a. O. 23. Vgl. H. Belting, Das echte Bild. Bildfragen als Glaubensfragen, München 2005.)

[59] R. Weihe, Die Paradoxie der Maske. Geschichte einer Form, München 2004, 35, vgl. auch Belting, Bild-Anthropologie, 110.

[60] Belting, a. a. O. 34.

[61] Belting, a. a. O. 94.

[62] Belting, a. a. O. 153 f.

Sie zeigt und verbirgt, vergegenwärtigt und entzieht, lässt Gesichtszüge zur Erscheinung kommen und verstellt sie zugleich. Die Maske als Paradigma des Bildes ist Medium einer Ambivalenz, aber auch Mittel einer Rettung des Lebens durch Darstellung. Sie ist zugleich Schutz vor Entblößung, vor dem Durchschautwerden, vor dem Gesichtsverlust, vor der Zurschaustellung. Die Maske verwandelt, indem sie ihren Träger einen anderen sein lässt.

Eine Anthropologie des darstellenden Handelns oder des *cor fingens* fällt nicht unter ein ›so tun als ob‹ oder unter ›Schauspielerei‹ im umgangssprachlichen Sinne, sondern setzt bei der Ambivalenz von Sichtbarkeit und Verborgenheit, von Sich-Zeigen-Müssen und doch nicht im Augenschein-Aufgehen als den humanes Leben bestimmenden Kräften ein. Der Mensch ist ein Wesen, das der Darstellung ebenso fähig wie bedürftig ist, der vor anderen erscheint, sich präsentiert, über dessen wahres Gesicht aber nicht verfügt werden kann, weil es als das Andere gegenüber dem Augenschein gedacht werden muss.

Beltings Bild-Anthropologie rekurriert in diesem Kontext auf Helmuth Plessners ›Phänomenologie des Schauspielers‹, weil diese die »Bildbedingtheit menschlichen Daseins« angemessen zum Ausdruck bringe. Darauf ist noch zurückzukommen.

4. Gehlens Anthropologie des Mängelwesens, das nicht länger durch Instinkte und Verhaltensmuster sicher gesteuert wird, und sich daher Hintergrundserfüllung durch Gewohnheit und Institutionen verschafft, wird in der systematischen Theologie ausführlich rezipiert und diskutiert (Pannenberg, Wagner, Ley, R. Barth), was schon deshalb nicht überraschen muss, weil Gehlen sie als Wiederaufnahme zentraler Einsichten Herders präsentierte. Kaum wahrgenommen wurde bisher jedoch der Umstand, dass Gehlens Anthropologie dem darstellenden Handeln einen zentralen Stellenwert einräumt. Der Mensch stabilisiert sein Handeln nicht nur durch das Mitsichführen von Gegenständen, Werkzeugen, Kleidung etc., sondern auch durch Rituale: »So gesehen ist die Darstellung die *Überführung in die Kategorie des Beisichbehaltens* und der Dauer, sie ist zunächst in vivo, als imitatorischer Ritus erfolgt und erst sekundär als Darstellung in materia, als Malerei oder Plastik«[63]. Der religiöse Ritus vermittelt das »Daseinsgefühl, man könne nicht aus der Welt fallen und diese erlebbare Welt gebe selbst die dauernde Hintergrundserfüllung

[63] A. Gehlen, Urmensch und Spätkultur, Philosophische Ergebnisse und Aussagen, München ²1964, 55.

für ihr vereinsamtestes Geschöpf her«. Erst sekundär degeneriere der religiöse Ritus zur Magie (wenn zweckrationale Manipulation der Mächte das darstellende Handeln verdrängt).

Mit der Bemerkung, das Grundgefühl könne »sich nur in einer symbolischen, inhaltsüberfüllten Darstellung ausdrücken, in einer dramatischen Einzelheit – im großen Tier«[64] kommentiert Gehlen Bilder aus Lascaux. Er ordnet die Darstellung des Tiers einem Ritus zu, der durch Repräsentation Hintergrundserfüllung und Weltvertrauen vermittelt. Das Bild sei eine ›dramatische Darstellung‹, die Szene einer Jagd, bei der Gefahr und Tod drohen[65], und im übrigen auch das Tier getötet wird – ein ungeheurer Eingriff in die Natur, der bearbeitet werden musste. Das Bild ist eingebettet in einen vorgängigen imitatorischen Ritus (»in vivo«), vermutlich in einen Jagdtanz, bei dem ein mit einem Fell des erlegten / zu erlegenden Tiers bekleideter Tänzer, Schamane oder Priester, dieses Tier darstellt. Vor der gegenständlichen Darstellung im Bild findet sich also eine noch flüssige Form des Handelns. *Performance* und *Embodied Acting* sind die primären Medien der Darstellung.

Daraus ergibt sich die doppelte Akzentuierung: einerseits der Darstellung von Ambivalenz, andererseits der Ambivalenz der Darstellung. Der Ritus antizipiere und vergegenwärtige die Furcht (das Grauen des Todes, das in der Jagd heraufbeschworen wird). Die Darstellung biete dem Blick dar, was dieser nicht gerne sieht, und konfrontiere mit dem, was nicht leicht zu ertragen war und dem man auszuweichen suche. Eben diese Erfahrung in und mit der Darstellung der Furcht bewahre die Jäger hernach bei der realen Jagd davor, vom Schrecken ergriffen und durch diesen gebannt zu werden. »Die Darstellung gerade der in hohem Grade furchtbesetzten Gestalten ist eine sehr hohe […] Leistung, weil man der eigenen Angst und Gier in den Rachen griff und ihren Gegenstand ›festmachte‹«[66]. Dargestellt wird, wovon man Distanz sucht. Darin liegt der Ernst des religiösen Ritus. Das darstellende Handeln »ist keine harmlose Angelegenheit, denn die Angstbesetzung der […] dargestellten Welt war ja auch eine Realität, und es hat etwas zu sagen, wenn die Menschen ihre Welt gerade mit diesen Bildern umstellen«[67]. Letztere Bemerkung ist Rezeption Nietzsches, der in *Die Geburt der Tragödie* die Frage

[64] Ebd.

[65] Vgl. die in Urmensch und Spätkultur mitgegebene Bildtafel 2.

[66] Gehlen, a. a. O., 153.

[67] Ebd.

aufgeworfen und hochgetrieben hatte, warum das griechische Volk auf eine tragische Kunst angewiesen gewesen sei, welches die Abgründe der Welt- und Selbsterkenntnis waren, die mit der rituellen Inszenierung der Tragödie verdeckt und bearbeitet werden mussten.[68]

Darstellendes Handeln vermittelt Gehlen zufolge sozialen Zusammenhalt, lässt nämlich solche Kräfte gemeinsam erleben, die dem »eigene[n] Lebenkönnen im Gefühl der Riskiertheit, der Exponiertheit des Menschseins [...] die Sicherheit der Hintergrundserfüllung«[69] verschaffen. Die Ambivalenz der Darstellung liegt darin, dass der bloße Vollzug seinerseits jene Dauer nicht erzeugt. Gegenüber dem rituellen Tanz vollziehe deshalb das Kultbild einen Schritt »aus der fließenden Zeit heraus in die Dauer«. Das Bild vermöge es, eine Welt, die mit anderen Mitteln nicht dazu »zu veranlassen war, sich selbst zu stellen [...] wirklich auf Dauer« zu stellen.[70] Damit hebe ein Transzendenzbewusstsein an, das als Transzendieren ins Diesseits dem Leben zugute kommt.

Gehlen nutzt die Differenz zwischen technischem (wirksamen) und darstellendem Handeln als Leitkategorien seiner Anthropologie mit weitreichenden religionstheoretischen Implikationen, ohne jeden begriffsgeschichtlichen Hinweis auf den Rezeptionsweg der von Schleiermacher stammenden Grundunterscheidung.[71] Deutlich jedoch ist, dass Gehlen auch diejenige Pointe Schleiermachers teilt, nach der das darstellende Handeln stets einen sozialen Kontext voraussetzt und stiftet. Die ritualisierte Gebärde, die dramatische Geste, der Tanz inszenieren sinnliche und zugleich sinnhafte Gestalten, die durch die Anknüpfung anderer zu einem gemeinsamen Tun werden, das soziale Zusammengehörigkeit begründet. Die Darstellung des Tänzers, so stellt Gehlen es sich vor, reize zur Nachahmung. Diese steigere das affektive Erleben und intensiviere das Wir-Gefühl, gleichsam im Sinne

[68] F. Nietzsche, Die Geburt der Tragödie, in: ders., Sämtliche Werke Bd. 1, hg. v. G. Colli et. al., München 1980, 9–156, 35 f., 56 f.; 154 f.

[69] Gehlen, a. a. O., 56. Exponiert zu sein ist vermutlich ebenfalls eine Bühnenmetapher.

[70] Ebd. Ich merke an, dass es hier noch nicht um Gehlens Leitidee der Stabilisierung durch Institutionen und starken Außenhalt geht und deshalb die politischen Implikationen, auf die er hinaus will, zwar im Auge zu behalten sind, aber nicht der Rezeption im Wege stehen müssen.

[71] Die zentrale Bedeutung, die der Darstellungsbegriff bei Durkheim hat (vgl. E. Durkheim, Die elementaren Formen des religiösen Lebens (1912), hg. v. L. Schmidts, Berlin 2007, 543 ff.), dürfte der unmittelbare Hintergrund für Gehlens Ausführungen sein; freilich ohne jeden expliziten Rekurs (abgesehen von einer marginalen Erwähnung in A. Gehlen, Der Mensch. Seine Natur und seine Stellung in der Welt, in: ders., Gesamtausgabe Bd. 3,1, hg. v. K. Rehberg, Frankfurt 1993, 472) auf den (jüdischen) Autor. Den Hinweis (samt Erklärung) verdanke ich Hans Joas.

einer wechselseitigen Ansteckung.[72] Da der Grund sozialer Einheit sich im darstellenden Handeln kommunikativ vermittelt, kann er angeeignet werden und die Gemeinschaft sich zugleich festigen und erweitern. Darstellung ist aber auch darin eine anthropologische Grundkategorie, dass sie den Blick auf den Menschen als *animal sociale* lenkt: Sozialität ist weder naturhafte Vergemeinschaftung noch vertragsförmliche Vergesellschaftung, sie wird durch darstellendes Handeln generiert.

Sieht man von der systematischen Nachbarschaft zu Grundbegriffen Schleiermachers, deren sich Gehlen nicht bewusst ist, einmal ab, so wird man die Nähe zu Fichte und Hegel einerseits, zu G. H. Mead andererseits, die Gehlen explizit notiert, festhalten müssen. Denn Entäußerung eines Inneren, Selbstunterscheidung, Sein-beim-Anderen sind in Gehlens Erläuterung des Darstellungsbegriffs vorausgesetzt: »Indem der Darstellende sich mimisch verhält, muß er im Akte der Darstellung - z. B. eines Tieres - sich von sich selbst unterscheiden, er erlebt in einer gesteigerten Weise sich selbst im Kontraste zu dem, was er verkörpert«[73]. An und mit der Äußerung entspringt ein neues Selbstverhältnis des Einzelnen wie der Gruppe, weil hier wie dort das eigene Erleben mit dem Erleben des Anderen verknüpft wird. Das darstellende Handeln eines Anderen bleibt ein Nicht-Eigenes, an dem sich Identität bildet. Indem das fremde bzw. »›entfremdete[] Selbstgefühl‹ in das eigene« hineingenommen wird, beginne »zugleich der Prozeß, in dem das Ich sich von seinen Äußerungen unterscheidet«, wodurch wiederum ein eigentliches »Selbstbewußtsein« sich erst bilde. Dieses wird sozusagen »ausgefällt« als ein »Sichunterscheiden von sich über ein anderes Ich hinweg«[74]. Man könnte herausstreichen, dass Gehlens Kulturanthropologie Konstellationen einer Selbstbewusstseinstheorie rekapituliert[75], wichtiger aber scheint mir, dass darstellendes Handeln

[72] Vgl. Gehlen, Urmensch, 147.

[73] Gehlen, a. a. O., 146. In anderer Wendung: »Psychologisch gesehen, besteht die Pointe einer mimischen Darstellung darin, daß durch die Verwandlung in etwas anderes […] ein indirektes Selbstbewußtsein vollzogen wird, indem der Darstellende im Akte der Darstellung sich von sich selbst unterscheidet, er erlebt sich selbst im Kontrast zu der Rolle, die er übernimmt« (A. Gehlen, Über die Verstehbarkeit der Magie, in: ders. Studien zur Anthropologie und Soziologie, hg. v. H. Maus et. al., Berlin 1963, 79–92, 86; zit. n. B. Langbein, Die instrumentelle und die symbolische Dimension der Institutionen bei A. Gehlen, in: Institution – Macht – Repräsentation, hg. v. G. Göhler u. a., Baden-Baden, 1997, 143–178, 157.)

[74] Gehlen, Urmensch, 147.

[75] Das betont F. Ley, Arnold Gehlens Begriff der Religion. Ritual – Institution - Subjektivität, Religion in Philosophy and Theology Bd. 43, Tübingen 2009, 123, 156.

zum Basisphänomen humaner Weltorientierung wird. Der Mensch ist in diesem Sinne ein Darsteller.

»Philosophisch folgt aus dem bisher Beschriebenen, daß der Ansatzpunkt einer Stabilisierung der Naturerfahrung nicht aus dem unmittelbar Begegnenden selbst, sondern nur aus dessen *Darstellung* gewonnen werden kann. Dieser Satz gilt allgemein und auch heute«[76] – so fasst Gehlen seine Pointe in Gestalt einer *conclusio* zusammen. Dem ist die Einsicht zur Seite zu stellen, dass Darstellung (innerhalb und außerhalb des Kultus) nie nur Normalisierung und Stabilisierung, sondern stets auch prekäre Repräsentation des Außerordentlichen ist. Hält man diese beiden Gesichtspunkte zusammen, begreift man die Tragweite der anthropologischen Behauptung Gehlens, der Mensch sei ein darstellendes Wesen. Er ist es als ein »selbst ›unwahrscheinlich[es]‹« Wesen, das »von Natur Kulturwesen« ist und sein muss, weil es nur unter dieser Bedingung überleben konnte. »So ist der Mensch das darstellende Wesen: er hat sich in die Dinge verwandelt, die seine Notdurft oder seine Phantasie bestürmten, er hat sich ihrer, hat sich seiner eigenen Natur im Bilde bemächtigt und sich und sie solange geformt, bis sie dem Bilde entsprachen«[77]. Man sieht: Gehlens Kulturanthropologie ist eine ›Bild-Anthropologie‹, die als Theorie des darstellenden Handelns konzipiert ist.

5.1. Auch wenn in der Phänomenologie der Titel ›Anthropologie‹ vermieden oder gar perhorresziert wird[78], erlaube ich mir im Folgenden einen knappen Rekurs auf Jean-Paul Sartres ›Das Sein und das Nichts. Versuch einer *phänomenologischen Ontologie*‹. Sartre kontrastiert die schlichte Massivität des An-Sich-Seienden vom Typ eines Steins, der qualitative Bestimmungen in der Form einfacher Identität mit sich habe, der Eigenart des Selbstbewusstseins, das einen Für-Bezug, ein Selbstverhältnis, aufweist. Solches Für-sich-Sein realisiert sich um den Preis eines konstitutiven Mangels und also mit immanenter Negativität. Identität bleibt mit Nicht-Identität, mit Differenz durchsetzt. Dieser Strukturbeschreibung entsprechen Phänomene wie der Sinn für Abwesenheit, für Kontingenz, die Fragilität von Einstellungen, aber auch das Begehren oder das Bewusstsein, stets auch *anders zu sein*, also in der

[76] Gehlen, a. a. O., 177.

[77] Gehlen, a. a. O., 206.

[78] Aus unterschiedlichen Motiven, aber bei Husserl genauso wie bei Heidegger (cf. Blumenberg, Beschreibung des Menschen).

jeweils gegebenen Realität nicht aufzugehen – was wiederum begrifflich als Einheit von Faktizität und Transzendenz summiert wird[79].

Sartres berühmte Beschreibung der Konfrontation solchen *Für-sich-Seins* mit dem Blick des Anderen[80] (einer der Brutstätten der Philosophie des Anderen) handelt von der Herabsetzung des Selbstbewusstseins zum Objekt unter Objekten, weil sich jenes der eigenen Freiheit entfremdet ›sieht‹. Die soziale Grundbeziehung wird als Konfrontation konzipiert, als ein Ausgestoßensein in eine Arena, in der man sich beobachtet fühlt und den Kampf um Anerkennung, um das Urteil über das eigene Leben, sozusagen apriori verloren hat. Die dramatische Beschreibung dient einem klar erkennbaren philosophischen Zweck: Das Bewusstsein kann keine cartesisch-husserlschen Zweifel am Mitdasein Anderer oder an seinem Für-andere-Sein haben, weil der objektivierende Blick des Anderen dem Für-sich-Sein sozusagen durch Mark und Bein geht. Das Angesicht des Anderen ist Dezentrierung der eigenen Welt, Auflösung und Ersetzung der Wahrnehmung durch das Bewusstsein, gesehen und objektiviert zu werden. Der Blick ertappt das Selbstbewusstsein sozusagen bei seiner Seins- und Faktizitätsseite, bei dem, wozu es sich handelnd selbst gemacht hat, bei seiner verwirklichten Freiheit, welche stets Verstrickung in Kontingenz und folglich auch verwirkte Freiheit ist. Scham tritt daher ursprünglicher als jedes Bewusstsein moralischer Verfehlung auf; sie entspringt, wo die in und mit der eigenen Wahl entstandene Entäußerung der Freiheit ertragen werden muss. Denn im Gehandelthaben büßt der Mensch sein Anders-sein-*Können* ein, vermag er Möglichkeiten nicht länger offenzuhalten. Der Grenzwert dieser Erfahrung ist die vollständige Reduktion subjektiver Freiheit aufs Faktische, das Monopol der Anderen über mein Selbstbild – als ein Urteil, dem nicht mehr ausgewichen werden kann. Sartre weiß, dass Gott der »bis zur Grenze getriebene Begriff des Andern« ist[81].

[79] Jean-Paul Sartre, Das Sein und das Nichts. Versuch einer phänomenologischen Ontologie, in: ders. Gesammelte Werke in Einzelausgaben, Philosophische Schriften Bd. 3, hg. v. T. König et. al., Reinbek bei Hamburg, 1993, 95 f., 112, 134 f. Sartre übersetzt übrigens den Heideggerschen Begriff des Daseins mit ›réalité-humaine‹ (vgl. Sarte, a. a. O., 77). Da er zugleich die ontologische Frage unter dem Typus entwickelt: ›Was muss der Mensch in seinem Sein sein, wenn er x, y, z sein können soll?‹ (vgl. Sartre, a. a. O., 120, 132), ist er durchaus um Anschlussfähigkeit an Anthropologie bemüht.

[80] Sartre, a. a. O., 457 ff.

[81] Sartre, a. a. O., 479.

Dazu wäre in Anknüpfung und Widerspruch von einer evangelischen Theologie vieles zu sagen, jedoch muss ich mich hier auf eine Ausdrucksform der strukturellen Unmöglichkeit des Menschen konzentrieren, sich zur vollständigen Identität mit sich abzuschließen.

Es ist für den Kontext einer szenischen Anthropologie interessant, dass Sartre den Riss zwischen Identität und Anderssein auch als ein Spiel beschreibt, wie es ein Wesen treibt, das stets in Distanz zu sich selbst existiert und nur so existieren kann. So spielt der Kellner im Café den Kellner – er simuliert nicht etwa, Kellner zu sein. Er ist wirklich der Kellner, aber er kann das, was er ist, nur sein, indem er zugleich mehr und anderes ist als ›bloß der Kellner‹ oder als ›nichts denn ein Kellner‹. Die Spannung zwischen Transzendenz (Anderssein) und Sosein wird als *mauvaise foi* beschrieben, das aus ihr resultierende Verhalten als darstellendes Spiel.

Die deutsche Übersetzung ›Unaufrichtigkeit‹ verstärkt den Eindruck, mit der Rede von der *mauvaise foi* sei ein (un-)moralisches Verhalten im Blick, das als zynisches Verhältnis zur Wahrheit oder als Heuchelei zu identifizieren wäre. Dass eine solche Deutung zu kurz greift, sieht man an der Kritik des Ideals der Aufrichtigkeit, das dieselbe strukturelle bzw. ontologische Spannung aufweist. Mit der *mauvaise foi* ist es so ähnlich wie mit dem paulinischen *ὡς μή* (als ob nicht): die Formulierung wird missverstanden, wenn sie als ein ›Sichverstellen‹ oder als äußeres Simulieren gedeutet wird.

Im darstellenden Spiel realisiert sich Für-sich-Sein als »etwas […], was nicht das ist, was es ist«[82]. Zwischen Faktizität und Transzendenz »gleitend«, erfährt sich z. B. der Trauernde als einer, der nicht genug trauert, in seiner Trauer nicht restlos mit sich identisch ist[83]. Unaufrichtigkeit ist bei Sartre ein Strukturbegriff, der das Sein des Menschen über ein »simul« bestimmt: Dieser muss zugleich sein, was er nicht ist, und nicht sein, was er ist.[84] Die Verhaltensformen zeigen an, dass zum Sein des Menschen ein Unterschied gegenüber sich selbst gehört.

Auch wenn Sartres konkrete Beschreibungen nicht überzeugen (weder die eklatante Einseitigkeit des Urphänomens von Sozialität, die Isolation des stummen Blicks von jeder Kommunikation, noch die Orientierung am Überwacher-Gott, die den weltanschaulichen Atheismus des Autors befeuert) – zwei Pointen scheinen mir dennoch markant: zum einen wie stark bei Sartre die Bühnen-, Theater- und Schauspielmetaphorik mit einer Differenz- bzw. Distanztheorie humanen Selbstbewusstseins verklammert ist, zum anderen wie nahe die von Kierkegaard und Hegel inspirierten Daseinsanalysen Sartres der reformatorischen Anthropologie in

[82] Sartre a. a. O., 134, cf. 138.
[83] Vgl. Sartre, a. a. O., 136, 140, 142.
[84] Sartre, a. a. O., 152.

formaler Hinsicht kommen: Der Mensch lebt hier wie dort als einer, der von sich unterschieden ist.

5.2 Nach diesem kleinen Umweg schließe ich meinen Gang durch die Philosophische Anthropologie mit Bemerkungen zu Helmuth Plessner. Plessner beschreibt die Stellung des Menschen im Stufenbau des Organischen mit dem Kunstwort ›exzentrische Positionalität‹[85] und hat dabei ebenfalls die Einheit von Positionierung und Negativität, von Selbstgegebenheit und Selbstdistanz im Blick. Der Mensch lebt nicht nur, sondern muss sein Leben führen, weshalb er konstitutiv mit einem Bruch, einem Hiat und einer doppelten Perspektivierung zu tun hat. Der Mensch kann sich vom Gegebenen absetzen und sich als Einheit, als Zentrum seiner Weltbezüge behaupten. Er bleibt aber darin ›Exzentriker‹, dass er sein Selbst nicht ›hat‹, sich nicht besitzt, sondern sich zu sich verhält. Als exzentrisch organisiertes Wesen »muß er sich zu dem, was er *schon ist, erst machen*«[86], weshalb er in einem – freilich »ehrenvollen«– Selbstmissverhältnis[87] steht. In Distanz gegenüber sich selbst, lebt er umwegig, überschreitet er die Einbettung ins Natürliche und steht er mit der Wirklichkeit in indirekter Beziehung, in kulturell vermittelter ›Unmittelbarkeit‹, in natürlicher Künstlichkeit.

Diese Situation versucht Plessner in dem Mensch-Tier-Vergleich gewidmeten Studien, aber auch mit phänomenologischen Beschreibungen zu belegen. Zu letzteren gehören vor allem seine Untersuchungen zu Lachen und Weinen[88] als den typisch menschlichen Verhaltensformen, wie sie einem Wesen eigentümlich sind, das sich nicht vollständig im Griff hat – und weder haben kann noch haben muss, das sich deshalb auch selbst misslingen kann[89] und das doch beständig sein Glück sucht. Der aufrechte *Gang* (nicht: die aufrechte *Stellung* des Menschen als Himmelbetrachter wie in der Antike) wird zu einer Metapher für eine prekäre Balance zwischen Bestimmtheit und Offenheit, zwischen Sinn und Nichtsinn, zwischen Innerem und Äußerem, aber auch zwischen Leib und Körper. »Ein Mensch *ist* immer

[85] H. Plessner, Die Stufen des Organischen und der Mensch. Einleitung in die philosophische Anthropologie (1928), in: ders., Gesammelte Schriften IV, hg. v. G. Dux et. al., Frankfurt a. M. 2003, 360 ff.

[86] Plessner, a. a. O., 383.

[87] H. Plessner, Lachen und Weinen. Eine Untersuchung der Grenzen menschlichen Verhaltens (1941), in: ders., Gesammelte Schriften VII, hg. v. G. Dux et. al., Frankfurt a. M. 1982, 201–388, 171.

[88] H. Plessner, Lachen und Weinen. Eine Untersuchung der Grenzen menschlichen Verhaltens (1941), in: ders., Gesammelte Schriften VII, 201–388.

[89] Blumenberg, Beschreibung, 524.

zugleich Leib … und *hat* diesen Leib als seinen Körper … Darum ist das körperleibliche Dasein für den Menschen ein *Verhältnis*, in sich nicht eindeutig, sondern doppeldeutig, ein Verhältnis zwischen sich und sich (wenn man es genau sagen will: zwischen ihm und sich)«[90]. Und weiter: »Er gewinnt im Laufe der ersten Lebensjahre ein Verhältnis zu ihm [sc. zu seinem Körper], ist gezwungen, mit dem aufrechten Gang ein riskantes Gleichgewicht durchzuhalten und seinen Leib als seinen eigenen Körper zu manipulieren oder zu instrumentalisieren. Das führt sowohl zu den bravourösen Leistungen der Körperbeherrschung wie zu den albernsten Missgeschicken. Der Mensch liegt eben mit seinem Körper im Streit, auch wenn er weiß, daß es sein eigener Leib ist, der ihm dazwischenkommt«[91]. Ein Selbstverhältnis, so lautet auch hier die Pointe, gibt es nur um den Preis verlorener Unmittelbarkeit, Geschichte nur für die, die nicht wissen, was sie tun.[92]

Wenn es so um die menschliche Natur steht, dann ist eine ambivalenzfreie, in sich gerundete *Identität* auch von den sozialen Ordnungen der Kultur oder den Machtverhältnissen politischer Herrschaft nicht zu erwarten, ja ein solches Identifikationsangebot müsste als supponierte Totalität die Fragmentarität des menschlichen Lebens leugnen, vulgo: unterdrücken. Negativität im Selbstverhältnis, Distanzierung gegenüber sich selbst, Verzug gegenüber Gleichzeitigkeit sind unterschiedliche Beschreibungen desjenigen Movens, das den Menschen zur Transzendierung des Gegebenen treibt.

Beobachten wir abschließend, wie bei Plessner Distanzanthropologie und Schauspielmetapher aufeinander verweisen. In dem kurzen Beitrag ›Zur Anthropologie des Schauspielers‹ interessiert den Autor zunächst die Verdopplung der Distanzstruktur. Der Schauspieler, der die Figur eines anderen mit dem eigenen Leibe verkörpert, demonstriere nämlich mit dieser »Darstellung im Material der eigenen Existenz eine Abständigkeit des Menschen zu sich«[93]. Das darstellende Spiel ist anthropologisch aufschlussreich, weil die Beherrschung einer Rolle, im Alltag unverzichtbar, »beim Darsteller auf das Bild gerichtet« sei, »das er für den Zuschauer sein will«, und gegenüber dem er dennoch einen Abstand wahre.[94] Hiat und Dop-

[90] Plessner, Lachen, 239.

[91] H. Plessner, Anthropologie der Sinne (1970), in: ders., Gesammelte Schriften Bd. III, hg. v. G. Dux et. al., Frankfurt a. M. 1980, 317–393, 368 f.

[92] Plessner, Stufen, 419.

[93] H. Plessner, Anthropologie des Schauspielers (1948), in: ders., Gesammelte Schriften Bd. VII, hg. v. G. Dux et. al., Frankfurt a. M. 1982, 399–418, 407, vgl. 405.

[94] Plessner, Schauspieler, 407 f.

pelaspektivität, die das Menschsein nach Plessner prägen, werden im darstellenden Spiel sozusagen in einer Art höherer Ordnung mitverkörpert: Die Identifikation mit dem Anderen wird zugleich realisiert *und* virtualisiert. Indem der Schauspieler eine Rolle übernimmt, nutzt er die Sichtbarkeit seines eigenen Leibes und verbirgt er sich zugleich in ihm. Er wird sich selbst und dem Zuschauer ein Anderer, so dass es zu einer Potenzierung des konstitutiven inneren Bruchs jeder Selbstdarstellung kommt. Das schließt übrigens eine Gleichschaltung von Theater und Alltag nach dem Motto ›Wir spielen alle Theater‹[95] aus. Denn im Theater wird im Modus der mitgesetzten und als mitgesetzt bewussten Distanz gespielt, während in den alltäglichen sozialen Vollzügen solche Distanz vergessen oder verstellt wird. »Darum sagen sie [sc. die Darstellungsformen] uns in einem etwas über den Schauspieler und seine Kunst und über die menschliche Natur, deren Darstellungsfähigkeit als Gabe der Verkörperung im Schauspieler *gesteigert* hervortritt, als Darstellbarkeit menschlichen Seins durch die Verkörperung sichtbar wird«[96]. Darstellendes Handeln ist »Bildentwurf« und setzt Imagination sowohl auf Seiten des Schauspielers wie auf Seiten des Zuschauers voraus. Im Theater beruht darstellendes Handeln auf einer jederzeit zugestandenen »Rückgangsmöglichkeit zu der in der Verkörperung gezeigten Figur«[97]. Inkarnation (embodiment) und Abständigkeit (Differenz bzw. Exkarnation) werden zugleich verwirklicht. Insoweit wird am Schauspieler sozusagen im Vergrößerungsglas erkennbar, was sich im Spielraum humanen Verhaltens bzw. des menschlichen Selbstverhältnisses vollzieht – nur dass der Schauspieler Rollenübernahme und Rollendistanz spielerisch bewältigt, während ihm (wie allen) sonst die konstitutive Distanz prekär bleibt.[98] Man sieht, dass der Denktitel ›Anthropologie des Schauspielers‹ das Augenmerk nicht auf die Sonderwelt der Schaubühne, sondern auf eine konstitutive Eigenart humanen Lebens lenkt.

Übrigens gilt auch, dass der Mensch sich nicht beliebige Rollen zurechtphantasiert, sondern sich mit einem vorgegebenen Repertoire von Möglichkeiten auseinandersetzt, also mit Traditionen, mit Formen der Präfiguration, so dass sich

[95] Vgl. zum soziologischen Rollenspiel insbesondere E. Goffman, Wir alle spielen Theater. Die Selbstdarstellung im Alltag, München 1969.

[96] Plessner, Schauspieler, 409. Hervorhebung von mir.

[97] Plessner, a. a. O., 411.

[98] Übrigens kann zur Rollenübernahme das Anlegen eines Kostüms gehören, während die Kleidung ein intimeres Verhältnis zwischen Innen und Außen bedeuten kann – und die Amtstracht (etwa der Talar) die konstitutive Differenz in der Rollenübernahme mitbezeichnet, also etwa die Unterscheidung zwischen Person und Amt.

Nachahmung, Aneignung und Transformation verbinden. Der Bildentwurf, in dem sich darstellendes Handeln vollzieht, ist mit der »*Bildbedingtheit* von Äußerungsmöglichkeiten«[99] rückgekoppelt. Es besteht sozusagen eine vorgegebene szenische Prägnanz.

Plessner ist für eine Bildanthropologie anschlussfähig bzw. inspirierend, weil nach ihr (wie oben schon zitiert) »der Bildentwurf, in dem der Darsteller zur Verkörperung als Mensch seiner Rolle kommt, die Bildbedingtheit menschlichen Daseins ins Licht«[100] bringt. Dessen Selbstverhältnis ist darum stets auch ein Verhältnis zu Bildern (zu sich aufdrängenden, erinnerten, gefürchteten, geliebten Bildern und Szenen, er ist Arbeit an Vorbildern, Anschluss an Urbilder – nicht erst im Traum). Diese Bildbedingtheit wird distanzanthropologisch begründet, da der Mensch, nie einfach und unmittelbar er selbst, der Bilder bedarf. (Ich hatte das über das *animal symbolicum* und dessen Angewiesenheit auf symbolische Repräsentation bereits im Cassirerabschnitt notiert). Es ist die Eigenart des Menschen, das er »sein Selbst sich präsentiert«[101], weshalb er – ein Grenzwert der Metapher – nicht nur als Schauspieler, sondern gleichursprünglich als Zuschauer zu begreifen sei[102]. Zwar seien wir im Leben stets Mitspieler – »Trotzdem müssen wir, als virtuelle Zuschauer unserer selbst und der Welt, die Welt als Szene sehen«[103]. Dass damit etwas Unmögliches gefordert bzw. angesonnen wird, ist wohl kaum von der Hand zu weisen. Grund genug für die Theologie, die Rede vom Szenischen nicht in einen Metaphernrausch ausklingen zu lassen.

III.

Die Vertreibung aus dem Paradies, die Ermordung Abels in der biblischen Urgeschichte, die Aufrichtung des (Nacht-)Himmelsbetrachters in der antiken Kosmologie, der in die Sackgasse einer Geröllhalde geratene Flüchtling, der zum ersten Mal einen Stein als Waffe ›begreift‹ und seinen Verfolger vertreibt bei Alsberg, die

99 Plessner, a. a. O., 415.

100 Plessner, a. a. O., 417. Schon Simmel führt den Begriff des »schauspielerischen Bildes« ein (G. Simmel, Zur Philosophie des Schauspielers, in: ders., Gesamtausgabe Bd. 8/II, hg. v. A. Cavalli et. al, Frankfurt 1993, 424–432, 426). Auch er sieht die allgemeinste philosophische Bedeutung der Schauspielkunst im Hinweis auf die »Vielspältigkeit unserer Seele« (Simmel, a. a. O., 428 f.).

101 Plessner, Schauspieler, 416.

102 »Wir alle sind also Akteure und Zuschauer, in einem Spiel« (H. Plessner, Der Mensch im Spiel (1967), in: ders., Gesammelte Schriften Bd. VIII, hg. v. G. Dux et. al., Frankfurt a. M. 1983, 307–313, 311).

103 Plessner, Schauspieler, 411.

gemeinsame Ermordung des Vaters bei Freud oder das Verlassen des schützenden Regenwaldes im Übergang zur Steppe, in der Sehen und Gesehenwerden zum Problem der Anthropogenese werden (so Blumenberg) sind charakteristische Szenen des anthropologischen Diskurses, die als Geschichten der Menschwerdung imaginiert werden. In solchen Szenen verdichtet sich eine Verständigung über den Menschen, die theoretischen Grundannahmen und Vermutungen werden sozusagen plastisch. Man kann fragen, ob die in ihrer Anzahl leicht vervielfältigbaren Beispiele kulturhistorisch zu erklären seien, ob sich ihre Typik also beispielsweise der Wirkungsgeschichte der biblischen Erzählungen oder auch der griechischen Kultur (Lukrez) verdankt, ob sie auf einer Gewöhnung an einfachste narrative Formen (z. B. an Anekdoten) beruht – oder ob sie ein Produkt von Theater und Film oder gar erst einer gegenwärtigen Kultur des Postens ist (für Youtube schätzt man einen Zugewinn von etwa 300 Stunden szenischen Materials pro Minute[104]). Dies alles muss diskutiert werden. Die weitergehende These, die hier vertreten wird, lautet gleichwohl: Auch die kulturell manifeste und sich selbst verstärkende Präsenz des Szenischen ist zurückzuführen auf einen humanen Bedarf, auf eine szenische Prägnanz, die anthropologisch und näherhin handlungstheoretisch bedacht sein will.[105] Handlungen unterscheiden sich von bloßen Ereignisfolgen, weil sie als sinnhafte Vollzüge, als verkörperte Intentionalität verstanden werden können. Eine Szene ist eine elementare *narratio*, eine Einheit mit Anfang, Mitte und Ende, oft in Gestalt einer Transformation (der Handelnden oder der Ausgangssituation).

Das Reformationsjubiläum, das übrigens selbst die Erinnerung charakteristischer Szenen (mit den für das Phänomen der Erinnerung typischen imaginativen Ein- und Überschüssen, von deren Widerlegung oder Korrektur Historiker leben): vom Thesenanschlag über den Reichstag zu Worms bis hin zur Verbrennung der Bannandrohungsbulle vor den Toren Wittenbergs erfordert, ist der äußere Anlass für die Feststellung, dass auch die reformatorische Theologie ihre Grundbegriffe auf Szenen zurückführt. Rechtfertigung, Gericht, Freispruch sind zumindest auf

[104] H. Christians, Crux scenica. Eine Kulturgeschichte der Szene von Aischylos bis YouTube, Metabasis Bd. 18, Bielefeld 2016, 17.

[105] Anthropologie muss nicht auf überzeitliche Wesenslehre oder auf Identifikation von Konstanten zugeschnitten sein, wie Christians programmatisch ›anthropologiefreie‹ Kulturgeschichte zu unterstellen scheint. Vgl. die Überlegungen zum szenischen Verstehen des Menschen bei A. Lorenzer (Szenisches Verstehen. Zur Erkenntnis des Unbewussten, hg. v. U. Prokop / B. Görlich, Marburg 2006, 18, 20) und bei W. Hogrebe (Riskante Lebensnähe. Die szenische Existenz des Menschen, Berlin 2009, 57, 86).

der ersten Ebene ihrer Einführung mit spezifischen Szenarien verbunden und insbesondere Luthers Kreuzestheologie ist als Erinnerung an eine Szene mit hoher imaginativer und pikturaler Kraft entworfen. Dies ist nicht zufällig so, sondern eine anthropologisch fundierte Konsequenz von Grundüberzeugungen reformatorischer Theologie. Insbesondere für Luther gilt, dass der Glaube im Streit der Bilder angeeignet und entfaltet wird, in denen der fiktionsproduktive und -geplagte Mensch sich selbst erlebt, sich sieht und schließlich: sich inszeniert (darstellt).

›Gottebenbildlichkeit‹ des Menschen bleibt ein unverzichtbarer Leitbegriff theologischer Anthropologie, verdient es aber, stärker an bildliche und symbolische Repräsentationen, an Darstellungsformen und Bildungsprozesse rückgebunden und in ihrem Horizont interpretiert zu werden. Der Mensch ist Darstellung Gottes, der Ort der Repräsentation Gottes, so sehr ersterer ein Selbstdarsteller bleibt. Zu seinem eigenen Besten behält die permanente und leidenschaftliche Selbstinszenierung nicht das letzte Wort, sondern sie bleibt mit Szenen konfrontiert, die sich aufdrängen, sich nicht vergessen lassen oder vor Augen gemalt werden. Welche Szenen als für ein spezifisches Leben bedeutsam gelten, bleibt offen und kann nicht oberhalb der Lebensführung ›definiert‹ werden. Aber wie die Selbstinszenierung Antwort auf die erinnerten Szenen eines Lebens ist, so begegnen Individuen doch auch ›objektiven‹, vorgegebenen Narrativen, Repräsentationen und Praktiken. Diese können angeeignet oder abgewehrt, sie müssen aber nicht vom Individuum allererst erzeugt werden.

Anstatt unter der Leitung eines einseitigen Bildbegriffs danach zu fragen, hinsichtlich welcher seiner Eigenschaften der Mensch als Bild Gottes bezeichnet werden könne und anstatt mit einem urgeschichtlichen Übergang von der Schöpfung der *imago* zum Fall des Menschen zu rechnen, wäre zunächst nach der Ausrichtung des Menschen auf Bilder und Darstellungen und hernach davon zu reden, dass und wie sich der Selbstdarsteller verfehlt, dass und wie die Kommunikation des mit der Geschichte Jesu von Nazareth verbundenen Evangeliums den Menschen dennoch einer urbildlichen Kräftigkeit des Gottesbewusstseins[106] begegnen lässt, die zur »lebensbedeutsamen Szene«[107] werden kann.

[106] Ich adoptiere einmal Schleiermachers christologischen Grundbegriff.

[107] E. Herms hat diesen Begriff auch unter dem Titel der ›Schlüsselszene‹ (Herms, Sprache, 248) in den Kontext von Überlegungen zu Wort und Bild gestellt. Sein Grundgedanke, dass gerade die ›Kirche des Wortes‹ aus Gründen ihrer eigenen Sache auf Bildprozesse in dem Maß verwiesen ist, in dem ihre Verkündigung im unhintergehbaren Horizont von szenischer Erinnerung und Erwar-

Der anthropologische Grundbegriff der Distanz konkretisiert den hier knapp skizzierten Sachverhalt. Wären wir auf unmittelbare Identität mit uns selbst fixiert, könnten weder Szenen noch Erfahrungen uns bedeutsam werden. Unabgeschlossen wie das Leben ist, verrinnt es nicht in hilfloser Diffusion, wenn sich die unhintergehbare Distanz gegenüber sich selbst vom Verlust zum Gewinn transformiert.

Nicht erst in der Sündenlehre geht es um die Distanz des Menschen gegenüber sich selbst, mit Selbstentfremdung, Selbstverfehlung und Selbstzerstörung als prägnanten Erscheinungsformen. Auch schöpfungstheologisch gilt, dass der Mensch als Darstellung Gottes über keine unmittelbare Identität mit sich verfügt, sondern in einem Anderen er selbst ist. Der notorische Konflikt zwischen dem, was wir sind, wie wir uns inszenieren und präsentieren, entspringt an der Distanz, die zu uns selbst gehört und die deshalb durch kein Totalitäts- oder Ganzheitsversprechen ›geheilt‹ werden kann. Zum Glück gilt auch: Dem durch Distanz gegenüber sich gezeichneten Menschen widerfährt nichts Fremdes, wenn er es mit Unterscheidungen zu tun bekommt, die ihn in gesteigerter Weise und also erst recht auf Distanz gegenüber sich selbst bringen: als neuer und darum auch als alt gewordener und alt aussehender Adam (Eva), als zum Tun des Guten gerufener und an seinem guten Willen scheiternder Mensch, als in dieser Rolle Verantwortung tragender und doch Gott verantwortlicher Handelnder. Die Unterscheidungen von Gott und Mensch, Evangelium und Gesetz (et vice versa), Amt und Person, Wort und Sakrament usw. usf. prägen die protestantische Religionsgestalt durchaus nicht zufällig. Sie hängen mit dem, wie reformatorische Theologie den Menschen begreift, konstitutiv zusammen. Insofern gilt anthropologisch wie soteriologisch: Szenisch existiert der Mensch in Distanz zu sich selbst.

tung gehört wird (Herms, a. a. O., 249, 256), ist auch dann als maßgebliche anthropologische Einsicht aufzunehmen, wenn man einem christlichen Werturteil über Kunstwerke (Herms, a. a. O., 253) misstraut oder die sinnliche Gestalt des Bildes in einer allgemeinen Bildlichkeit (Herms, a. a. O., 250, 257) ungern aufgehoben sieht.

Notger Slenczka

Die Anthropologie Martin Luthers

Selbstverständnis und Selbstmissverständnis in unfreier Freiheit

Luthers Verständnis des Menschen erschließt sich in seiner Besonderheit am besten vor dem Hintergrund der klassischen scholastischen Anthropologien, die er im Laufe seiner theologischen Ausbildung kennengelernt und für zu leicht befunden hat (1.). Bereits die Auseinandersetzung mit diesen Anthropologien in der Frühzeit seiner theologischen Arbeit führt zu einer spezifischen Neubestimmung der Grundlage seiner Anthropologie (2.), deren ausgebildete Gestalt in der ›Disputatio de homine‹ greifbar ist (3.). Hier finden sich die für seine Anthropologie typbildenden Grundthemen, die in einzelnen Schritten zu entfalten und dann zusammenzufassen sind (4.–7.). Die Frage nach der Freiheit des Willens ist das auch systematisch interessanteste anthropologische ›Lehrstück‹, auf das Luther den größten Wert gelegt hat, und dessen Konturen abschließend zu umreißen sind (8.). Ich schließe mit einer These zum Profil der Anthropologie Luthers (9.).[1]

1. Die vorreformatorische wissenschaftliche Verständigung über den Menschen,[2] mit der Luther im Laufe seines Theologiestudiums in Kontakt kam, hat

[1] Es handelt sich bei diesem Beitrag um die überarbeitete deutsche Fassung eines Beitrags im ›Oxford Handbook of Martin Luther's Theology‹ (N. Slenczka, Anthropology, hg. v. I. Dingel u. a., Oxford 2014, 212–232), der hier kurzfristig ›einspringen‹ musste. Der Anlage des Handbuchs folgend bot der Text nur eine geringe Zahl von Hinweisen auf Sekundärliteratur; ich habe das eine oder andere hinzugefügt, dies aber längst nicht erschöpfend getan.

[2] Vgl. zur Literatur zum scholastischen Hintergrund hier nur: H. Oberman, Spätscholastik und Reformation I: Der Herbst der mittelalterlichen Theologie, Zürich 1965 (= The Harvest of Medieval Theology – Gabriel Biel and Late Medieval Nominalism, Cambridge / Mass. 1963); bes. das Meisterwerk der Kommentierung der Disputatio de Homine: G. Ebeling, Disputatio de homine, Lutherstudien II, drei Teilbde., Tübingen 1977/1982/1989; W. Joest, Ontologie der Person bei Luther, Göttingen 1967; R. Schwarz, Fides, spes und caritas beim jungen Luther, Berlin 1962.

ihren Ort einerseits in der Aristoteles-Kommentierung, insbesondere in der Kommentierung seiner Schrift über die Seele (De anima). Der zweite Ort ist die – seit dem 13. Jh. durch die Aristotelesrezeption mitbestimmte – Kommentierung des Sentenzenwerks des Petrus Lombardus.

1.1. Reduziert man diese vorreformatorischen Positionen unter Vernachlässigung aller tiefgreifenden Differenzen auf das Wesentliche, so übernehmen sie von Aristoteles eine hylomorphistische Zuordnung von Seele und Leib. Die überwiegende Zahl der Lehrer der Hoch- und Spätscholastik sind sich in der Rezeption der Definition der menschlichen Seele als ›forma corporis vivere potentis – Form eines lebensfähigen Körpers‹ einig (vgl. Aristoteles, De anima II,1 412 a 27f.), wenn auch die Frage der Einheit dieser Seelenform strittig ist: die von Thomas beeinflusste Dominikanerschule ging überwiegend von der Einheit der Seelenform in den unterschiedlichen seelischen Vermögen (den animalischen, den vegetativen, den rationalen etc.) aus (Thomas, STh I q 76 a 3 und a 4resp). Ein größerer Teil der Franziskanerschule hingegen vertrat mit unterschiedlicher Radikalität die These, dass man es in diesen Vermögen mit unterschiedlichen Seelenteilen zu tun hat.[3]

1.2. Während Aristoteles in ›De anima‹[4] die Vermögen der Seele (insbesondere die Fähigkeit zur Bewegung, die sinnlichen und die intelligiblen Vermögen) analysiert, steht im Zentrum der Rezeption seiner Ethiken in der hoch- und spätmittelalterlichen Theologie die mit der im Menschen gesetzten Verbindung von animalitas und rationalitas gesetzte Aufgabe, die animalitas (insbesondere die den Menschen als Körperwesen qualifizierenden und ihn mit den Tieren verbindenden Triebe) durch die rationalitas (die den Menschen als

[3] Vgl. H. A. Oberman, Spätscholastik und Reformation I: Der Herbst der mittelalterlichen Theologie, Zürich 1965, 57f.; das gilt jedenfalls für Wilhelm von Occam, nicht aber für Gabriel Biel, vgl. G. Leff, William of Occam. The Metamorphosis of scholastic discourse, Manchester 1975, 547f. Zum aristotelischen Fundament vgl. hier nur: Chr. Jung, Die doppelte Natur des menschlichen Intellekts bei Aristoteles, Würzburg 2011, hier bes. 129ff. Eine ausgezeichnete Analyse der Anthropologien mittelalterlicher Denker, besonders Thomas von Aquin und Duns Scotus, unter der Perspektive des Verständnisses der Emotionen bietet D. Perler, Transformationen der Gefühle. Philosophische Emotionstheorien 1270–1670, hier zu Thomas von Aquin (43–119), Johannes Duns Scotus und Wilhelm von Occam (120–197). N. Slenczka, Anthropologie, in: V. Leppin, Thomas Handbuch, Tübingen 2016, 347–362. Ferner: R. Dales, The Problem of the Rational Soul in the Thirteenth Century, Leiden 1995.

[4] Aristoteles, Über die Seele, griech.-dt., hg. v. H. Seidl, Hamburg (PhB 476) 1995, hier zitiert nach der Bucheinteilung.

Geistwesen auszeichnet und mit den Engeln [und mit Gott] verbindet) zu beherrschen, die das Grundthema der Ethiken des Aristoteles bilden.[5] Daher begründet sich diese Ethik als Tugendethik: Tugenden sind erworbene Dispositionen der Seele (oder der Seelenvermögen), die den Menschen zum Treffen des rechten Maßes auf den Gebieten befähigen, auf die er durch die – jeweils zum Extrem tendierenden – Triebe bezogen ist. Diese Dispositionen (Gerechtigkeit, Tapferkeit etc.) werden nach Aristoteles durch Übung erworben: die Qualifikation als ›Gerechter‹ kommt einem Menschen zu, der nicht zufälligerweise in der Verteilung von Gütern das richtige Maß trifft, sondern dem Menschen, der aufgrund langer Einübung so disponiert ist, dass er in unterschiedlichen Situationen leicht und vor allem gern die angemessene Verteilung vornimmt (EthNic II,1).

1.3. Diese Tugendethik ordnet sich bei Aristoteles ein in eine Theorie des höchsten und lebensbestimmenden Gutes, das Aristoteles in der ›eudaimonia – Zufriedenheit‹ sieht, in dem Zustand, dass das Strebewesen Mensch im Ziel seines Strebens dauerhaft zur Ruhe kommt (EthNic I,2). Aristoteles skizziert an unterschiedlichen inhaltlichen Zwecken orientierte und im Blick auf das Erreichen des Ziels der Zufriedenheit unterschiedlich erfolgreiche Lebensvollzüge (EthNic I,3): den Zustand der Ruhe kann ein Mensch entweder im leiblichen Genuss, oder in der politischen Ehrung, oder aber in der Philosophie, verstanden als Schau Gottes als des Strebeziels des gesamten Kosmos, suchen.[6] Varianten dieser bereits bei Platon ausgearbeiteten Glücksethik als Frage nach dem Ziel oder Sinn des menschlichen Lebensvollzuges finden sich in den meisten spätantiken Positionen.

1.4. Im Kontext einer neuplatonischen Kosmologie werden diese Glücksethiken von Augustin wirkungsvoll in die theologische Reflexion der mittelalterlichen Schulen vererbt. Er reichert sie an durch die Unterscheidung dessen, was eigentlich und ursprünglich zum uti (als Mittel zum Zweck: alles Geschöpfliche) und was zum frui (zum Genuss als Selbstzweck: nur Gott) bestimmt ist;[7] und er verbindet diese Bestimmungen mit einer Sündenlehre: in

[5] Aristoteles, Ethica Nicomachea, hg. v. L. Bywater, Oxford [21]1991. Zitiert als EthNic und Bucheinteilung.

[6] Etwa Augustin, De doctrina Christiana III,3–IV,4 (nach: Oevres de Saint Augustin 11, hg. v. G. Combès u. a., Paris 1949, 168–541), zitiert nach der klassischen Abschnittzählung.

[7] Augustin, De doctrina Christiana III,3–IV,4.

einer als ›superbia – Hochmut‹ bzw. ›amor sui – Selbstliebe‹ bestimmten ursprünglichen Verkehrung seiner Motivation *genießt* der Mensch das, was zum Gebrauch bestimmt ist und *bedient sich* Gottes für die eigenen Zwecke.[8]

1.5. In der Zusammenfassung der augustinischen Tradition im (auch von Luther auf dem Weg zum Lehramt kommentierten) Sentenzenwerk des Petrus Lombardus[9] findet sich die Anthropologie konzeptionell in der Schöpfungslehre einerseits (Sent II) und in der um die Christologie gruppierten Tugendlehre andererseits (Sent III). Die Anthropologie handelt dort von der Bestimmung des Menschen zur ›fruitio Dei – Genuss der Gottesschau‹, vom schuldhaften und doch unentrinnbaren Verfehlen dieser Bestimmung in der ›amor sui – Selbstliebe‹ und von der Neuorientierung des Lebensvollzuges auf das Strebeziel ›Gott‹ hin. Diese Neuorientierung manifestiert sich in der Seele in Tugenden (Glaube, Liebe, Hoffnung), die durch die Gnade hervorgerufen werden, die ihrerseits wieder christologisch begründet ist und sich durch die Sakramente vermittelt.

1.6. Die aristotelische Anthropologie fügt sich relativ geschmeidig in dies Konzept ein, weil, wie gesagt, die hylomorphistische Anthropologie ursprünglich in diesen Kontext der spätantiken Frage nach dem Ziel und Zweck des menschlichen Lebens gehört, die die auf Augustin zurückgehende kirchlich-theologische Tradition bestimmt und in deren Horizont die spätantiken und die mittelalterlichen Autoren die biblische Eschatologie lesen; zugleich wird deutlich, dass in diesem Kontext die Frage nach dem Wesen und die Frage nach der Bestimmung des Menschen untrennbar miteinander verbunden sind. Die Anthropologie ist von vornherein soteriologisch konzipiert.

2. Das Verständnis des Menschen bei Luther nimmt einerseits diese Grundlagen auf, die Luther spätestens in der laufbahnbedingten Kommentierung des Sentenzenwerks kennenlernte, die die Rezeption der großen Kommentare insbesondere der Franziskanerschule, namentlich diejenigen Wilhelms von Occam und Gabriel Biels, einschloss.[10]

[8] Etwa Augustin, De civitate Dei (Oevres de Saint Augustin 33–37, hg. v. G. Bardy u. a., Paris 1959/1960) XIV, XIII,32.

[9] Petrus Lombardus, Sententiae in quattuor libris distinctae, 2 Bde. Grottaferrata 1971/1981, zit. als ›Sent‹ und Bucheinteilung, soweit zum Identifizieren notwendig.

[10] V. Leppin, Geglaubte Wahrheit. Das Theologieverständnis Wilhelms von Occam, Göttingen 1995.

2.1. Freilich treten bei Luther daneben zwei weitere Quellen, nämlich zum einen die von ihm in den exegetischen Vorlesungen behandelte Anthropologie der Psalmen und der neutestamentlichen Briefe; zum anderen ein durch seine eigene biographische Erfahrung geschärftes seelsorgerliches Interesse, das am Bußsakrament haftete. Beides ist eng miteinander verbunden, weil Luther die Psalmen und die in den paulinischen Briefen reflektierte fromme Subjektivität als Deutungsangebot für den angefochtenen und im Bußsakrament auf Vergebung hoffenden Zeitgenossen las, nicht zuletzt für sich selbst. Dieser Kontext des Bußsakraments ist den scholastischen Autoren selbstverständlich nicht fremd, tritt aber nur selten mit solcher emotionaler Massivität in die eigentliche wissenschaftliche Kommentierung der biblischen Schriften ein, dass diese, wie bei Luther, fast den Charakter von seelsorgerlichen Anleitungen oder – später – Predigten erhalten. Für Luther wird das Bußsakrament und werden die mit ihm verbundenen emotionalen Zustände der Angst, der Ungewissheit, der Reue zum Fokus auch des wissenschaftlichen Theologietreibens, während im vorreformatorischen Wissenschaftsbetrieb das Bußsakrament im Kontext der wissenschaftlichen Reflexion seinen Ort eher in den Bußsummen und in der entsprechenden praxisorientierten Anleitungsliteratur findet.[11] Während Luther ›wissenschaftliche‹ Theologie aus der Perspektive des Poenitenten und im erfahrungsgesättigten Wissen um seine Zustände betreibt, wird das Bußsakrament in der vorreformatorischen Theologie mit dem Interesse der Instruktion und Reflexion der Rolle des Beichtvaters bearbeitet.

2.2. Entsprechend bieten Luthers Vorlesungen den Hörern eigentlich keine Anthropologie, auch keine wissenschaftliche Reflexion des Bußsakraments, sondern bereits in der ersten Psalmenvorlesung, die noch ganz im Kontext einer vorreformatorischen Bußtheologie bleibt, eine Anleitung zur Selbstreflexion: Diese zielt auf die vom Exemplar Christi geleitete Einsicht in die eigene ›humilitas – Niedrigkeit‹, auf den Nachvollzug der ›affectus – Emotionen‹, die mit der Selbsterniedrigung Christi verbunden sind, der, so Luther, in den Psalmen spricht.[12] Luther moderiert – etwa in der Auslegung von Ps 1 oder Ps 69

[11] Z. B. Raymund von Peñaforte, Summa de paenitentia [1238], hg. v. X. Ochoa u. a. (Universa Bibliotheca Iuris 1, B), Rom 1976.

[12] Vgl. G. Ebeling, Die Anfänge von Luthers Hermeneutik (1951), in: ders., Lutherstudien, Bd. I, Tübingen 1971, 1–68. Das folgende habe ich inzwischen ausgearbeitet: N. Slenczka,

– im Umgang mit seinem Hörer und Leser einen Übergang, in dem der Hörer von dem innerlich ergriffen wird, was er im Psalm an anderen – den Heiligen und Christus – sieht. Luther deutet Ps 69 im sensus literalis als Klage des – gemäß dem Glaubensbekenntnis – in die Hölle fahrenden Christus; in diese Klage werden, so Luther, die Heiligen einbezogen, die in der Meditation der eigenen Sündenverfallenheit und ihres Unglücks in der Weise des Nachvollzugs des ›affectus – des Gemütszustandes‹ die Höllenfahrt Christi und entsprechend auch die Auffahrt Christi aus der Hölle zur Rechten Gottes nachvollziehen:

> »Und erst sterben alle Heiligen so durch den Affekt mit dem Herrn und steigen mit hinab in die Hölle. Und so erstehen sie schließlich mit ihm auch auf und steigen hinauf in den Himmel und senden Gaben des Geistes an andere. Das alles sage ich aber in tropologischem Sinne [als Auslegung nicht des sensus literalis, sondern eines tropologischen Sinnes des Psalmtextes]. Denn sie sterben [nicht im wörtlichen Sinn wie Christus], sondern mit Bezug auf den Affekt und die Aufmerksamkeit auf die Sünde. Und ebenso steigen sie in die Hölle im Sinne des Fühlens der Höllenstrafen [quoad affectum penarum]. Und so rufen alle Gebete der Psalmen, die in der Person Christi, der in der Hölle ist, rufen, auch in der Person der Heiligen, die durch den Affekt und das Herz in die Hölle hinabfahren.«[13]

Die Selbsterkenntnis als Sünder, zu der Luther den Hörer anleitet, zielt darauf, den Hörer der Vorlesung zu jemandem zu machen, der den affectus Christi und der angefochtenen Heiligen als eigenen affectus nachvollzieht. Entscheidend ist dabei eben dies, dass Luther diese Überlegungen im Rahmen einer Auslegung eines Klagepsalms bietet, den er nach dem Literalsinn als Rede Christi deutet, der die eigene Höllenfahrt kommentiert bzw. genauer: Der im Sprechen des Psalms den affectus Ausdruck verleiht, die diese Höllenfahrt begleiten. Die Auslegung Luthers zielt darauf ab, im Hörer der Vorlesung eben diese affectus zu wecken; dem dienen ausführliche Selbstreflexionen. Es han-

Cognitio hominis et Dei. Die Neubestimmung des Gegenstandes und der Aufgabe der Theologie in der Reformation, in: H. Schilling (Hg.), Der Reformator Martin Luther 2017 – eine wissenschaftliche und gedenkpolitische Bestandsaufnahme, München 2014, 205–229.

[13] Dictata super Psalterium, WA 55,404, Z. 614–626 und Z. 650–652; dazu Slenczka, Cognitio (Anm. 12).

delt sich somit um eine Einweisung nicht einfach in einen Mitvollzug des Sterbens und der Höllenfahrt Christi, sondern es handelt sich um eine Einweisung in die Erfahrung, den affectus Christi, die den Worten des Psalms zugrundeliegen und die sich in den Worten aussprechen. Der Hörer erhält somit eigentlich keine Auslegung des Psalms, sondern er wird eingewiesen in die Subjektivität und in die inneren Zustände der Subjektivität, die sich in den Psalmen ausspricht. Diese erfahrene ›humilitas – Niedrigkeit‹, in der sich der Hörer bar aller ›bonitas – Gutsein‹ weiß, ist dabei selbst der Modus der Gegenwart Gottes als der ›omnitudo bonitatis – der vollkommenen Fülle des Guten‹.

2.3. Diese eigentümliche Gedankenfigur – die Gegenwart der bonitas ipse ist nur da, wo der Beter sich vollständig der bonitas entleert weiß – durchzieht die frühen Aussagen Luthers zur Anthropologie[14] und weist zum einen darauf hin, dass und wie für Luther die in den Psalmen für ihn greifbare Anfechtungserfahrung zum Deutungsangebot für die eigene Existenz wird; zum anderen wird deutlich, dass Luther das Wesen des Menschen von vornherein im Horizont einer Problemkonstellation erörtert, die in der Lutherforschung als ›relational‹ gekennzeichnet wird in dem Sinne, dass für Luther das Wesen des Menschen ›coram Deo – in Relation vor Gott‹ erfasst werden muss.[15] Damit gewinnen alle Bestimmungen der scholastischen Anthropologie den Charakter, dass sie das Wesen des Menschen ›coram hominibus – unter der Perspektive des Menschen‹ reflektieren (so in der Disputatio De homine, dazu unten 3.).

2.4. Diese Besonderheit der Anthropologie Luthers bildet sich aus in der Neuformierung des Umgangs mit den Kategorien des ›Inneren‹ und des ›Äußeren‹ (innerer und äußerer Mensch; ›caro – Fleisch‹ und ›spiritus – Geist‹), die sich zur Zeit der Abfassung der reformatorischen Hauptschriften vollzieht.[16] Auf der einen Seite merkt man den einschlägigen Passagen durchaus die Herkunft der Kategorien aus dualistischen Körper-Seele-[17] oder triadischen Körper-

[14] Vgl. N. Slenczka, Fides creatrix divinitatis. Zu einer These Luthers und zugleich zum Verhältnis von Theologie und Glaube, in: J. v. Lüpke, E. Thaidigsmann (Hg.), Denkraum Katechismus. Festgabe für Oswald Bayer zum 70. Geburtstag, Tübingen 2009, S. 171–195.

[15] Dazu G. Ebeling, Luther. Einführung in sein Denken, Tübingen 2016, 280–309.

[16] Vgl. zum folgenden E. Hirsch, Drei Kapitel zu Luthers Lehre vom Gewissen, in: ders., Lutherstudien I, Gütersloh 1954, hier 117–121; W. Joest, Ontologie der Person bei Luther, Göttingen 1967, 163–233.

[17] M. Luther, Von der Freiheit eines Christenmenschen, BoA I,11 f.

Seele-Geist-Unterscheidungen an[18]; auf der andern Seite verbindet Luther die herkömmlichen anthropologischen Bestimmungen mit der zutreffenden Beobachtung, dass die paulinische Unterscheidung von ›pneuma – spiritus – Geist‹ und ›sarx – caro – Fleisch‹ keine anthropologische Unterscheidung ist, sondern den gesamten Menschen in Relation zu Gott bestimmt (etwa Rö 8,1–17). Von daher identifiziert er die anthropologische Instanz des Geistes bzw. des ›inneren Menschen‹ mit dem Gottesverhältnis des Glaubens und definiert von daher den ›Geist‹, daneben ausdrücklich auch das ›Herz‹ oder das ›Gewissen‹, als den Ort des Gottesverhältnisses des Menschen.[19] An diesem Punkt ist der Mensch im Glauben so bestimmt, dass er sich und sein gesamtes Leben mit allen Anlagen und Fähigkeiten auf den Zuspruch des Evangeliums hin vertrauensvoll auf Gott gründet und darin im paulinischen Sinne ›geistlich‹ ist. Oder er verweigert sich diesem Zuspruch und hängt sein Herz an andere Instanzen, die er eben damit zu seinem Gott macht; der so sich bestimmende Mensch ist ›fleischlich‹. ›Geist‹ und ›Fleisch‹ sind damit nicht bzw. nicht primär Bezeichnung für Teile oder Vermögen des Menschen, sondern charakterisieren den ›ganzen Menschen‹ – alle seine Anlagen und Vermögen – im Verhältnis zu Gott daraufhin, dass der Mensch sich in bestimmter Weise versteht.[20]

2.5. Damit gewinnt auch die traditionelle Bestimmung der ›Sünde‹ neue Konnotationen: Selbstverständlich assoziiert auch Luther den Terminus ›Sünde‹ mit der triebhaften Orientierung des Menschen an ›der Welt‹, und selbstverständlich erbt sich das augustinische, an der Sexualität orientierte Sündenverständnis bei ihm fort. Und selbstverständlich ist umgekehrt auch die Sündenlehre Augustins und des Augustinismus nicht einfach leibfeindlich, sondern in den stärksten Passagen Augustins und der von ihm herkommenden Tradition ist die ›concupiscentia – Lust‹ unter dem Gegensatz der ›amor sui – Liebe zu sich selbst‹ und der ›amor Dei – Liebe zu Gott‹ material bestimmt und damit von hoher Erschließungskraft.[21] Unbeschadet dessen tritt doch bei Luther ein neuer Zug ins Zentrum: Der Glaube, gefasst als rückhaltloses Vertrauen zu Gott und als ›Sich-Begründen in‹ oder ›Hängen an‹ Gott, ist die Bestimmung

[18] M. Luther, Das Magnificat, verdeutscht und ausgelegt, ebd., 139–147.

[19] Vgl. a. a. O., 139,28–34.

[20] Vgl. etwa die Deutung des Verhältnisses von caro und spiritus in M. Luther, De servo arbitrio, BoA III, 230–243.

[21] Augustin, De civitate Dei XIV,XIII,32.

des Menschen und stellt damit das aus der christlichen Offenbarung gewonnene Kriterium der Differenz zwischen Sünde und Sündlosigkeit, caro und spiritus, dar: Sündlosigkeit ist nicht im Ideal mönchischer Abkehr von der Welt und einer nur in dieser Abkehr von der Welt möglichen Gottesliebe erreicht, sondern Sündlosigkeit ist dann erreicht, wenn das gesamte Weltverhältnis unter das Vorzeichen des rückhaltlosen Vertrauens auf Gott tritt.[22] Umgekehrt ist die eigentliche und zentrale Sünde der Unglaube; denn es ist der Glaube als Vertrauen, der Gott alle positiven Prädikate zuweist, indem er alles von ihm erwartet, und ihn so als Gott anerkennt.[23] Dem entspricht es, dass Luther als die zentrale Kernforderung des Dekalogs, die alle anderen Gebote ›regiert‹, das erste Gebot betrachtet und als Gebot auslegt, das genau auf diesen Glauben zielt und in ihm erfüllt ist. Entsprechend hat die Sünde ihren Kern im Verstoß gegen das so verstandene erste Gebot.[24]

2.6. Die entscheidende Einsicht dieser Anthropologie liegt darin, dass die Instanz des ›Geistes‹ oder des ›Herzens‹ oder des ›Gewissens‹ nicht zunächst eine anthropologische Gegebenheit ist, die dann und sekundär sich im Modus des Glaubens auf Gott bezieht; vielmehr gibt es den Menschen nur in der Weise, dass er auf anderes seiner selbst im Modus des ›Sich-Verlassens‹[25] bezogen ist und so im anderen seiner selbst begründet ist bzw. besser: sich im anderen begründet *weiß*.[26] Auch der Sünder, der sich nicht im Modus des fiduzialen Glaubens in Gott begründet, verlässt sich nach Luther auf anderes seiner selbst und belastet entweder sich selbst – seine ›Werke‹ – in der Erwartung, durch sie gerechtfertigt zu werden; oder er belastet endliche Dinge mit einer Stabilisierungserwartung, die diese nicht einlösen können.[27] Der Mensch ist, so gesehen, immer ein Vertrauenswesen: ein Wesen, das im anderen seiner selbst begründet ist.

[22] Luther, Freiheit (Anm. 17), 14–17.

[23] Vgl. a. a. O. 15,6–27; dazu M. Luther, Römerbriefvorlesung (1515/16) WA 56,234; vgl. M. Luther, De servo arbitrio (1525), a. a. O. 287,3 ff.; M. Luther, Galaterkommentar (1539), WA 40/1,360.

[24] Vgl. etwa M. Luther, Sermon von den guten Werken [1520], BoA I, 229–241; Auslegung des 1. Gebots im Großen Katechismus [GKat], BSLK 560.

[25] Vgl. M. Luther, Der Große Katechismus, BSLK 560.

[26] Vgl. Joest, Ontologie 233–320.

[27] Ebd. (Anm. 25).

Freilich ist zu präzisieren: Dass der Mensch ein extern konstituiertes Wesen und unentrinnbar durch anderes seiner selbst begründet ist, ist der Gehalt jeder, auch der vorreformatorischen Schöpfungslehre; dass dies nicht einfach ein objektives Begründungsverhältnis beschreibt, sondern einen das Leben begleitenden subjektiven Vollzug, ein *Sich-Begründet-Wissen*, darstellt, ist die entscheidende Einsicht, die Luther mit der neuzeitlichen Theologie, etwa mit Schleiermacher, verbindet (unten 5.).

3. Seine anthropologischen Einsichten fasst Luther 1536 in der Disputatio de homine zusammen.[28] Der Themenschwerpunkt dieser im institutionellen Kontext der Wiederaufnahme der Lehrform der Disputation und damit im zeitlichen und auch sachlichen Kontext der Disputationen zu Rö 3,28 verorteten Thesenreihe liegt - jedenfalls auf den ersten Blick - in der Frage nach dem Verhältnis der philosophischen und der theologischen Anthropologie: Die Thesen 1-19 entfalten die Einsichten, die die Philosophie bezüglich des Menschen beistellt; die Thesen 20-40 die Definition des Menschen durch die Theologie. Die Thesen 1-19 gliedern sich nochmals in die Definition (Th 1-3), die Feststellung der Exzellenz des Menschen im Vergleich zur übrigen Schöpfung (Th 4-9) und die Feststellung des Ungenügens dieser Definition (Th 10-19). Auch der zweite Teil über die theologische Definition bietet zunächst die theologische Definition (Th 20-23), deduziert daraus die Sündenverfallenheit auch der höchsten Anlage des Menschen (Th 24f.) und nimmt dann Abgrenzungen gegen pelagianische Positionen vor (Th 26-31), um mit einer Art ›eschatologischer Definition‹ des Menschen zu schließen (Th 36). Aus diesen Thesen lassen sich die Grundthemen und die leitenden Eigentümlichkeiten der Anthropologie des reifen Luther erheben - daher zunächst referierende (3.1.), dann auswertende (3.2.) Bemerkungen.

3.1. Der entscheidende Unterschied der beiden Zugangsweisen zum Menschen - der philosophischen und der theologischen - besteht nach Luther darin, dass die Philosophie den Menschen als ›animal rationale, sensitivum, cor-

[28] Vgl. dazu im Ganzen: G. Ebeling, Disputatio de homine, in: ders., Lutherstudien, Band 2, drei Tle., Tübingen 1977-1989. Ferner: W. Härle, ›Der Mensch wird durch den Glauben gerechtfertigt‹. Grundzüge der lutherischen Anthropologie, in: ders., Menschsein in Beziehungen, Tübingen 2005, 169-190, der auf den relationalen, responsorischen und progressiven Charakter der Anthropologie bei Luther und in den Bekenntnisschriften abhebt.

poreum – als mit Vernunft ausgestattetes, sinnlich wahrnehmendes und leiblich verfasstes Lebewesen‹ bestimmt und damit den Menschen nur als sterblichen und irdischen definiert (Th 3): Zwar werde die Philosophie der den Menschen auch nach dem Fall vor den Tieren auszeichnende forma und ihrer Gottähnlichkeit (Th 4; vgl. Th 8) ansichtig (Th 4–9). Diese Einsicht der Philosophie stehe aber unter dem – von Luther in Aufnahme der aristotelischen Vierursachen-Lehre formulierten – Vorbehalt, dass die Philosophie damit zwar die causa materialis (den Leib) und – ansatzweise – die causa formalis (die Seele) des Menschen erkenne, nicht aber die causa efficiens (Gott) und die causa finalis (das ewige Leben; Th 13, vgl. 10). Erst die Theologie definiere den ›ganzen und vollkommenen‹ Menschen (Th 20), indem sie diesen Menschen »in fonte ipso, qui Deus est – in der Quelle selbst, die Gott ist« (Th 17), sieht. Die Pointe dieser Definition (Th 21–23) liegt darin, dass in der theologischen Definition die Elemente des Menschseins, die die Definition der Philosophie nach Luther erfasst, in den Kontext der heilsgeschichtlichen Großerzählung gestellt und von daher in ihrer Bedeutung erschlossen werden; im Zentrum steht damit die Einsicht, dass der Mensch – und eben auch »pulcherrima illa et excellentissima res – die schönste und herrlichste Sache« (Th 24), nämlich die Vernunft – unter der Sünde und damit in der Macht des Teufels steht.

Daraus ergeben sich Thesen (Th 26–31), die im Stil kanonischer Verwerfungsurteile Abgrenzungen gegenüber pelagianischen Positionen vollziehen, die der Vernunft als Vermögen zum Guten die Fähigkeit zum Erwerb des Heils zuschreiben. Luther selbst stellt dann Rö 3,28 (»hominem iustificari fide – dass der Mensch durch den Glauben gerechtfertigt wird«) als die zusammenfassende Definition des Menschen (Th 32) vor. Zusammenfassend darum, weil hier die Rechtfertigung nicht als Aktivität des Menschen, sondern als etwas, was der Mensch erleidet (iustificari), bezeichnet wird (33); damit sei zugleich festgestellt, so Luther, dass der Mensch – und zwar der ganze und jeder Mensch – abgesehen von diesem ›iustificari‹ ein Sünder sei (Th 33 und 34). Diese Definition ordnet, so hält Luther in den abschließenden Thesen fest, die der Philosophie zugänglichen Einsichten so ein, dass der »homo huius vitae – der Mensch dieses Lebens«, den die Philosophie erkennt (vgl. Th 35 mit 19), bloße »materia – passive Bestimmbarkeit« für die zukünftige Lebensform (»ad gloriosam futuram suam formam«, Th 36) ist: Die Wiederherstellung des Ebenbildes Gottes.

3.2. Systematisiert man diese Thesen, so ergeben sich mehrere anthropologische Grundaussagen:

3.2.1. Zum einen die Grundaussage, dass der Mensch sich selbst nicht durchsichtig ist (Th 17). Das ist eine von Luther gerade in den 30er Jahren, etwa in den Schmalkaldischen Artikeln,[29] immer wieder betonte Basisaussage: Dass die völlige Verlorenheit des Menschen unter die Sünde dem Menschen selbst abgesehen von der Verkündigung des Evangeliums nicht zugänglich ist. Das ist darum anthropologisch relevant, weil damit deutlich wird, dass die Sünde nach Luther nicht etwas ist, was der Mensch zum Gegenstand der Reflexion machen kann, sondern etwas ist, was immer auch zugleich den Vollzug dieser Reflexion bestimmt und folglich den Gegenstand - den unentrinnbar unter die Sünde versklavten Menschen - verstellt. Das Selbstverständnis des Menschen, gegen das sich Luther mit dieser Disputation richtet - nach dem der Mensch zur ethischen Vortrefflichkeit fähig und diese Freiheit zur ethischen Vortrefflichkeit heilsrelevant sei - ist damit selbst Ausdruck der Sünde des Menschen. Dieses Selbstmissverständnis ist nach Luther unter den Bedingungen der Sünde unentrinnbar.

Diese ›Selbstüberschätzung‹ des Menschen hat ihren Anhalt in der Anlage zur Vernunft, die den Menschen in der Tat auch ›nach dem Fall‹ vor allen anderen Lebewesen auszeichnet; die Struktur ›Sünde‹ hat damit zu tun, dass der Mensch diese Auszeichnung im Gegenüber zur Welt, die niedriger steht als er, in das Verhältnis zu Gott einzeichnet und als Auszeichnung auch in dieser Relation geltend macht.

3.2.2. Zweitens ergibt sich damit, dass der Grund einer sachgemäßen Selbsterkenntnis des Menschen die Theologie ist (Th 20–23), und zwar zunächst der Erzählzusammenhang der Heilsgeschichte zwischen Schöpfung, Fall und Erlösung, den Luther aber in einem zweiten Schritt auf die Botschaft von der Rechtfertigung »fide absque operibus - durch den Glauben ohne die Werke« konzentriert und damit sozusagen eine Relektüre des biblischen Erzählzusammenhangs als ›Modell‹ einer anthropologischen Bewegung vorlegt. Die Soteriologie ist der Ursprung einer nach Luther sachgemäßen Anthropologie.

[29] BSLK 434,8–12. Ich bitte um Verständnis, dass ich Lutherische Bekenntnisse nötigenfalls nach der Jubiläumsausgabe (Göttingen 1930 ff., hier Göttingen [11]1992) zitiere.

3.2.3. Dies hat drei weitere Implikationen: Erstens manifestiert sich hier wieder die bereits angesprochene externe Konstitution des Menschseins, die sich im Passiv des ›iustificari – gerechtfertigt werden‹ niederschlägt; zweitens stellt sich diese Passivität im Begriff der ›fides – Glauben‹ als Grund der Rechtfertigung nieder, die von den opera ausdrücklich unterschieden präsent ist: ›Fides‹ ist offenbar so zu definieren, dass sie kein Werk darstellt. Gemeinsam bedeutet das, dass der Glaube die Entsprechung zum passivum divinum des iustificari darstellt.

3.2.4. Schließlich korrespondiert dieser externen Konstitution des Menschseins die Feststellung, dass der Mensch seiner selbst nur im anderen seiner selbst ansichtig wird – der Mensch erkennt sich selbst nicht unmittelbar, sondern auf dem Wege der Erkenntnis seines Grundes und des Bestimmtwerdens durch diesen Grund (Th 17; 21–23). Der Mensch ist somit nicht nur extern konstituiert, sondern er wird auch dieses externen Konstituiertseins nur durch eben den fremden Grund ansichtig, in dem er konstituiert ist. Wieder wird hier erkennbar, dass das ›Konstituiertsein durch ein anderes‹ und die Einsicht in dieses Konstituiertsein eigentlich nicht voneinander trennbar ist, sondern eins ist: Das externe Konstituiertsein besteht in einem Wissen um das Konstituiertsein.

3.2.5. Diese externe Konstitution des Menschen ist nicht nur als Begründetsein in einem anderen (Gott) bzw. in einem Wissen darum oder Bewusstsein davon zu verstehen, sondern impliziert aufgrund der heilsgeschichtlichen Begründung dieser Anthropologie zugleich eine zeitliche Exzentrizität (Th 35–40): Das Wesen des Menschen ist keine gegenwärtige Gegebenheit, sondern ein Bezogensein der Gegenwart auf eine Vergangenheit – die ursprüngliche Gottebenbildlichkeit – und auf eine Zukunft, in der dies Wesen des Menschen wiederhergestellt sein wird. Indem der Mensch »huius vitae – dieses Lebens« als »materia ad gloriosam futuram suam formam – Materie auf die herrliche künftige Form hin« bestimmt wird, ist mit ›materia‹ ein Begriff gewählt, der im Kontext des aristotelischen Hylomorphismus die reine Passivität des Bestimmbarseins durch ein anderes (i. e. die Wesensform) aussagt. Das Motiv der Passivität[30] wiederholt sich auch hier, zumal Luther ausdrücklich den Menschen als ›materia‹ dem Zustand der Wirklichkeit ›vor der Schöpfung‹ paral-

[30] Ph. Stoellger, Passivität aus Passion. Zur Problemgeschichte einer ›categoria non grata‹, Tübingen 2010, hier bes. 214–299.

lelisiert (Th 37). Diese Parallele von rein passivem Geschaffenwerden und einem dem entsprechenden rein passiven Erlöst- bzw. Gerechtfertigtwerden stellt ebenfalls ein Grundmotiv der Lutherschen Anthropologie dar.[31]

3.3. Die Grundthese Luthers besteht also darin, dass sich eine sachgemäße Anthropologie erst auf der Basis der Rechtfertigungslehre bzw. des narrativen heilsgeschichtlichen Zusammenhangs vom Schöpfung, Fall und Erlösung ergibt. Der Vorgang der Rechtfertigung, in den Luther selbst in Th 32 diese Erzählung zusammenfasst, ist gleichsam der anthropologische Niederschlag des heilsgeschichtlichen Narrativs am Individuum. Diese Begründung der Anthropologie auf die Heilsgeschichte bzw. den Vorgang der Rechtfertigung führt dazu, dass die anthropologischen Einsichten Luthers nicht einfach in einem systematischen locus ›De homine‹ zusammengefasst werden können, der das Menschsein so zur Sprache brächte, wie es jenem heilsgeschichtlichen oder biographischen Geschehen zugrunde läge. Vielmehr gibt es das Menschsein nur als von diesem Narrativ bzw. von dessen biographischen Niederschlag geprägtes. Das bedeutet, dass es eine Anthropologie aus der Perspektive des Sünderseins und eine Anthropologie aus der Perspektive des Glaubens gibt, in der wiederum jeweils die Behauptungen der konkurrierenden Perspektive sich in unterschiedlicher Weise darstellen. Der Mensch ist nicht das zunächst feststellbare Wesen, das dann eine Heilsgeschichte oder einen ordo salutis durchläuft, sondern den Menschen gibt es immer nur in den Stationen dieser - soteriologischen oder individualbiographischen - Geschichte, und zwar in einem Selbstverständnis, das diese Stationen bezeichnen. Das besagt zugleich: die Einheit des Menschseins ist nicht die Einheit des gleichbleibenden Subjektes dieser Geschichte, sondern die Einheit des Menschseins ist die Einheit dieser Geschichte.

Diesem komplexen Verhältnis ist jetzt nachzugehen. Einzusetzen ist mit den anthropologischen Einsichten, die sich aus dem spezifisch lutherschen Verständnis der Rechtfertigung ergeben - damit werden die unter 3.2.2. skizzierten Aspekte der Disputatio de homine weiterbestimmt (4.). Es ist dann nach dem Sündersein des Menschen zu fragen - damit werden die unter 3.2.1. skizzierten Aspekte der Disputatio de homine präzisiert (5.). Es ist dann der

[31] Vgl. Luther, De servo arbitrio, BoA III 253,10–31; ders., Disputationsthesen für Hieronymus Weller: De fide, Th 65–71; WA 39/1, 48,14–30.

Zusammenhang von Rechtfertigungsglauben und Gottesbegriff knapp zu entfalten (6.). Und es ist schließlich nach dem Wesen des Menschen, wie es im Gegensatz von Rechtfertigung und Sünde immer schon mit- und vorausgesetzt ist, zu fragen – damit wird die Feststellung Luthers, dass die Vernunft den Menschen in der Tat und unbestreitbar auszeichnet, weiterbestimmt (7.).

4. Es ist das Verdienst der finnischen Lutherforschung im Gefolge Tuomo Mannermaas[32], darauf aufmerksam gemacht zu haben, dass die Rechtfertigung bei Luther engstens mit dem Motiv der ›unio cum Christo – Vereinigung mit Christus‹ verbunden ist: Der Glaube rechtfertigt darum, weil durch ihn im Glaubenden Christus gegenwärtig und dem Glaubenden zu eigen ist.[33]

4.1. Dieses Motiv, das in der Tat im Zentrum der Großen Galater-Vorlesung steht, lässt sich bis in die ersten Luther zugeschriebenen Predigten zurückverfolgen und steht im Zentrum der reformatorischen Hauptschriften, insbesondere der Freiheitsschrift. Dort stellt Luther fest, dass der Glaube darum rechtfertige, weil er die Seele wie eine Braut an Christus binde, mit der Folge, dass alles, was Christus ist und hat, der Seele zu eigen werde, während alle negativen Eigenschaften der Seele Christus an sich nimmt.[34] Dies hat zur Folge, dass der Glaubende durch die ihm einwohnende Gerechtigkeit Christi gerecht, durch seine Weisheit weise ist und so fort.[35] Den finnischen Lutherforschern kommt es dabei darauf an, dass diese Gerechtigkeit nicht eine ›bloß‹ zuge-

[32] Vgl. hierzu T. Mannermaa, Der im Glauben gegenwärtige Christus. Rechtfertigung und Vergottung. Zum ökumenischen Dialog, AGTL.NF 8, Hannover 1989; S. Peura, Mehr als ein Mensch? Die Vergöttlichung als Thema der Theologie Martin Luthers von 1513 bis 1519, Mainz 1994.

[33] Zum folgenden vgl.: N. Slenczka, Die Christologie als Reflex des frommen Selbstbewusstseins. »... darumb wirt die gottheyt Ihesu Christi … damit bekant, das wir ynn yhn … glauben« (Luther, WA 7,215,15), in: J. Schröter (Hg.), Themen der Theologie: Christologie, Tübingen 2014, 182–241; ders., Gewissen und Gott. Überlegungen zur Phänomenologie der Gewissenserfahrung und ihrer Darstellung in der Rede vom Jüngsten Gericht, in: St. Schaede u. a. (Hgg.), Das Gewissen, Tübingen 2015, 235–283.

[34] M. Luther, Von der Freiheit eines Christenmenschen, BoA II,15,28–16,14; Vgl. M. Luther, Ein Sermon von dem hochwürdigen Sakrament des heiligen wahren Leichnams Christi und von den Bruderschaften [1519], BoA I, 196–212.

[35] M. Luther, Ein kleyn Unterricht, Kirchenpostille, WA 10/I,1,10–12.

schriebene oder zugerechnete, sondern eine mit Christus im Glaubenden ›realontisch‹ gegenwärtige ist.[36] Damit erhielte die eben vorgetragene Beobachtung, dass ein Grundzug der Anthropologie Luthers die Behauptung einer externen Konstitution des Menschen sei, die in einem göttlichen Akt der Zurechnung und in einem menschlichen ›Sich-Verstehen‹ das Zentrum habe,[37] ein deutliches Gegengewicht; an die Stelle einer externen Konstitution tritt das Modell einer Mitteilung der Eigenschaften Christi und einer Teilhabe des Glaubenden an Christus. Dies Modell scheint zudem den Vorteil zu haben, die Rechtfertigung des Sünders aufgrund der Gerechtigkeit Christi vom Schein zu befreien, dass es sich um ein rein ›synthetisches‹ Urteil handle, das keinerlei verändernde Wirkungen am Subjekt und seinem Lebenswandel freisetze: Die Teilhabe an der Gerechtigkeit des im Glaubenden gegenwärtigen Christus ist selbst eine verändernde Wirkung des Heilsgeschehens.

4.2. Freilich ist mit diesem Hinweis auf die ›unio cum Christo – Einheit mit Christus‹ noch nicht begriffen bzw. nicht verständlich gemacht, warum ausgerechnet der Glaube es ist, in dem Christus gegenwärtig ist und warum ausgerechnet der Glaube die Seele mit Christus und umgekehrt verbindet. Betrachtet man nun die Passagen, in denen Luther die Rechtfertigung nach dem Modell einer unio cum Christo darstellt, genauer, so wird deutlich, dass Luther offensichtlich davon ausgeht, dass die unio cum Christo sich damit realisiert, dass ein Mensch auf den Zuspruch der Person Jesu Christi hin sich von dieser Person her neu *versteht*:

> »Der Glaube muss richtig gelehrt werden, dass du nämlich durch ihn mit Christus zusammengeklebt wirst, dass aus dir und ihm gleichsam eine Person wird [conglutineris Christo, ut ex te et ipso fiat quasi una persona], die nicht getrennt werden kann, sondern ihm beständig anhängt und sagt: Ich bin [wie] Christus; und umgekehrt sagt Christus: ich bin [wie] dieser Sünder, weil er an mir hängt und ich an ihm; verbunden sind wir nämlich durch den

[36] S. Peura, Luthers Verständnis der Rechtfertigung: forensisch oder effektiv?, in: Evangelical Theological Faculty Bratislava (Hg.): Recent Research on Martin Luther, Bratislava 1999, 34–57.

[37] Vgl. hierzu R. Saarinen, Gottes Wirken auf uns. Die transzendentale Deutung des Gegenwart-Christi-Motivs in der Lutherforschung, Wiesbaden 1989.

> Glauben in ein Fleisch und Gebein ... so, dass dieser Glaube Christus und mich enger verbindet als ein Ehemann seiner Frau verbunden ist.«[38]

Die Gegenwart der Person Jesu im Glauben realisiert sich somit dadurch, dass ein Mensch sich eine fremde Person zueignet, *indem* er sich durch sie neu und anders versteht. Der Glaube ist ein Akt der ›Aneignung‹ oder des ›Ergreifens‹: »fides apprehensiva – aneignender Glaube«.[39] Die Gegenwart Christi ist damit keine gegenständliche Anwesenheit Christi ›im‹ Glaubenden, sondern eine Gegenwart, die darin nicht nur ihren Grund hat, sondern darin besteht, dass der Glaubende Christus mit sich selbst identifiziert und umgekehrt: die eigene Existenz (Sünde) durch Christus angeeignet und getragen *weiß*:

> »Daher, wenn man über die christliche Gerechtigkeit spricht, muss man die Person [gemeint: die Selbständigkeit] beiseitelegen. Wenn ich nämlich an der Person hänge und von ihr spreche, dann wird aus der Person, ob ich will oder nicht, ein Täter, der dem Gesetz unterworfen ist. Aber hier ist es nötig, dass Christus und mein Gewissen ein Leib wird, so dass vor meinem Blick nichts anderes steht als der gekreuzigte und auferstandene Christus.«[40]

4.3. Mit dieser Näherbestimmung wird über die Darstellung in der Disputatio de homine hinaus noch einmal deutlich, inwiefern der Mensch ›extern‹ konstituiert ist: Diese externe Konstitution spielt sich, wie bereits gesagt, nicht in einem wie auch immer gearteten gegenständlichen Begründungsverhältnis ab; und sie geschieht auch nicht dadurch, dass eine andere Person ›in‹ der eigenen gegenwärtig wird und sich – wie immer man sich das vorstellen sollte – mitteilt. Vielmehr vollzieht sich die ›externe‹ Konstitution ›im Glauben‹, d. h. damit, dass die vom Glaubenden unterschiedene Person Jesu von Nazareth als Grund des eigenen Selbstverständnisses ergriffen und so angeeignet wird. Der Glaubende ›weiß sich‹ als ein anderer, und Glaube ist nichts anderes als dieses durch ein Fremdes begründetes Wissen um sich selbst. Dies meinen die eigentümlichen Wendungen, nach denen der Glaube ›extra se‹[41] ist oder der Glaube

[38] M. Luther, Großer Galaterkommentar [1535], WA 40/I, 286 [Übers. N. Sl.]. Dies ist einer meiner Lieblingsgedanken, den ich schon öfters entfaltet habe. Davon wird er nicht falsch …

[39] Vgl. M. Luther, Thesen für die Promotionsdisputation für Hieronymus Weller, De fide, Th 1–25, WA 39/1,45 f.

[40] M. Luther, Großer Galaterkommentar [1535], WA 40/I, 282,18–22 [Übers. N. Sl.].

[41] K.-H. zur Mühlen, Nos extra nos. Luthers Theologie zwischen Mystik und Scholastik, Tübingen 1972.

ein Vollzug ist, wie Luther ebenfalls in der Großen Galatervorlesung sagt: der »ponit nos extra nos – uns außerhalb von uns selbst setzt«.[42] Dieses ›Außerhalb‹ bleibt aber nicht einfach ein Außerhalb, sondern wird, freilich im Glauben, in einem Akt des Bewusstseins, genauer: in einem Akt des über die Integration des Fremden vermittelten Selbstbewusstseins, angeeignet.

4.4. Zugleich wird damit deutlich, dass die zeitliche Externität des Menschseins – dass die Gegenwart des Menschen »materia Dei ad futurae formae suae vitam« ist – den Glauben als ein ›sich Begründen‹ in einem anderen fasst, das den Ausgriff auf eine Vollendung einschließt, in der die zeitliche Differenz von Bestimmtem und Bestimmendem – Materie und Form – zur Einheit aufgehoben ist: die zukünftige Form bestimmt und prägt die gegenwärtige materia: der Mensch ist ein Werden zu sich. Luther geht offenbar davon aus, dass sich die durch den Glauben konstituierte Einheit von Sünder und Christus eschatologisch in einer unio cum Christo realisieren wird. Dieser Gedanke impliziert die Vorstellung einer allmählichen Durchdringung der Gegenwart durch diese Zukunft; dies ist die Art und Weise, wie Luther die allmähliche sittliche Veränderung des christlichen Lebens zur Sprache bringt (der Mensch ist partiell gerecht und wird es immer mehr) und mit der Rechtfertigung ›sola fide‹, die sich in Totaldefinitionen (der Mensch ist ganz Sünder und [in der Zu- und Aneignung der Gerechtigkeit Christi] ganz gerecht) ausspricht, verbindet. Dies manifestiert sich etwa in der Disputatio de homine (Th 39) oder auch in der Wendung der Freiheitsschrift, nach der die im Glauben bestehende Einheit mit Christus sich ethisch in der Weise niederschlägt, dass der Christ seinem Nächsten »ein Christus« wird.[43]

4.5. Insgesamt ist dieses Begründetsein des Menschen außerhalb seiner selbst – die im Glauben an den Zuspruch der Person Jesu bestehende Einheit mit Christus – eine Analogiebildung zur Einheit von Gottheit und Menschheit in der Person Jesu von Nazareth und der in ihr begründeten Idiomenkommunikation – der wechselseitigen Mitteilung der Eigenschaften der Menschheit an Gott und der Gottheit an den Menschen, die sich in einer wechselseitigen Definition Gottes und des Menschen niederschlägt. Dies ist hier im Rahmen der Darstellung der Anthropologie Luthers nur anzudeuten; diese Analogiebildung weist darauf hin, dass der Gedanke der externen Konstitution einen

[42] Luther, a. a. O. (Anm. 38), 589,8, vgl. 25 f.

[43] Vgl. BoA II, 24,40–25,26; 27,18 ff.

Schlüsselgedanken der Theologie Luthers darstellt, der es erlauben würde, eine Art ›Ontologie des Evangeliums‹ bei Luther zu entwerfen.[44]

5. Die in der Disputatio de homine in Th 1–19 vorgenommene Bestimmung der Art und Weise, wie sich der Mensch abgesehen von der Rechtfertigung versteht, kennzeichnet den Menschen als ein Wesen, das sich selbst und seine Verlorenheit nicht durchschaut.

5.1. Dieser Mangel an Selbsterkenntnis, den Luther dem Sünder bezüglich seines Sünderseins attestiert, ist nicht ein akzidentelles Moment an der Sünde, so dass die Frage, was eigentlich Sünde in ihrem Wesen ist, auch unabhängig von dieser Feststellung beantwortet werden könnte. Vielmehr ist das Fehlen angemessener Selbsterkenntnis die Wesensbestimmung der Sünde selbst. Die Sünde ist der Wille, sich gerade nicht exzentrisch begründen zu lassen, sondern sich ohne Bezugnahme auf den Ursprung und das Ziel des menschlichen Lebens rein aus dem Vorfindlichen und Zugänglichen des Menschseins zu verstehen. Sünde ist der Unglaube als die Unfähigkeit und der Unwille, sich nur im Ausgriff auf ein anderes zu haben.

5.2. Bei Luther manifestiert sich dieser Wille, ausgehend vom Einsatz seines Denkens im Kontext des Bußsakraments, zunächst in dem Versuch, den endgültigen Wert des eigenen Lebens, für den das letztgültige Urteil des darum das ›Jüngste‹ genannten Gerichtes steht, auf dem Wege der Ethik in den Griff zu bekommen: Die Aristotelische Tugendethik, die den Erwerb der Hand-

[44] J. Baur, Luther und seine klassischen Erben, Tübingen 1993, darin bes. die Aufsätze unter ›Lutherische Christologie‹: 117–289; N. Slenczka, Problemgeschichte der Christologie, in: E. Gräb-Schmidt u. a. (Hgg.), Christologie, MJTh XXIII, Leipzig 2011, 59–111; Th. Mahlmann, Das neue Dogma der Lutherischen Christologie, Gütersloh 1969. Zum folgenden vgl.: R. Schwarz, Gott ist Mensch, in: ZThK 63 (1966), 289–351; M. Lienhard, Martin Luthers christologisches Zeugnis, Göttingen 1980; H. Chr. Brandy, Die späte Christologie des Johannes Brenz, Tübingen 1991, J. A. Steiger, Die communicatio idiomatum als Achse und Motor der Theologie Luthers, in: NZSTh 38 (1996), 1–28; J. Hund, Das Wort ward Fleisch, Tübingen 2006. N. Slenczka, Jesus Christus, in: A. Beutel (Hg.), Luther-Handbuch, Tübingen 2005, 381–392; ders., Neubestimmte Wirklichkeit. Zum systematischen Zentrum der Lehre Luthers von der Gegenwart Christi unter Brot und Wein, in: D. Korsch (Hg.), Die Gegenwart Jesu Christi im Abendmahl, Leipzig 2005, 79–98; ders., Die Christologie als Reflex des frommen Selbstbewusstseins, in: J. Schröter (Hg.), Jesus Christus, Themen der Theologie 9, Tübingen 2014, 181–241.

lungsdispositionen der Tugenden auf die Einübung entsprechender Handlungen und so auf das Handeln zurückführt, rezipiert er wie seine scholastischen Lehrer im Horizont der christlichen Erwartung des göttlichen Gerichtes und versteht den Gedanken als die Aufforderung, die Feststellung der Gerechtigkeit des Menschen im göttlichen Urteil durch das Anhäufen verdienstvoller Taten zu erreichen.[45] Luther weist darauf hin, dass ein solcher Versuch zum Scheitern verurteilt ist, weil sich das Verdienstvolle der Taten bzw. der Reue über die vergangenen Taten nicht auf der Ebene des Handlungsvollzugs, sondern auf der Ebene der handlungsleitenden Gesinnung entscheidet, die dem Menschen nicht zur Verfügung steht und bezüglich derer er entsprechend auch keine Gewissheit erlangen kann: Das Tun steht dem Menschen zu Gebote, nicht aber die für das Gutsein der Tat geforderte freudige Einstimmung in den göttlichen Willen.[46] Es ist nach Luther für den Menschen außerhalb des Glaubens an das Evangelium wesentlich und unentrinnbar, dass er versucht, sich selbst im Angesicht der göttlichen Rechenschaftsforderung zu konstituieren und zu stabilisieren.

5.3. Dies wiederum impliziert, dass der Mensch unentrinnbar dieser Rechenschaftsforderung ausgesetzt ist, die Luther mit dem Begriff des Gesetzes belegt und grundsätzlich durch den Dekalog, die Bergpredigt und das Doppelgebot der Liebe inhaltlich bestimmt sieht. Allerdings hängt die Erfahrung dieser Rechenschaftsforderung nach Luther nicht an der expliziten Predigt dieser materialen normativen Gehalte. Es ist das Ergebnis und der Gewinn der Auseinandersetzung um die von Johannes Agricola vertretene Ablehnung der Predigt des Gesetzes in der Kirche, dass Luther die Unentrinnbarkeit der Situation des Gesetzes explizit formuliert: Die existentielle Erfahrung der Rechenschaftspflicht und die Frage nach dem Wert des eigenen Lebens stellt sich nicht erst mit der expliziten Predigt des Gesetzes und ist nicht an bestimmte Inhalte gebunden, sondern diese Frage bestimmt den menschlichen Lebensvollzug so lange, wie sie nicht im Glauben an Christus beantwortet ist. Das Gesetz ist nach Luther nicht, wie Johannes Agricola meinte,[47] eine durch das Kommen des Evangeliums abgelöste Instanz einer heilsgeschichtlichen Vergangenheit,

[45] Vgl. etwa M. Luther, Disputatio contra scholasticam theologiam, Th 40–44, BoA V,323.

[46] Vgl. a. a. O., Th 13–30, BoA V, 321 f.

[47] Propositipones antinomicae, Th 7–12; WA 39/1, 342,27–343,6.

sondern die bleibende Erfahrung des Menschen außerhalb von Christus.[48] Das Gewissen oder das Herz und damit das Innerste des Menschen[49] ist nach Luther der Ort, wo die unter dem Begriff des Gesetzes und des göttlichen Gerichtes objektivierte und veräußerlichte Erfahrung ihren eigentlichen Ort hat:

> »So wie sie selbst aber bei sich selbst von sich selbst [ipsi apud se ipsos a se ipsis] gerichtet werden, indem ihr Gewissen Zeugnis gibt [testificante conscientia] und ›die Gedanken, die sich untereinander verklagen oder entschuldigen‹, so werden sie auch durch dieselben Zeugen von Gott gerichtet werden. Denn sie richten sich [sese iudicant] nicht nach dem Urteile, das andere über sie fällen, nach ihren [der anderen] lobenden oder tadelnden Worten, sondern nach ihren eigensten, innersten Gedanken, die so tief im Herzen sitzen, daß die Seele ihnen nicht entfliehen und ausweichen, desgleichen sie auch nicht beschwichtigen kann, so wie sie es mit Menschenurteil und Menschenwort machen kann. So wird auch Gott alle Menschen genau nach diesen ihren innersten Gedanken richten, wird unser Innerstes enthüllen, so vollständig, daß es keine Möglichkeit mehr gibt, sich nach innen in noch geheimere Schlupfwinkel zu flüchten. Nein, wir können es nicht verhindern, daß unser Innerstes vor aller Augen entblößt und offen daliegt, gleich als ob Gott sagen wollte: Siehe, ich richte dich gar nicht, sondern ich stimme nur dem Urteile zu, das du über dich selber fällst und bestätige es. Du kannst ja gar nicht anders über dich urteilen. Also so wie deine Gedanken und dein Gewissen es als deine Zeugen sagen, bist du sei es der Hölle, sei es des Himmels wert.«[50]

Die Unentrinnbarkeit der Rechenschaftsforderung, die auch durch den von Agricola geforderten Verzicht auf die Predigt des Mosegesetzes in der Kirche nicht aufgehoben werden kann, und die Unentrinnbarkeit dieser Gotteserfahrung hängt eben daran, dass das Gesetz im Inneren des Menschen, in seinem Selbstverhältnis sich meldet, sofern es nicht durch das Evangelium zum Schweigen und der Mensch zur Ruhe gebracht wird.

[48] M. Luther, Contra Antinomos II, WA 39/1, Thesen 47 und 48; ebd. III, Thesen 39 und 40.

[49] A. a. O. (Anm. 48), III, These 40.

[50] M. Luther, Scholien zum Römerbrief, zit. nach der Übers. von E. Ellwein, München 1927, 68 = WA 56, 203,27–204,2.

5.4. Dabei setzt Luther voraus, dass der Mensch die Rechenschaftsforderung des Gesetzes immer schon im Modus der Differenz erfährt. Das Gesetz erscheint als Last und als Knechtschaft, als eine ständige Beunruhigung, als eine Forderung, die immer weiter greift als jede Erfüllung und daher den Menschen nicht zur Ruhe kommen lässt. Im Selbstverhältnis des Menschen wird eine von ihm selbst nicht trennbare, unverfügbare und unentrinnbare Forderung laut, in deren Erfüllung er seinen Wert gelegt sehen muss. Luther unterscheidet dabei drei Modi oder Haltungen, in denen sich der Mensch zu diesem in ihm selbst sprechenden Gesetz verhält: Die Haltung der Ignoranz, die diese Forderung verdrängt oder überhört; die Haltung der ›superbia – des Hochmuts‹, in der der Mensch das Gesetz als erfüllbar betrachtet und mit ihm unter dieser Voraussetzung umgeht; dies ist ein Zustand der Täuschung über sich selbst. Und die Haltung der Verstockung, die übergeht in die ›desperatio – Verzweiflung‹, wenn der Mensch dessen ansichtig wird, dass diese Rechenschaftsforderung eben nicht nur die Erfüllung des Gesetzes in materieller Hinsicht erwartet, sondern die Übereinstimmung des Willens des Menschen mit dem Willen Gottes in dieser Forderung, die gerade in der Situation des Gesetzes nicht gegeben ist, in der der Mensch die Rechenschaftsforderung im Modus der Differenz erfährt.

5.5. Deutlich ist, dass mit dieser ›Erfahrung des Gesetzes‹ die heilsgeschichtliche bzw. religiös-biographische Konkretion dessen geboten ist, was Luther in der Disputatio de homine als die vom Wesen der Sünde unabtrennbare Täuschung des Menschen über sich selbst beschrieben hatte. Denn in allen genannten Gestalten des Verhältnisses zum Gesetz bleibt dem Menschen die ihn bestimmende Sünde verborgen, indem er sich als auf Erlösung nicht angewiesen versteht und die Vernunft, die ihn vor den übrigen Lebewesen auszeichnet, als Grundlage betrachtet, der in ihn gelegten Forderung zu entsprechen. Es ist genau dieses ›Sich-nicht-angewiesen-Wissen‹, das nach Luther den Kern der Sünde ausmacht und das er in vielen Aussagen als Verstoß gegen das erste und damit das Hauptgebot deutet: Der Mensch, der sich selbst als nicht angewiesen betrachtet, ist der Mensch, der ›selbst Gott sein will‹.[51]

[51] M. Luther, Contra scholasticam theologiam Th 17, BoA V,321,26f.; Th 96–98, BoA, 326,25–29.

6. Es ist damit erst das Evangelium, das diese Grundhaltung des Sünders überwindet und dessen ansichtig werden lässt, was die Sünde ›in ihrer Tiefe‹ ist[52] und damit zugleich die Selbsttäuschung des Sünders durchbricht. Das Evangelium ist nach Luther der Zuspruch des um Leiden, Kreuz und Auferstehung konzentrierten Lebensvollzuges Jesu Christi als Grund des je eigenen Lebens und als Grund der je eigenen Identität. Diese Anerkennung Christi und des in ihm handelnden Gottes als Ursprung alles vom Menschen prädizierbaren Guten ist auf der einen Seite die Anerkennung, dass im Menschen von sich aus nichts Gutes ist, damit aber auf der anderen Seite die Anerkennung Gottes als des ›summum bonum – als Ursprung und Quelle alles Guten‹.[53] Der Glaube ist eben die Grundhaltung des dankbar den Geber anerkennenden Empfangens, in der die Grundhaltung und die Wurzel der Sünde, nämlich die Weigerung, sich angewiesen zu wissen, bewältigt und überwunden ist; zugleich ist eben damit ›Gott als Gott‹ anerkannt und bekannt und zwanglos das erste Gebot erfüllt.

7. Die heilsgeschichtlich und existentiell-biographisch konturierte Erzählung, in der sich das Wesen des Menschen nach Luther darstellt, wäre unvollständig, wenn nicht die von ihm nicht bestrittene Hoheit und Majestät, die die Vernunft auch außerhalb und vor dem Glauben an Christus hat und auch unter den Bedingungen der Sünde behält, zur Darstellung käme.

7.1. Luther unterscheidet – im Gefolge der spätscholastischen Theologie ebenso wie im Gefolge Augustins – zwischen den Bereichen der Wirklichkeit, die dem Menschen untergeordnet sind und den Bereichen, die ihm übergeordnet sind: der unbelebten, belebten und selbstbewegten Welt der Materie, der Pflanzen und der Tiere; und der Wirklichkeit der Engel und Gottes. Diese Unterscheidung ist vorausgesetzt, wenn Luther die Vernunft als das Haupt und das Beste im Vergleich mit »ceteris rebus huius vitae – den übrigen Dingen dieses Lebens« bezeichnet (Disputatio de homine Th 4 und 6). Sie zeichnet den Menschen als mit Orientierungswissen und Handlungskompetenz ausgestattetes Wesen aus (Th 5); sie ist der Ursprung dessen, »quidquid in hac vita sapientiae, potentiae, virtutis et gloriae ab hominibus possidetur – was immer der Mensch in diesem Leben an Weisheit, Macht, Tüchtigkeit und Herrlichkeit besitzt« (Th 5). Diese dem Menschen bzw. der Vernunft durch den Vergleich

[52] Schmalkaldische Artikel, BSLK 434.

[53] BSLK 560; WA 40/1 360 etc.; dazu Slenczka, Fides creatrix (Anm. 14).

mit den Dingen und Tieren, die mit Vernunft nicht begabt sind, zugängliche Vorrangstellung (Th 1) wird nach Luther durch den Herrschaftsauftrag in Gen 1,28 bestätigt (Th 7 und 8).

7.2. Diese Auszeichnung der Vernunft als Instanz der theoretischen und praktischen Wirklichkeitsbewältigung zieht Luther nicht in Zweifel; sie fügt sich in die Erzählung, in der sich das Wesen des Menschen darstellt, in zweifacher Weise ein: Zum einen betrachtet Luther die Vernunft als diejenige Ausstattung, die dem Menschen auch unter der Sünde erhalten bleibt und die den (jeden!) Menschen so auf das bonum commune ausrichtet, dass die gemeinschaftswidrigen, egozentrischen Folgen der Sünde nicht aufgehoben, wohl aber eingeschränkt werden. Es zeigt sich damit noch einmal, dass nicht etwa der Dekalog oder die Bergpredigt den Menschen ethisch orientiert, sondern das ›in die Herzen geschriebene Gesetz‹, das nach Luther mit dem Dekalog materialiter übereinstimmt.

7.3. Die Vernunft ist nämlich diejenige Instanz, die den Menschen zur Erkenntnis der in die Schöpfung eingelassenen Ordnungen und zu einem an ihnen orientierten Lebensvollzug befähigt.

7.3.1. Luther geht davon aus, dass jeder Mensch in ihm zugewiesenen Aufgaben steht, die ihn anderen Menschen dienend und fürsorgend zuordnen – er rezipiert dabei die vorreformatorische Ständeethik und verbindet sie mit dem Motiv des ›Berufs‹. Diese von Gott gestifteten Ordnungszusammenhänge – der Ehe; des Verhältnisses zu den Eltern und zur Obrigkeit – sind unbeliebig: jeder Mensch findet sich in ihnen vor, und sie sind für Luther durch die Schrift bestätigt und sanktioniert. Gerade das 4. und das 6. Gebot sind für Luther ebenso wie die biblischen Haustafeln und selbstverständlich auch Rö 13,1–7 eine Einweisung in lebensbestimmende und -orientierende Stände.[54] Dieser Verweis auf die dem menschlichen Leben vorgegebenen Ordnungen ist auf der einen Seite ein Verweis auf eine bestimmte Gestalt, in der das göttliche Gebot dem Menschen in concreto begegnet und sich ihm meldet; auf der anderen Seite hat dieser Verweis eine begrenzende und zugleich entschränkende Funktion: Luther führt diese Hinweise auf die immer schon vorgegebene Ordnung, in die menschliches Leben eingelassen ist und in der es mit Gottes Gebot

[54] Vgl. die Auslegung des 4. Gebots in den Katechismen, bes. im Großen Katechismus (BSLK 586–605, bes. 601,24ff.) und in der Schrift ›Von den guten Werken‹ (1520): BoA I, 227–298, hier 273–287.

zu tun hat, als Gegeninstanz zur Wertschätzung eines an den ›Evangelischen Räten‹ – Keuschheit, Gehorsam, Armut – orientierten Lebens und als Gegeninstanz zu überpflichtigen Leistungen, die zur Konkurrenzinstanz für die Lebensordnungen zu werden drohen, an: Jeder Mensch, auch der Christ, ist in der Frage nach seiner Lebensführung an eben diese unbeliebig vorgegebenen Ordnungen und nicht an asketische Sonderleistungen gewiesen.

7.3.2. Auf der anderen Seite werden dem Christen eben diese Ordnungen zu Gelegenheiten des Dienstes, zu dem die Teilhabe an der Freiheit Jesu Christi – der sich selbst zum Dienst erniedrigt hat – führt: Die Ordnungen sind für den Christen Betätigungsfelder selbstinteressefreien Dienstes an den Nächsten, den er jeweils in seinem Stand vor den Folgen der Sünde zu schützen hat.[55] Auch die Wahrnehmung des strafbewehrten obrigkeitlichen Handelns ist nach Luther ein solcher Dienst der Nächstenliebe, in dem der Christ der Einsicht Rechnung trägt, dass die Sünde nur durch das Wirken des Heiligen Geistes beseitigt werden kann und dass daher das Zusammenleben von Menschen nicht auf die Sündlosigkeit und Selbstinteressefreiheit der Mitglieder der Gemeinschaft gegründet sein darf; vielmehr ist menschliche Gemeinschaft nur möglich, wenn die Wahrung der Sozialität über das Selbstinteresse des Menschen – die Strafandrohung – wirksam realisiert wird.[56] Die im Glauben realisierte Haltung der Selbstinteressefreiheit ergreift das in den Ordnungen vorgezeichnete Bezogensein auf den anderen als Gestalt der Liebe und damit des Dienstes am Nächsten und an der Gemeinschaft. Diese Ordnungen ergeben sich aber für Luther nicht aus Sonderoffenbarungen des Christen oder aus biblischen Weisungen, sondern sie sind grundsätzlich allen Menschen durch die Vernunft zugänglich und werden als Verbindlichkeiten erfahren – Luther weist hier durchaus eine Nähe zu naturrechtlichen Argumentationsfiguren auf. Der bei Luther immer wieder anzutreffende Hinweis auf biblische Grundlagen solcher Ordnungen dient der Bestätigung und der positiven Sanktionierung der Ordnungen, zuweilen auch der Aufklärung über ihren ursprünglichen Sinn, ist aber für die Ordnungen und deren Verbindlichkeit nicht konstitutiv. Hier meldet sich in der Tat die auch nach dem Sündenfall bewahrte Auszeichnung der ordnenden und Ordnungen erkennenden Vernunft.

[55] Luther, Freiheit (Anm. 17) WA 7,20–38; M. Luther, Ob Kriegsleute in seligem Stande sein können [1526] WA 19,623–662.

[56] Dazu N. Slenczka, Gott und das Böse. Die Lehre von der Obrigkeit und von den zwei Reichen bei Luther. in: Luther 79 (2008), 75–94.

7.3.3. Dieser auch in der Auseinandersetzung mit dem ›linken Flügel der Reformation‹ und den dort vorgetragenen, auf die Schrift und das ›sola scriptura‹ sich berufenden Sozialutopien durchgehaltene Verzicht Luthers darauf, eine spezifisch christliche Ethik zu entwerfen oder die Schrift als Fundament für eine spezifisch christliche Soziallehre aufzubieten, etabliert die Vernunft – und nicht etwa die Schrift – als Quelle, Norm und Kriterium rechtmäßiger ethischer Forderungen, an der sich auch das Recht des Geltungsanspruchs alttestamentlicher Vorschriften ausweisen muss: Über deren Verpflichtungskraft entscheidet die Übereinstimmung mit dem den Christen ins Herz geschriebenen Gesetz.[57] Auch die Obrigkeit ist in ihrem Handeln nicht etwa kategorisch dem Dekalog verpflichtet, sondern hat situationsgerecht und geleitet vom ›bonum commune – dem Allgemeinwohl‹ Entscheidungen zu treffen.[58]

8. Die Frage, ob und in welchem Sinne der Mensch über einen freien Willen verfügt, hat die scholastische Theologie von Augustin und seiner Auseinandersetzung mit Pelagius und den Semipelagianern geerbt.

8.1. Die Frage hat in den theologischen und philosophischen Diskussionen der Hochscholastik zwei Anhaltspunkte: Ein Ort der Diskussion der Vereinbarkeit von Freiheit und göttlicher Vorherbestimmung ist die Kommentierung des 9. Kapitels von ›Peri Hermeneias – De interpretatione‹ des Aristoteles, in dem dieser über den Wahrheitswert von Aussagen über künftige, kontingente Ereignisse handelt: Wenn Sätze, deren Wahrheit vom Eintreffen eines künftigen, kontingenten Ereignisses abhängt, jetzt schon wahr sein können (etwa: Petrus est praedestinatus – Petrus ist prädestiniert zum Heil), dann ist das Ereignis nicht mehr kontingent, sondern trifft mit Notwendigkeit ein. Verbindet man diese Kommentierung mit dem Sachgehalt der christlichen Soteriologie, dann verkompliziert sich die Fragestellung erst richtig und wird zu einem würdigen Übungsfeld erheblichen Scharfsinns.[59]

[57] Luther, Ein Unterrichtung wie sich die Christen in Mose schicken sollen [1526], WA 16,380,17–28.

[58] M. Luther, Von weltlicher Obrigkeit, BoA II,387,23–388,2; 390,16–37; M. Luther, Sermon von den guten Werken, BoA I,283,18–284,4.

[59] Vgl. etwa Wilhelm v. Occam, Tractatus de praedestinatione et de praescientia Dei respectu futurorum contingentium, dazu: D. Perler, Prädestination, Zeit und Kontingenz, Amsterdam 1988.

Denn hier – das ist der zweite Ort der Diskussion der Probleme des freien Willens – stellt sich im Rahmen der Soteriologie die theologische Frage, ob – und wenn ja: was – der Mensch zum Erwerb des Heils beiträgt. Sofern, wie der späte Augustin behauptete, das finale Erreichen des Heils Ergebnis der göttlichen Prädestination ist, durch die Gott das Heil des Menschen ohne dessen Zutun realisiert, würden das Erreichen des menschlichen Heils alle Kontingenz verlieren und – sofern das Heil von der Erfüllung menschlicher Bedingungen (etwa dem Glauben oder der ›contritio – Zerknirschung‹) abhängig ist – würden diese Bedingungen sich beim Menschen mit Notwendigkeit einstellen. Hier geht es einerseits darum, die Gnadenhaftigkeit der Heilszueignung zu wahren, die nicht als durch Leistungen des Menschen erworben gelten durfte; auf der anderen Seite war die Schuldhaftigkeit der Sünde und damit die Gerechtigkeit Gottes zu wahren, die nur dann gewährleistet ist, wenn der Heilstand des Menschen nicht völlig in der Hand Gottes ist und diesem damit das Verderben des Sünders zuzuschreiben wäre. Insofern muss die Zueignung des Heils ein Verdienst auf Seiten des Menschen voraussetzen, das den des Heils Teilhaftigen vom final verurteilten Sünder unterscheidet. Und nicht zuletzt geht es auch darum, die verändernde Kraft der Gnade und die dem Heilstand entsprechende Neuorientierung des Lebensvollzugs einzuschärfen. Im Kontext der Auslegung des Bußsakraments sind die Theologen von dem seelsorgerlichen Interesse geleitet, die dem Willen abgeforderten Bedingungen des Gnadenempfangs überschaubar zu halten und so auszulegen, dass die Gewissheit des Gnade suchenden Subjekts nicht ruiniert wird; dem dienten gerade im Rahmen der Theologie des Bußsakraments die Beschreibung der ›materia‹ des Sakraments – im Falle des Bußsakraments sind das die seitens des Poenitenten zu erbringenden Voraussetzungen, auf die hin durch den Zuspruch der Absolution die gültige Vergebung und die Wiederherstellung des Gnadenstandes zustandekommt: die confessio oris – das (vollständige) mündliche Bekenntnis der Sünden; die satisfactio operis – die Genugtuung für die zeitlichen Sündenfolgen; und insbesondere die contritio cordis – die durch Liebe zu Gott und seinem Willen (und nicht aus Angst vor der Strafe) motivierte Abscheu vor der begangenen Tat. Die Definitionen dieser Voraussetzungen (facere quod in se est – tun, was möglich ist) waren ursprünglich und eigentlich als limitierende Vergewisserungen des skrupulösen Poenitenten gedacht, haben aber faktisch nicht nur bei Luther eine tiefgreifende Unsicherheit über die Erfüllung dieser Voraussetzungen und damit über die Gültigkeit der Absolution ausgelöst.

Der Hauptstrom der hoch- und spätscholastischen theologischen Traditionen war daran interessiert, Formeln zu finden, unter denen die grundsätzliche Freiheit des Willens mit der Alleinwirksamkeit der Gnade verbunden ist. Die Unterscheidung der necessitas consequentis (der inneren Notwendigkeit dessen, was folgt) von der necessitas consequentiae (der Notwendigkeit, dass etwas folgt) oder die Zuordnung von Erst- und Zweitursache – der durch die Gnade erneuerte, befähigte und beständig begleitete Wille erlangt Verdienste – sind Versuche, die Bedingungen des Gnadenempfangs so zu beschreiben, daß die unbestrittene Alleinwirksamkeit der Gnade die Unverzichtbarkeit eines menschlichen Verdienstes nicht ruiniert.

8.2. Luther hatte seit der ›Disputatio de viribus et voluntate hominis sine gratia‹ (1516), conlusio 2, corollarium I,[60] insbesondere aber in der Heidelberger Disputation die These vertreten, dass der Wille ohne die Gnade gegenüber der Sünde nicht frei, sondern deren freiwilliger Sklave sei; der ›freie Wille‹ nach dem Sündenfall sei eine »res … de solo titulo – ein bloßer verbaler Anspruch« (Th 13). Luther schließt sich vollständig dem späten Augustin an: In den Fragen des menschlichen Heils ist der Wille vollständig passiv und Gott allein wirksam.

Erasmus hat dieses Thema aufgegriffen in der Meinung, dass an diesem Punkt Luther zu weit gegangen sei und hier Einsicht wenn nicht bei Luther, so doch bei dessen Mitstreitern zu erreichen sei. Sein Hauptargument ist einerseits das Vorliegen von explizit heilsrelevanten ethischen Weisungen in der Schrift und, damit zusammenhängend, das theologische Interesse an den sittlichen Wirkungen der christlichen Verkündigung;[61] andererseits hängt sein Interesse an den Folgen, die eine strikt prädestinatianische Soteriologie für ein Gottesbild hätte. Dieses müsste ein Strafhandeln Gottes an einem Subjekt integrieren, das keine Möglichkeit für eine andere Entscheidung hatte, so dass Gott die Sünde des Menschen strafen würde, die er selbst im Subjekt hervorgerufen oder wenigstens nicht verhindert hat.

[60] BoA V. (311) 312–320, hier 316,11–26.

[61] Erasmus, De libero arbitrio diatribe I a 10, Ausgewählte Schriften 4, hg. v. W. Welzig, Darmstadt ³2006, 18; vgl. II a 14, ebd. 58f.

8.3. Luthers Argument für die Unfreiheit des menschlichen Willens hängt zunächst, wie auch in der Disputatio de homine, an der Überzeugung, dass der Mensch durch Werke nicht gerechtfertigt wird, sondern durch Christus und damit durch den Glauben, der als Gegensatz zum Werk, als Modus der Passivität, gefasst wird. Jedes Zugeständnis an die Freiheit des menschlichen Willens tendiert dazu, dem menschlichen Willen und nicht der göttlichen Gnade den entscheidenden Beitrag zum Heil zuzuweisen und so der Ehre Gottes bzw. Christi Abbruch zu tun.[62] Luther bestreitet die von allen zeitgenössischen Schulen seiner Zeit vertretene Position, dass die Sünde des Menschen eine Schwächung, nicht aber eine völlige Zerstörung seiner höchsten Anlagen - der Vernunft und der Freiheit des Willensvermögens - bedeute.[63] Er tut dies genau mit dem Argument, dass erstens die sich selbst überlassene Vernunft ihrer selbst nicht ansichtig werde, und dass zweitens der Mensch zwar fähig sei, sich zum Tun des Gebotenen zu bestimmen, aber unfähig sei, sich zum Wollen des Gebotes und zur freien Einstimmung in den Willen Gottes zu bestimmen: »Aber durch den Fall ist danach der Wille, der Verstand und alle natürlichen Vermögen zerstört, so dass der Mensch nicht mehr unversehrt ist, sondern auf sich bezogen (incurvatus) durch die Sünde …, so dass er nicht länger Gott erkennt, ihn auch nicht liebt, sondern flieht und fürchtet und behauptet, dass er nicht Gott, das heißt: barmherzig und gut, sei, sondern ein Richter und Tyrann.«[64] Dies ist die Prämisse, unter der Luther die Gebote der Schrift nicht, wie Erasmus, als Zeugnis für die Fähigkeit des Menschen, sondern gemäß Rö 3,20 als Predigt des Gesetzes im usus elenchticus versteht, das darauf zielt, den Menschen seiner Unfähigkeit zum Wollen und Tun zu überführen.[65] Dieser Ableitung anthropologischer Einsichten aus dem Kontext der Heilsgeschichte entspricht es, dass Luther auf der anderen Seite die Alleinwirksamkeit Gottes zum Heil und die daran hängende Unfreiheit des menschlichen Willens als ein Erfordernis des Gottesbegriffs begründet, nach dem die Souveränität Gottes es ausschließt, dass er auf Vorleistungen des Menschen reagiert und somit fremdbestimmt würde.[66]

[62] M. Luther, De servo arbitrio, BoA III, 157,27–41; 166,40 ff.

[63] M. Luther, Enarratio Psalmi LI, WA 40/2, 313–470.

[64] Ebd., 323,32–324,19.

[65] Luther, De servo arbitrio (1526), BoA III,163,42 ff.; 167,22–168,40; 170,23–31; 188,11 ff.

[66] Ebd. 200,10–41; 213,17–214,20.

8.4. Bereits mit diesem Gottesbegriff verlässt Luther die im engeren Sinne soteriologische Argumentation. Das ist darum interessant, weil er der These von der Unfreiheit des menschlichen Willens eine unterschiedliche Reichweite gibt: Einerseits schränkt er sie auf das Gottesverhältnis und auf die Frage des Heilserwerbs ein – in dieser Hinsicht sei der menschliche Wille unfrei, während er in allen übrigen Belangen des Handelns in der Welt frei und damit zurechnungsfähig sei.[67] Das impliziert natürlich, dass das ethische Handeln in der Welt – sofern es nicht vom Glauben an Gott getragen und beständig begleitet ist – für das menschliche Heil keine Auswirkungen hat. Andererseits gibt Luther in einigen seiner Formulierungen zu erkennen, dass er die Unfreiheit des Menschen als ein allgemeineres theologisches und anthropologisches Phänomen betrachtet, so dass der menschliche Wille nicht nur bezüglich des Heils, sondern in jeder Hinsicht unfrei sei.[68] Das ist darum interessant, weil Luther diese Behauptung bereits 1516,[69] aber eben auch in ›De servo arbitrio‹ gegen die Vorstellung abgrenzt, dass der Wille unfrei im Sinne von ›gezwungen‹ sei.[70] Er geht offensichtlich davon aus, dass das Wollen in jedem Fall frei im Sinne von ›ungezwungen‹ sein muss – andernfalls würde es sich nicht um ein Wollen, sondern um ein Müssen handeln. Genau dieses freie Wollen aber ist nach Luther in dem Sinne unfrei, dass der Mensch die Ausrichtung dieses Wollens nicht in der Hand hat.[71] Der Wille steht somit nicht vor der Alternative von Sünde und Gnade, sondern ist – unbeschadet seines Charakters als Wille – unverfügbar und unentrinnbar davon bestimmt. Damit wird deutlich, dass Sünde für Luther eine Gestalt des Wollens ist, und zwar ein Wollen, das selbst nicht in der Hand dessen ist, der will. Sie ist ein unentrinnbares, das Subjekt in seinem Willen und Handeln immer schon bestimmendes Ausgerichtetsein des Wollens, das nicht in der Verfügung des jeweils Wollenden ist. Diese Einsicht Luthers ist darum weiterführend, weil sie nicht nur aus theologischen Prämissen gefolgert ist, sondern die Verständigung über das Willensvermö-

[67] M. Luther, Disputatio de homine, Th. 4–9; s. o. 3.

[68] M. Luther, De servo arbitrio, BoA III, 108,30–109,39; 203,33 ff.; 214,41–215,17.

[69] M. Luther, De viribus et voluntate hominis sine gratia, BoA I,316,11 f.

[70] Etwa: M. Luther, De servo arbitrio, a. a. O. 216,20–22

[71] Vgl. N. Slenczka, Von der Freiheit des unfreien Willens. Bemerkungen aus theologischer Perspektive, in: Chr. Spieß u. a. (Hg.): Freiheit-Natur-Religion. Studien zur Sozialethik, Paderborn 2010, 51–84.

gen insgesamt aus der Orientierung am Phänomen der Entscheidung herausführt und darauf aufmerksam macht, dass das ›Wollen‹ nicht in der Situation des Nichtfestgelegtseins angesichts einer Alternative und der durch nichts motivierten Wahl in dieser Alternative verortet ist, sondern dass ›Wollen‹ immer in irgendeiner Weise, aber eben unverfügbar, bestimmt ist. Dieser Aspekt der Lehre Luthers vom unfreien Willen ist nicht spezifisch theologisch, wohl aber phänomengerecht: Jedes Wollen ist frei – sonst wäre es ein Müssen. Aber jedes Wollen ist immer schon bestimmt, hat eine Richtung, die es *im Vollzug des Wollens* nicht in der Hand hat. Der Mensch kann zwar sein Wollen reflektieren und befragen, er kann es aber nicht bestimmen und über sein Wollen entscheiden. Dass sich der Mensch in seiner Freiheit nicht in der Hand hat – dies ist eine allgemeine und allgemein plausible weil phänomengerechte Einsicht, die in Luthers Feststellung steckt, dass der Mensch immer schon und unentrinnbar so verfasst ist, dass er selbst Gott sein will und sich nicht in einem anderen seiner selbst begründet wissen will.[72]

9. Luther betrachtet den Menschen als ein Wesen, das dann seinem Wesen entspricht, wenn es durch das Evangelium von Christus in der beschriebenen Weise außerhalb seiner selbst begründet ist; daraus ergibt sich, dass der Mensch ›extra Christum‹ bestimmungswidrig lebt, dabei aber weder theoretisch noch im Blick auf die Bestimmung seines Willens ›hinter sich kommt‹ und sich durchschaut oder ›sich bestimmen‹ kann. Luthers Anthropologie hat dabei durchaus Aspekte, die theoriefähig und für die anthropologische Verständigung weiterführend sind; das gilt insbesondere für seine Ausführungen zum unfreien Willen. Aber es ist auch deutlich, dass Luther an solcher Theoriefähigkeit nicht interessiert ist; gerade im Vergleich auch mit den wissenschaftlich-theologischen Anthropologien seiner Zeit fällt der gänzlich andere Gestus seiner Verständigung über den Menschen auf: Luthers Anthropologie ist nicht an der erschließenden Kraft, die die aristotelischen Texte durchaus haben, sondern an der Selbsterfahrung und damit am Selbstvollzug des Menschseins interessiert. Für ihn stehen dabei mit der Erfahrung der Rechenschaftsforderung (Gesetz) und der Erlösung zur externen Konstitution (Evangelium) spezifische Erfahrungen im Zentrum, in denen für ihn herauskommt, was der

[72] M. Luther, Contra scholasticam theologiam Th. 86f. [BoA I,326,7–10] und Th. 16f. [ebd. 321,24–25].

Mensch eigentlich ist. Die Quelle für seine Anthropologie sind aber eben auch nicht theologische Lehrgehalte oder Aussagekomplexe der Schrift, bzw. diese nur insofern, als sie ihm seine Selbsterfahrung deuten bzw. sich in Selbsterfahrung übersetzen – anders: Sofern er in ihnen sein Angefochtensein wiedererkennt und bewältigen kann. Die Anthropologie hat – wie alle Theologie – nach Luther ihre Quelle in der Erfahrung und sie zielt wiederum darauf ab, diese Erfahrung zu deuten und zu wecken – nicht um das ›cognoscere – Erkennen‹ des Sünderseins, sondern um das ›sentire – fühlen‹ geht es:

> »Ferner ist diese Erkenntnis der Sünde nicht irgendeine Betrachtung, oder ein Nachdenken, das der Geist sich einbildet, sondern es ist ein wahres Fühlen, eine wahre Erkenntnis und ein sehr schwerer Kampf des Herzens, wie bezeugt ist, wenn [David] sagt: ›Ich erkenne meine Missetat‹, das heißt: Ich fühle sie, erfahre sie. … Dies ist das Wesen des Menschen in der Theologie, und darauf zielt der Theologe, daß der Mensch seine von den Sünden zerstörte Natur fühlt. Wenn das geschieht, folgt die Verzweiflung, die in die Hölle stößt. … Wenn dies im Geist so gefühlt wird, dann muß der zweite Teil der Erkenntnis folgen, der auch nicht spekulativ ist, sondern ganz praktisch und auf das Gefühl bezogen sein muß: daß der Mensch lernt und hört, was die Gnade sei, was die Rechtfertigung, was der Ratschluß Gottes über den Menschen, der so in die Hölle gefallen ist: daß er nämlich beschloß, den Menschen durch Christus wiederherzustellen, usw. Hier wird der niedergeschlagene Geist wieder aufgerichtet und stellt auf diese Lehre von der Gnade mit Freude fest: Wenn ich auch in mir selbst ein Sünder bin, bin ich in Christus kein Sünder … Das sind die beiden theologischen Erkenntnisse, die David in diesem Psalm vermittelt, so daß der Psalm auf die theologische Erkenntnis des Menschen zielt: damit nicht jemand über die Majestät (Gottes) spekuliert, was Gott wohl tut, wie mächtig er ist; desgleichen, daß nicht jemand über den Menschen, soweit er Herr seiner Angelegenheiten ist, wie der Jurist, oder über den kranken Menschen, wie der Mediziner, sondern über den Menschen als Sünder. Denn der eigentliche Gegenstand der Theologie ist der Mensch als der Sünde Angeklagter und Verlorener, und Gott als Rechtfertiger und Retter des sündigen Menschen.«[73]

[73] M. Luther, Enarratio Psalmi LI, WA40/II, 313–470.

Donum Superadditum

Michael Welker

Gedächtnis, Vorstellungskraft und der menschliche Geist

Wirtschaftswissenschaftliches Denken unterscheidet zwischen Mikroökonomie und Makroökonomie: »In der Mikroökonomie geht es vornehmlich um die Einzelteile einer Ökonomie wie individuelle Haushalte, Firmen und Industrien. Jede dieser Einheiten steht für einen einzelnen Markt, und das Verhalten dieser Einheiten, das mit bestimmten Gütern und Dienstleistungen zu tun hat, muss analysiert und verstanden werden.« - »In der Makroökonomie dagegen geht es um die Summe dieser Teile. … Makroökonomische Modelle sind vereinfachte Beschreibungen des Verhältnisses zwischen einigen Zusammenstellungen makroökonomischer Variablen, … die verwendet werden …, um den wahrscheinlichen Kurs der gesamten Ökonomie darzustellen.«[1] Beide Zugangsweisen – der der Mikro- und der der Makroökonomie – sind unverzichtbar für eine umsichtige ökonomische Analyse und Steuerung. Fehlgelenkt wäre eine Assoziation von »Makro- und Mikro-« mit »mehr oder weniger wichtig«.

Im folgenden Beitrag möchte ich vorschlagen, diese Differenzierung auch für das Feld von »Gedächtnis und Vorstellungskraft« zu verwenden. Konsultationen zwischen Vertreterinnen und Vertretern der Religionswissenschaften, der Theologie und vor allem der Psychologie im Sommer 2014 in New York haben mich dazu bewogen, Phänomene und Theorien des Mikrogedächtnisses und der Mikroimagination sowie des Makrogedächtnisses und der Makroimagination zu unterscheiden und zu aufeinander zu beziehen. Vor allem die empirisch arbeitenden Psychologen konzentrierten sich sehr stark auf das Mikrogedächtnis, d. h. auf die individuellen Gedächtnisleistungen, die oft in dialogischer Person-zu-Person-Kommunikation erbracht und vermittelt werden, und auf das sogenannte »episodische Gedächtnis«, das in diesen Kontexten entwickelt wird. Diese Konzentration auf das

[1] Magill, F. N. (ed.), International Encyclopedia of Economics, vol. 2. London: Fitzroy Dearborn, 1997, 973/895 (übers. M. W.).

episodische Gedächtnis, das, wie es hieß, Individuen mit der Vergangenheit verbindet, wurde als Garant für empirisch belastbare Erfahrungen aus der Vergangenheit und mit sich selbst angesehen. Darüber hinaus wurde es zum entscheidenden Baustein auch aller Formen des Makrogedächtnisses erklärt.[2]

Doch selbst unter den primär empirisch orientierten Psychologen war diese Grundannahme strittig. Vertreten wurde die These, dass auch das autobiografische Erinnern in einem »offenen System mit mehreren Ebenen sozialer, kultureller und historischer Variablen« (open system with multiple levels of social, cultural and historical variables) operiert[3], und es wurde festgestellt, dass »episodische Erinnerungen einem starken Prozess der Systemkonsolidierung« unterliegen: ›episodic memories undergo a massive process of system consolidation.‹ Dies führte dann zu der Frage: »Wie persönlich ist eigentlich das persönliche Gedächtnis?«[4]

Die Gedächtnistheorien, mit denen wir uns interdisziplinär in Deutschland in den letzten Jahren beschäftigt haben, befassten sich gegenüber dem in der amerikanischen empirisch arbeitenden Psychologie dominierenden Ansatz vor allem mit verschiedenen Formen von Makrogedächtnis. Sie nahmen, besonders durch Jan Assmann angeregt, Impulse des Soziologen Maurice Halbwachs auf, dessen Bücher *The Social Frameworks of Memory*[5] und *The Collective Memory*[6] nicht nur auf die sozialen Rahmenbedingungen des individuellen und des neuronalen Gedächtnisses aufmerksam machen, sondern auch die mentalen und kognitiven Errungenschaften eines gemeinsamen geteilten Gedächtnisses und seine sozialen, kulturellen und material weltgestaltenden Auswirkungen verdeutlichen.[7] Durch die Re-

[2] Fivush, R. / Merrill, N., An ecological systems approach to family narratives, in: Schachter, D. & Welker, M., Memory and Connection: Remembering the Past and Imagining the Future in Individuals, Groups, and Cultures, Memory Studies, Special Issue, July 2016 (zit. Memory Studies: Special Issue 2016), 305 ff.

[3] Wang, Qi, Remembering the self in cultural contexts: A cultural dynamic theory of autobiographical memory, Memory Studies 2016, 295 ff.

[4] Dudai, Y. / Edelson, M., Personal memory: Is it personal, is it memory?, Memory Studies 2016, 275 ff.

[5] Halbwachs, M., Les cadres sociaux de la mémoire, Paris 1925; in einigen der folgenden Abschnitte nehme ich Gedanken auf aus: Welker, M., ›Kommunikatives, kollektives, kulturelles und kanonisches Gedächtnis‹, in: Jahrbuch für Biblische Theologie, vol. 22: Die Macht der Erinnerung. Neukirchen-Vluyn: Neukirchener Verlag, 2008, 321–331.

[6] New York 1980 (= La mémoire collective, ed. J. Alexandre, 1950).

[7] Vgl. Assmann, J., ›Zum Geleit‹, in: Kontexte und Kulturen des Erinnerns. Maurice Halbwachs und das Paradigma des kollektiven Gedächtnisses. Konstanz, 2002, 7–11; siehe auch Namer, G., Mémoire et société. Paris 1987.

zeption von Halbwachs' Impulsen, aber auch geprägt durch das Werk des Kunsthistorikers Aby Warburg und im Dialog mit anderen Arbeiten des 20. Jahrhunderts über kommunikatives Gedächtnis haben Jan und Aleida Assmann eine reich entwickelte Typologie verschiedener Formen des sozialen, kommunikativen, kollektiven, kulturellen und kanonischen Gedächtnisses entwickelt, die trotz experimentierender Wandlungen und fortgeschrittener, auch kontroverser, Diskussion systematisch anregend und fruchtbar bleibt.

Zur Unterscheidung von kommunikativem, kulturellem und kollektivem Gedächtnis

In seinem bahnbrechenden Buch *Das kulturelle Gedächtnis. Schrift, Erinnerung und politische Identität in frühen Hochkulturen* hat Jan Assmann zwei »Gedächtnis-Rahmen« unterschieden: »das kommunikative und das kulturelle Gedächtnis«. Sie sollen verstanden werden als Formen der gemeinsam erinnernden Überbrückung zwischen »Ursprungszeit und jüngster Vergangenheit«[8] Assmann unterscheidet eine »diffuse Teilhabe der Gruppe am kommunikativen Gedächtnis« von einer differenzierteren, gezielteren Teilhabe am kulturellen Gedächtnis. Gegenüber dem fließenden kommunikativen Gedächtnis richte sich das kulturelle Gedächtnis auf »Fixpunkte in der Vergangenheit« und bediene sich dabei »institutionalisierter Mnemotechnik«[9]. Zunächst subsumiert Assmann beide Formen der Erinnerung unter dem aus den Texten von Halbwachs aufgenommenen Titel »kollektive Erinnerungen«[10]. In späteren Veröffentlichungen unterscheidet er hingegen ein »kollektives oder Bindungs-Gedächtnis«[11] vom kulturellen Gedächtnis, das erheblich größere Formen der Freiheit des Umgangs mit den Erinnerungen und bessere Lernkapazitäten gewähre.

Angeregt von Friedrich Nietzsche und Siegmund Freud[12], sieht er das kollektive Gedächtnis den Menschen vor allem durch Leid, Schmerz und Trauma eingraviert. Das kollektive Gedächtnis kann wohl, mit einem Ausdruck von Nietzsche gesagt, der »Züchtung des Menschen zum Mitmenschen« dienen. Es ist aber auch »besonders anfällig für politisierte Formen der Erinnerung«[13]. Assmann entwickelt eine

[8] Assmann, J., Das kulturelle Gedächtnis. Schrift, Erinnerung und politische Identität in frühen Hochkulturen, München 1992, 48 ff.

[9] Ebd. 52 f.

[10] Ebd. 48.

[11] Vgl. Assmann, J., Religion und kulturelles Gedächtnis: zehn Studien, München ^{3}2007, 15 ff.

[12] Vgl. Nietzsche, F., Züchtung des Menschen zum Mitmenschen. Zweite Abhandlung: Zur Genealogie der Moral, Friedrich Nietzsche, Sämtliche Werke, Bd. 5 München 1980, 291 ff.

[13] Assmann, Das kulturelle Gedächtnis, 17.

ambivalente Haltung gegenüber dieser Gedächtnisform. Er erkennt ihre Ideologieanfälligkeit. Er sieht die Gefahren der politischen und moralischen Emotionalisierung, die Manipulierbarkeit zu politischen Zwecken bis hin zur Gewaltbereitschaft im Stil von Pogromstimmungen und Rachefeldzügen. Er entwickelt aber auch die moralische Vision eines »universalisierten Bindungsgedächtnisses [...], das sich auf gewisse Grundnormen der Menschenwürde verpflichtet«[14].

Die Stärke der Unterscheidung von kommunikativem und kulturellem Gedächtnis lag in der Sensibilisierung für die Differenz von zwei Typen der gemeinschaftlichen Zirkulation, Abstimmung und Verknüpfung von Erinnerungen und darauf beruhenden Erfahrungen und Zukunftsvorstellungen. Das *kommunikative Gedächtnis* verknüpft die individuellen Erinnerungen und die Prozesse des Abrufens, Fortschreibens und Bereicherns mit immer neuen interaktiven Abstimmungsleistungen, die geteilte Erinnerungs- und Erwartungssicherheit ermöglichen. Es schöpft dabei aus einem sich beständig verändernden Reservoir von Themen, wobei sich in den verschiedenen sozialen Gruppierungen Kernthemenbestände dramatisch imponieren oder emergent einspielen können, die das Gedächtnis längerfristig prägen. Man kann sich dann auf das »geteilte Gedächtnis« berufen und von einer über das Gedächtnis vermittelten sozialen Identität sprechen. Diese Identität verschiebt sich allerdings im Fluss der Ereignisse, der Lebensprozesse und der Bildungsimpulse, denen die Gedächtnisgemeinschaft beständig ausgesetzt ist.

Im Kontrast dazu steht das *kulturelle Gedächtnis* mit seinen thematischen Konzentrationen und seinen bildungstechnischen und mnemotechnischen Begleiterscheinungen in stabileren Wechselbeziehungen mit der von ihm geprägten und es prägenden sozialen Identität. Die Reformation, die Französische Revolution, der amerikanische Bürgerkrieg (der Civil War), die europäische Aufklärung, die Weltkriege, 1933, der Holocaust, der Fall der Mauer, der 11. September – in solchen Ereignissen und Geschichtsphasen imponiert sich ein Gedächtnis, an dem zwar auch durch historische Forschung, literarische Beleuchtung, politische Instrumentalisierung, mediale Aufbereitung und in vielen anderen Formen beständig verändernd gearbeitet wird, das sich aber dennoch gegen seine Transformation stellt und das die Bedingungen seiner Rezeption und Zirkulation entscheidend mitbestimmt. Die damit gegebene relative Identitätsstabilität und klare Identifizierbarkeit geht mit normativen Prägekräften einher, die in den Phänomenen des von Jan

[14] A.a.O. 36.

und Aleida Assmann so genannten *kollektiven Gedächtnisses* besonders auffällig werden.[15]

Kulturelles und kanonisches Gedächtnis

In seinem Werk *Das kulturelle Gedächtnis* unterscheidet Jan Assmann nicht nur das geformte und organisierte »kulturelle Gedächtnis« vom gleichsam flüssigen, beständig sowohl schwindenden als auch bereicherten »kommunikativen Gedächtnis«. Er unterscheidet auch, Impulse von Claude Lévi-Strauss aufnehmend, »heiße« und »kalte« Erinnerung oder, wie er formuliert, »heiße und kalte Optionen des kulturellen Gedächtnisses«[16]. Heiß erinnernde Gesellschaften sind von einem Bedürfnis nach Veränderung gekennzeichnet und verinnerlichen ihre Geschichte bzw. mythisierte Regionen der Geschichte, um sie zum Motor ihrer Entwicklung zu machen. Kalte Erinnerungen pflegende Gesellschaften hingegen leisten durch ihre vorherrschenden Erinnerungsformen einer Veränderung ihrer Strukturen, die ein Eindringen der lebendig angeeigneten Geschichte ermöglichen würde, Widerstand. Kalt erinnernde Gesellschaften sind damit nicht einfach kollektiv gemütskranke oder apathische Gesellschaften, sondern Gesellschaften, die eine Form entwickelt oder gefunden haben, sich der beständigen Veränderung durch das kommunikative Gedächtnis zu entziehen.[17] Assmann betont: »Gesellschaften bzw. Kulturen müssen nicht als Ganze ›kalt‹ oder ›heiß‹ sein.«[18]. Sie können, sogar parallel laufend, »Kühlsysteme und Heizsysteme« der Geschichtsaneignung und Geschichtsverwendung entwickeln.

In einem weiteren Schritt reflektiert Assmann die Folgen der Emergenz der Schriftkultur für das kulturelle Gedächtnis.[19] Er zeigt, dass die Verschriftung der Tradition keineswegs das heiße Gedächtnis nur abkühlen muss, sondern dass sie im Gegenteil einen ständigen Fluss von Interpretationen freisetzen kann, die das kulturelle Gedächtnis formen und lebendig erhalten. Um dies optimal zu leisten,

[15] Vgl. Assmann, A., Der lange Schatten der Vergangenheit. Erinnerungskultur und Geschichtspolitik. München 2006, 29ff.; sie nimmt aber auch den Einwand von Reinhart Koselleck auf: »Es gibt keine kollektive Erinnerung, wohl aber kollektive Bedingungen möglicher Erinnerungen«; vgl. Assmann, A., Gebrochene Erinnerungen? Deutsche und polnische Vergangenheiten, in: Jahrbuch der Deutschen Akademie für Sprache und Dichtung. Göttingen 2000, 19–32, hier 20.

[16] Assmann, Das kulturelle Gedächtnis, 66f.

[17] Vgl. Welker, M., Gottes Geist. Theologie des Heiligen Geistes, Neukirchen [6]2015.

[18] Assmann, Das kulturelle Gedächtnis, 69f.

[19] Vgl. a.a.O. 87ff.

muss die Schriftkultur aber eine Form annehmen, die Assmann als »Kanon« identifiziert: »Unter einem ›Kanon‹ verstehen wir jene Form von Tradition, in der sie ihre höchste inhaltliche Verbindlichkeit und äußerste formale Festlegung erreicht. Nichts darf hinzugefügt, nichts weggenommen, nichts verändert werden«[20] – einerseits. Andererseits aber fordert und provoziert der Kanon Interpretation. Assmann vermutet, dass die Urform des Kanons in der Sphäre des Rechts verwurzelt ist, dass er »die Übertragung eines in der Rechtssphäre verwurzelten Ideals der Verbindlichkeit und Befolgungstreue auf den gesamten Zentralbereich schriftlicher Überlieferungen« vornimmt.[21] Der Kanon ist die verschriftete und vertextete Grundlage eines zugleich in Fluss gebrachten und durch den Textbestand und seine Verweisungsmöglichkeiten fixierten kulturellen Gedächtnisses.

Doch wie entsteht ein Kanon? Darauf hat Jan Assmann in einem Vortrag geantwortet, den er anlässlich der Verleihung eines Ehrendoktors der Universität Münster hielt.[22] Das Bedürfnis nach Kanonisierung, nach Fixierung von tragenden Gedächtnisinhalten und normativen Vorgaben in Textsammlungen entsteht angesichts von *Erfahrungen radikaler geschichtlicher Diskontinuität*, von Erschütterungen, wie sie etwa die Situation des Exils für Israel oder die Ereignisse von Kreuz und Auferstehung für die Entstehungsgeschichte des Neuen Testaments mit sich bringen. Diese Erfahrungen von Diskontinuität schlagen sich in den potentiell kanonischen Texten nieder.[23] Die festgehaltene radikale Diskontinuität verlangt nach Interpretation. Für den Prozess der Kanonisierung ist nun charakteristisch, dass sich *eine begrenzte Mehrzahl von Interpretationen*, eine begrenzte Mehrzahl exemplari-

[20] A. a. O. 103.

[21] Ebd. 106. Assmann zeigt auch, dass in den verschiedenen kulturellen Kontexten die Konzepte des Kanons und auch die Definitionen voneinander abweichen, dass aber jeder Kanon auf die Frage antwortet: Wonach sollen wir uns richten? (123) Der Kanon antwortet auf ein Bedürfnis nach, mit Luhmann formuliert, »Verallgemeinerung von Sinnorientierung, die es ermöglicht, identischen Sinn gegenüber verschiedenen Partnern in verschiedenen Situationen festzuhalten und daraus gleiche oder ähnliche Konsequenzen zu ziehen« (vgl. 124).

[22] Assmann, J., Fünf Stufen auf dem Wege zum Kanon. Tradition und Schriftkultur im alten Israel und frühen Judentum, Münstersche theologische Vorträge 1, Münster 1999; auch in: Religion und kulturelles Gedächtnis, 81–100.

[23] Vgl. hierzu auch Welker, M., »Geschichte erinnern – heilende und zerstörerische Formen der Erinnerung und des Gedächtnisses«, in: Sándor Fazakas / Georg Plasger (Hg.), Geschichte erinnern als Auftrag der Versöhnung. Theologische Reflexionen über Schuld und Vergebung, Forschungen zur Reformierten Theologie 5, Neukirchen-Vluyn 2015, 149–160.

scher Möglichkeiten der Erklärung und Überbrückung der Diskontinuität entwickelt.[24] Mit diesen Interpretations- und Vermittlungsmöglichkeiten entsteht ein im präzisen Sinn des Wortes »pluralistischer«[25] Bestand von Texten, der mehr ist, als nur eine »Pluralität« von Klassikern.[26] Erst wenn dieser Bestand in einen Zusammenhang gebracht wird, wenn also geradezu eine Bibliothek von verschiedenen Perspektiven auf einen gemeinsamen Problemstand entwickelt und festgelegt wird, entsteht ein Kanon. Der Kanon bündelt eine Mehrzahl von kulturellen Gedächtnissen und ermöglicht gerade aus der verschieden orchestrierbaren Polyphonie heraus ein lebendiges kulturelles, eben ein *kanonisches Gedächtnis*. Stabilität und Lebendigkeit schließen sich hier nicht aus, sondern setzen vielmehr eine Kraft beständiger Erneuerung der Erinnerung und ihrer imaginativen und konstruktiven Entfaltung frei.[27]

Der Kanon ist eine großartige Errungenschaft. Er erlaubt das Zusammenspiel von kaltem und heißem Gedächtnis, ein Zusammenspiel, das *»lebendiges kulturelles Gedächtnis«* genannt werden sollte. Durch den bestimmten Textbestand ist das kulturelle Gedächtnis einerseits gebunden, sind seinen Transformationsmöglichkeiten Grenzen auferlegt. Durch die bestimmte Vielzahl der Perspektiven der kanonischen Überlieferungen wird aber zugleich eine Lebendigkeit permanenter Auslegung stimuliert, die faktisch fungiert wie das heiße kulturelle Gedächtnis, ohne aber die geschichtlichen Grundbestände zu verzehren, sie in der Transformation unkenntlich werden zu lassen.

Mit hoher Wahrscheinlichkeit werden wir in Zukunft zwei Typen von Kanonbildung unterscheiden müssen. Einmal der sogenannte Kanon als Ensemble von Klassikern, von Texten und Artefakten, die zu hoher Resonanz und zu relativ

[24] Eine alternative Sicht zu Assmann, die Andreas Schüle nahegelegt hat, lautet: Die nachexilische Erfahrung der überwundenen Diskontinuität setzt einen Pluralismus von Interpretationen frei, von denen viele als komplementäre Erkenntnispotentiale nicht mehr preiszugeben sind. Die multikontextuell wachsende Kirche zumal kann auf diese pluralistischen theologischen Erkenntnispotentiale nicht mehr verzichten. So gewinnt die Schrift ihr kanonisches Gewicht, das seinerseits ihr historisches Gewicht fixiert und ihr kulturelles Gewicht freisetzt.

[25] Dazu Michael Welker, »Der Machtkreislauf des Pluralismus«, in: ders., Kirche im Pluralismus, Gütersloh ^{2}2000, 13ff.; vgl. auch Welker, M., Pluralism, in: Stuckrad, K.v. (Hg.), The Brill Dictionary of Religion, vol. 3. Leiden 2006, 1460–1464.

[26] Zur Verfassung von »Klassikern« s. David Tracy, The Analogical Imagination. Christian Theology and the Culture of Pluralism, New York 1981, 99ff.

[27] Diesen komplexen Zusammenhang bedenkt Aleida Assmann in: Wie wahr sind Erinnerungen?, H. Wetzer (Hg.), Das soziale Gedächtnis. Geschichte, Erinnerung, Tradierung, Hamburg 2001, 103–123. Treffend formuliert sie: »Die Stabilität der Erinnerung wird also von ihrer Fähigkeit zur Erneuerung abhängen«, 120.

stabilem Ansehen gelangt sind, ein Bestand, der gleichwohl, wie das kommunikative Gedächtnis, beständiger Transformation unterliegt, sozusagen ein zeitgeistaffiner Kanon. Zum anderen liegen im jüdischen, christlichen und wohl auch im durch Konfuzius geschlossenen chinesischen Kanon relativ geschlossene Kanonbildungen vor, mit hoher Grenzsensibilität und mit verbindenden Fokussierungen, eben die von Assmann identifizierten Erfahrungen radikaler Diskontinuität, die nur durch eine Vielzahl perspektivischer kultureller Gedächtnisse lebendig gehalten, be- und verarbeitet werden kann.

Mikro- und Makrogedächtnis und -imagination; ihre Vermittlung durch moralische Kommunikation und der menschliche Geist

Die Prozesse des kulturellen, des kanonischen und des kollektiven Gedächtnisses konzentrieren sich auf dramatische, manchmal traumatische, auf jeden Fall hoch entwickelte historische, religiöse, bildungspraktische und liturgische Prozesse der Bewahrung und der Kommunikation von Gedächtnisinhalten.

In welcher Weise werden diese Formen und Inhalte des Makrogedächtnisses mit Prozessen des episodischen Gedächtnisses im alltäglichen Leben vermittelt (das die psychologische Forschung auch in semantic memory, procedural memory and implicit memory differenziert[28])? Eine Antwort auf diese Frage nach der Vermittlung von alltäglichen Prozessen des Mikrogedächtnisses und der Formen und Inhalte des Makrogedächtnisses bietet meines Erachtens auch einen Ansatz zur Beantwortung der Frage: Wie werden eigentlich Leistungen des Gedächtnisses mit Orientierungsleistungen und praktisches Handeln stimulierenden Leistungen der Imagination verknüpft? Eine der wichtigsten ubiquitären Verknüpfungsoperationen scheint mir in der moralischen Kommunikation zu liegen.

In der moralischen Kommunikation beeinflussen und steuern Menschen einander durch die Gabe oder den Entzug von Achtung bzw. durch die Verheißung der Gabe von Achtung und durch die Drohung ihres Entzugs.[29] In diesen moralischen Kommunikationsprozessen fungiert »Achtung« im weiten Spektrum von »Achthaben im Sinne eines kurzen scharfen Blickes aus den Augenwinkeln« bis hin zu

[28] Vgl. Schacter, D. / Madore, K., Remembering the past and imagining the future: Identifying and enhancing the contribution of episodic memory, Memory Studies: Special Issue 2016, 245 ff.

[29] Niklas Luhmann. ›Soziologie der Moral‹, in: ders. / Pfürtner: St. Theorietechnik und Moral. Frankfurt a. M. 1978, 8 ff.; zur Interdependenz von Moral und religiösem Gedächtnis vgl. Welker, M., The power of mercy in biblical law, in: Journal of Law and Religion 29/2, 2014, 225–235.

»Bewunderung und Begeisterung für ...« Die moralischen Kommunikationsprozesse und das Spiel mit Gabe und Entzug von Achtung starten schon in frühester Kindeserziehung: »Wenn du dies und das tust, freut sich deine Mama! Wenn du jenes nicht sagen oder tun willst, ist dein Opa traurig!« Moralische Erziehung ist tief eingebettet in Prozesse des episodischen Mikrogedächtnisses und der Mikroimagination. Moralische Kommunikation von den scheinbar sehr elementaren Bemühungen, ein Kind zu lehren und zu bilden, bis hin zu den sehr elaborierten Funktionen eines komplexen globalen Mediensystems, von der Auseinandersetzung mit pubertierenden Bewusstseinshaltungen bis hin zum kategorischen Imperativ, moralische Kommunikation ist unverzichtbar für geteiltes menschliches Leben. Menschen müssen immer wieder neu ihre Denkweisen, ihre Aktionen und Verhaltensweisen miteinander abstimmen. Und sie tun dies durch die direkte oder indirekte Kommunikation von Achtung und Respekt bzw. die Ankündigung der Gabe oder des Entzugs von Achtung.

In diesen Kommunikationsprozessen fungieren die Inhalte und die Formen des Makrogedächtnisses und der Makroimagination wie Wegweiser, Warnsignale und Leuchttürme. Oft sind sie emotional tief eingelagert, nur vage und latent präsent. Sie steuern das Empfinden von Gewissheit, Richtigkeit, Gerechtigkeit und Wahrheit. Und sie verstärken das Bewusstsein der Unverzichtbarkeit moralischer Kommunikation. Doch leider ist die Güte der moralischen Kommunikation nicht selbstverständlich. Moralische Kommunikation kann auch von lebensabträglichen und geradezu gefährlichen Erinnerungen und Erwartungen gesteuert und gespeist werden.

Die große Kraft, nicht nur eine Mannigfaltigkeit von Mikroimaginationen und Mikrogedächtnisleistungen, sondern auch eine Mannigfaltigkeit von Makrogedächtnissen und Makroimaginationen in sich zu beherbergen, zu unterscheiden und zu relationieren, schreiben wir dem menschlichen Geist zu. Wenn wir die damit verbundene ungeheure Kapazität des menschlichen Geistes auch nur ansatzweise erfassen wollen, ist es wichtig, über das kulturell eingespielte Modell des binär kodierten »Geistes« und das damit verbundene elementare Selbstverständnis hinauszugehen.

In vielen religiösen und nicht-religiösen Kontexten wird »Geist« assoziiert mit mentalen und kognitiven Begabungen und Aktivitäten. Die zugleich trivialen und höchst erstaunlichen Fähigkeiten, Gegenstände, Personen und Ereignisse zu erinnern und zu imaginieren und sie trotz raumzeitlicher Distanzen zu verknüpfen, werden dem menschlichen Geist zugeschrieben. Sowohl in theologischer als auch in anthropologischer Hinsicht ermöglicht der Geist Kopräsenz und Kontakt mit Abwesenden. Über unsere Erinnerungen und Imaginationen können wir »im Geist« über raumzeitliche Differenzen hinweg mit anderen Menschen in Kontakt treten. Die Theorie des Geistes war lange im Bereich der Philosophie und auch der Theologie von der eindrücklichen Figur der selbstreferentiellen Rationalität beherrscht, die Aristoteles in seiner Metaphysik Buch XII klassisch vor Augen stellt.[30] Diese Figur hat die Theorien des Geistes in den vielfältigsten Erfahrungsfeldern beherrscht und die Sensibilität für Alternativen behindert oder gar ausgelöscht.

Der menschliche Geist umfasst eine unübersehbare Mannigfaltigkeit seiner potentiellen Erinnerungen und Imaginationen und die Begabungen des steuernden Umgangs mit ihnen. Dabei kann die menschliche Vernunft helfen, sie kann aber auch vor der Fülle und den Dynamiken des Geistes versagen. Im Fall des Bemühens um Kontaktaufnahme mit Gott ist der menschliche Geist immer wieder auf den Beistand des Heiligen Geistes angewiesen: »So nimmt sich auch der (Heilige) Geist unserer Schwachheit an. Denn wir wissen nicht, worum wir in rechter Weise beten sollen; der Geist selber tritt jedoch für uns ein mit Seufzen, das wir nicht in Worte fassen können« (Röm 8,23; 26 f.). Dennoch sollte die religiöse Erfahrung und Kommunikation nicht auf solche Grenzsituationen reduziert werden. Paulus betont nicht nur die segensreiche Funktion der Vernunft im Reich des Geistes, sondern auch die hohe Bedeutung der »Unterscheidung der Geister« (1 Kor 12,10).

Eine Unterscheidung der Geister unter Orientierung am göttlichen Geist ist möglich, weil dieser Geist mit einer komplexen Wertekonstellation verbunden ist. Für die Christenmenschen wird dieser Geist an seiner Beziehung zum Leben und Wirken Jesu Christi, an seiner differenzierten Einheit mit Jesus Christus und an seiner Kraft der Erbauung des nachösterlichen Leibes Christi mit seinen verschiedenen, mit den Gaben und Kräften des Geistes erfüllten Gliedern erkennbar. Nach alttestamentlichen Überlieferungen steht dieser Geist in Kontinuität mit den Gesetzestraditionen, deren Intentionen er aufnimmt und zugleich auf eine neue Ebene bringt. Die sogenannte »Ausgießung des Geistes« auf »Frauen und Männer, Alte und Junge, Knechte und Mägde« (Joel 3,1 ff., aufgenommen Apg 2) schafft eine komplexe Konstellation, mit neuen Niveaus der Gerechtigkeit, des Schutzes der Schwachen (Erhebung der Frauen und der Jungen in patriarchaler Gesellschaft, der Sklavinnen und Sklaven in einer Sklavenhaltergesellschaft). Sie befähigt diese Menschen zur Gotteserkenntnis in der Kraft des Geistes, zur Verkündigung

[30] Aristotle. Metaphysics X–XII, ed. Hugh Tredennick, Loeb Classical Library 287/18, Cambridge Mass. 1935.

und zur Erschließung der von Gott gewollten Lebensvollzüge. Eine Konstellation wird geschaffen, in der eine Vielzahl von Werthaltungen, von religiösen und moralischen Orientierungen in wechselseitiger Verstärkung ineinander greifen. Die Macht des Geistes gewinnt hier komplexe Gestalt.

Die faszinierende Kraft nicht nur des göttlichen, sondern auch des menschlichen Geistes, auf Abwesendes zuzugreifen, über raumzeitliche Entfernungen hinweg zu kommunizieren, nicht nur individuell, sondern auch gemeinschaftlich geistige Sachverhalte, ja ganze geistige Welten zu teilen, sollte nicht die auf Seiten des Menschen damit verbundenen Gefahren übersehen lassen. Die erstaunliche Macht des menschlichen Geistes kann eben auch von bösen und zerstörerischen Kräften und Mächten besetzt und in Dienst genommen werden. Solange wir uns im Bereich relativ beschaulicher Kognition und Kommunikation bewegen, scheinen diese Dynamiken und Gefahren in weiter Ferne zu liegen, vielleicht sogar gebannt zu sein. Doch dieser Schein trügt, wie die realistische Wahrnehmung des Gewissens bei Paulus deutlich machen kann.

Die Erschließungs- und Steuerungskraft des Geistes manifestiert sich auch im menschlichen Gewissen (*syneidesis*). Beim Gewissen handelt sich nicht, wie in schwachen philosophischen und theologischen Theorien behauptet, um eine in ruhiger und klar bewusster personaler Selbstbeziehung zu verortende Instanz. Das Gewissen ist nach Paulus ein dynamisches, unruhiges und sensibles Forum der Selbstbeurteilung, ein sich beständig auch im Blick auf die Mitmenschen irritierendes und befragendes Normbewusstsein, in dem sich »die Gedanken gegenseitig anklagen und verteidigen« (Röm 2,15). Die vom Geist Gottes ergriffenen und erfüllten Menschen, die ein vom Wertsystem des Geistes geprägtes differenziertes Urteils- und Handlungsvermögen entwickeln, können sich einerseits durch die Verbindung von subtilem Einfühlungsvermögen und Festigkeit der eigenen Überzeugung »dem Gewissen aller anderen Menschen empfehlen« (2 Kor 4,2). Sie sind andererseits zu taktvollem Umgang mit den Mitmenschen aufgefordert, die die Freiheit des Glaubens und ihr traditionsbestimmtes Normbewusstsein in ihrem »schwachen Gewissen« nicht miteinander vermitteln können (vgl. Röm 14).

Im so verstandenen vielstimmigen Gewissen konzentrieren sich im Individuum die kognitiven und normativen Vermittlungsprozesse zwischen vielgliedriger Komplexität und geistiger Kohärenz. Das von Matthias Jung entwickelte Projekt, eine Anthropologie der leibgebundenen Erkenntnis mit moralphilosophischer Tiefe zu entwickeln, in dem »symboltheoretische, evolutionsbiologische, kognitionspsychologische, handlungstheoretische, hermeneutische, sozial-, religions-

und moralphilosophische sowie medientheoretische und linguistische Ansätze vielfältig miteinander verschränkt« werden[31], ist ein verheißungsvoller Partner für eine theologische Anthropologie, die an diesen Erkenntnisfronten zu arbeiten sucht. Dass dabei inhaltlich-theologische – pneumatologische und christologische – Erkenntnisgrundlagen nicht vernachlässigt werden dürfen, wollte dieser Beitrag deutlich machen.

[31] Jung, M., Der bewusste Ausdruck. Anthropologie der Artikulation, Berlin 2009, 22.

MARBURGER THEOLOGISCHE STUDIEN

begründet von

Hans Graß und Werner Georg Kümmel

ab Band 19 herausgegeben von

Wilfried Härle und Dieter Lührmann

ab Band 100 herausgegeben von

Friedhelm Hartenstein und Michael Moxter

AUSGEWÄHLTE TITEL

Band 129: Relationale Erkenntnishorizonte zwischen Exegese und Systematischer Theologie. Hrsg. von Walter Bührer, Raphaela J. Meyer zu Hörste-Bührer. 2017.

Band 128: Marburger Jahrbuch Theologie XXIX. „Anthropologie". Hrsg. von Elisabeth Gräb-Schmidt und Reiner Preul, 2017.

Band 127: Walter Sparn: Gott, Tugend und Unsterblichkeit. Theologische Aufsätze II: Protestantisches Christentum und die Herausforderung „Aufklärung", 2016.

Band 126: Rationalität im Gespräch – Rationality in Conversation. Philosophische und theologische Perspektiven – Philosophical and Theological Perspectives. Hrsg. von Markus Mühling in Gemeinschaft mit Christina Drobe, Dirk-Martin Grube, Alexander Kupsch, Paul Peterson und Martin Wendte. 2016.

Band 125: Marburger Jahrbuch Theologie XXVIII. „Wunder". Hrsg. von Elisabeth Gräb-Schmidt und Reiner Preul, 2016.

Band 124: Fickert, Valerie: Erfahrung und Offenbarung, Ingolf U. Dalferths Beitrag zur Debatte, 2016.

Band 123: Leibhaftes Personsein, Theologische und interdisziplinäre Perspektiven. Hrsg. von Elisabeth Gräb-Schmidt, Matthias Heesch, Friedrich Lohmann, Dorothee Schlenke, Christoph Seibert, 2016.

Band 122: Marburger Jahrbuch Theologie XXVII. „Natur". Hrsg. von Elisabeth Gräb-Schmidt und Reiner Preul, 2015.

Band 121: Marburger Jahrbuch Theologie XXVI. „Gemeinwohl". Hrsg. von Elisabeth Gräb-Schmidt und Reiner Preul, 2014.

Band 120: Lührmann, Dieter: Theologische Exegese im Horizont von Text und Geschichte. Gesammelte Aufsätze. Hrsg. von Egbert Schlarb, 2014.

Band 119: Marburger Jahrbuch XXV. „Das Alte Testament in der Theologie". Hrsg. von Elisabeth Gräb-Schmidt und Reiner Preul, 2013.

Band 118: Mätzke, Verena: Gerechtigkeit als „fromkeit". Luthers Übersetzung von *iustia dei* und ihre Bedeutung für die Rechtfertigung heute, 2013.

Band 117: Feindschaft. Theologische und philosophische Perspektiven. Hrsg. von Markus Firchow und Michael Moxter, 2013.

Band 116: Marburger Jahrbuch Theologie XXIV. „Auferstehung". Hrsg. von Elisabeth Gräb-Schmidt und Reiner Preul, 2012.

Band 115: Werries, Holger: Alles Handeln ein Handeln der Kirche. Schleiermachers Ekklesiologie als Christologie, 2012.

Band 114: Tippmann, Cornelia: Die Bestimmung des Menschen bei Johann Joachim Spalding, 2011.

Band 113: Marburger Jahrbuch Theologie XXIII. „Christologie". Hrsg. von Elisabeth Gräb-Schmidt und Reiner Preul, 2011.

Band 112: Selbstbestimmung in der Perspektive theologischer Ethik. Hrsg. von Frank Martin Brunn und Alexander Dietz, 2011.

Band 111: Marburger Jahrbuch Theologie XXII. „Ästhetik". Hrsg. von Elisabeth Gräb-Schmidt und Reiner Preul, 2010.

Band 110: Anknüpfung und Aufbruch. Hermeneutische, ästhetische und politische Perspektiven der Theologie. Hrsg. von Cornelia Richter, 2011.

Band 109: Warnemann, Alexander: Der Marburger Theologe Hans Graß. Die entmythologisierte Dogmatik, 2012.

Band 108: Zerrath, Martin: Vollendung und Neuzeit. Transformation der Eschatologie bei Blumenberg und Hirsch, 2011.

Band 107: Marburger Jahrbuch Theologie XXI. „Wahrheit". Hrsg. von Wilfried Härle und Reiner Preul, 2009.

Band 106: Riede, Peter: Schöpfung und Lebenswelt. Studien zur Theologie und Anthropologie des Alten Testaments, 2009.

Band 105: Marburger Jahrbuch Theologie XX. „Sünde". Hrsg. von Wilfried Härle und Reiner Preul, 2008.

Band 104: Dahnelt, Rainer: Funktion und Gottesbegriff. Der Einfluss der Religionssoziologie auf die Theologie am Beispiel von Niklas Luhmann und Falk Wagner, 2009.

Band 103: Sparn, Walter: Frömmigkeit, Bildung, Kultur. Theologische Ausätze I: Lutherische Orthodoxie und christliche Aufklärung in der frühen Neuzeit, 2012.

Band 102: Preul, Reiner: Die soziale Gestalt des Glaubens. Aufsätze zur Kirchentheorie, 2008.

Band 101: Marburger Jahrbuch Theologie XIX. „Personalität Gottes". Hrsg. von Wilfried Härle und Reiner Preul, 2007.

Band 100: Menschenbild und Theologie. Beiträge zum interdisziplinären Gespräch. Hrsg. von Frank Martin Brunn, Alexander Dietz, Christian Polke, Sibylle Rolf und Anja Siebert, 2007.

Band 99: Härle, Wilfried: Willensfreiheit und Prädestination, 2009. *vergriffen*

Band 98: Haigis, Peter: Pluralismusfähige Ekklesiologie. Zum Selbstverständnis der evangelischen Kirche in einer pluralistischen Gesellschaft, 2008. *vergriffen*

Band 97: Ethik im Kontinuum. Beiträge zur relationalen Erkenntnistheorie und Ontologie. Hrsg. von Wilfried Härle, 2008.

Band 96: Stock, Konrad: Die Gegenwart des Guten. Schriften zur Theologie, 2006.

Band 94: Marburger Jahrbuch Theologie XVIII. „Verstehen über Grenzen hinweg". Hrsg. von Wilfried Härle und Reiner Preul, 2006.

Band 93: Bäder-Butschle, Ivo: Interpretation der moralischen Welt. Michael Walzers Philosophie der moralischen Praxis als Impuls für die theologische Ethik, 2006.

Band 92: Lehmeier, Karin: Oikos und Oikonomia. Antike Konzepte der Haushaltsführung und der Bau der Gemeinde bei Paulus, 2006. *vergriffen*

Band 91: Künstliche Intelligenz und menschliche Person, Hrsg. von Wolfgang Achtner, Johannes Dittmer, Anja Haag, Christoph Keil, Martin Jung, Heike Preising, Axel Schumann-Luck und Vladislav Soskin, 2006.

Band 90: Theologie zwischen Pragmatismus und Existenzdenken. FS für Herrman Deuser. Hrsg. von Gesche Linde, Richard Purkarthofer, Heiko Schulz und Peter Steinacker, 2006.

Band 89: Marburger Jahrbuch Theologie XVII. „Menschenwürde". Hrsg. von Wilfried Härle und Reiner Preul, 2005.

Band 88: Spengler, Franziska Friederike: Kindsein als Menschsein. Beitrag zu einer integrativen theologischen Anthropologie, 2005. *vergriffen*

Band 87: Holtmann, Thomas: Die Magier vom Osten und der Stern. Mt 2,1–12 im Kontext frühchristlicher Traditionen, 2005. *vergriffen*

Band 86: Russische Religionsphilosophie und Theologie um 1900. Hrsg. von Karl Pinggéra, 2005.

Band 85: Patristica et Oecumenica. Festschrift für Wolfgang A. Bienert. Hrsg. von Peter Gemeinhardt und Uwe Kühneweg, 2004.

Band 84: Marburger Jahrbuch Theologie XVI. „Das Selbst in der Evolution". Hrsg. von Wilfried Härle und Reiner Preul, 2004.

Band 83: Latzel, Thorsten: Theologische Grundzüge des Heidelberger Katechismus. Eine fundamentaltheologische Untersuchung seines Ansatzes zur Glaubenskommunikation, 2004.

Band 82: Kutting, Dirk: Gesinnungsbildung. Die humanistische Schul- und Bildungstheorie Hartmut von Hentigs in theologischer Sicht, 2004.

Band 81: Volkmann, Stephan: Der Zorn Gottes. Studien zur Rede vom Zorn Gottes in der evangelischen Theologie, 2004.

Band 80: Systematisch praktisch. Festschrift für Reiner Preul. Hrsg. von Wilfried Härle, Bernd-Michael Haese, Kai Hansen und Eilert Herms, 2005.

Band 79: Janssen, Bernd-Holger: Die Inkarnation und das Werden der Menschheit. Eine Interpretation der Weihnachtspredigten Friedrich Schleiermachers im Zusammenhang mit seinem philosophisch-theologischen System, 2003.

Band 78: Schwöbel, Marlene: Kirche auf dem Prüfstand. Eine Untersuchung zu den theologischen Orientierungen kirchlicher Strukturplanung, 2003.

Band 77: Charbonnier, Ralph: Technik und Theologie. Ein theologischer Beitrag zum interdisziplinären Technikdiskurs unter besonderer Berücksichtigung der Theologie F.D.E. Schleiermachers, 2003.

Band 76: Die bleibende Gegenwart des Evangeliums. Festschrift für Otto Merk. Hrsg. von Roland Gebauer und Martin Meiser, 2003.

Band 75: Theologie und Kirchenleitung. Festschrift für Peter Steinacker. Hrsg. von Hermann Deuser, Gesche Linde und Sigurd Rink, 2003.

Band 74: Marburger Jahrbuch Theologie XV. „Religion". Hrsg. von Wilfried Härle und Reiner Preul, 2003. *vergriffen*

Band 73: Harbeck-Pingel, Bernd: Gesellschaft und Reich Gottes. Studien zu Alterität, Kommunikation und Handlung, 2003.

Band 72: Reinhardt, Ursula: Religion und moderne Kunst in geistiger Verwandtschaft. Robert Musils Roman „Der Mann ohne Eigenschaften" im Spiegel christlicher Mystik, 2003.

Band 71: Marburger Jahrbuch Theologie XIV. „Ethik und Recht". Hrsg. von Wilfried Härle und Reiner Preul, 2002.

Band 70: Leben und Kirche. Festschrift für Wilfried Härle. Hrsg. von Uta Andrée, Frank Miege und Christoph Schwöbel, 2001.

Band 69: Gebhardt, Rüdiger: Heil als Kommunikationsgeschehen. Analysen zu dem in Luthers Rechtfertigungslehre implizierten Wirklichkeitsverständnis, 2002.

Band 68: Herms, Eilert: Von der Glaubenseinheit zur Kirchengemeinschaft II, 2003.

Band 67: Marburger Jahrbuch Theologie XIII. „Woran orientiert sich Ethik?" Hrsg.: Wilfried Härle u. Reiner Preul, 2001.

Band 66: Beiner, Melanie: Intentionalität und Geschöpflichkeit. Die Bedeutung von Martin Luthers Schrift „Vom unfreien Willen" für die theologische Anthropologie, 2000.

Band 65: Lippert, Stefan: Recht und Gerechtigkeit bei Thomas von Aquin. Eine rationale Rekonstruktion im Kontext der Summa Theologiae, 2000.

Band 64: Marburger Jahrbuch Theologie XII. „Ökumene". Hrsg. von Wilfried Härle und Reiner Preul, 2000. *vergriffen*

Band 63: Mohri, Erika: Maria Magdalena. Frauenbilder in Evangelientexten des 1. bis 3. Jahrhunderts, 2000.

Band 62: Das Wesen des Christentums. Hrsg. von Dietrich Korsch und Cornelia Richter, 2002.

Band 61: Schuck, Martin: Staatstheorie und Wirklichkeitsverständnis. Studien zu den kategorialen Voraussetzungen des Staatsdenkens deutscher Juristen aus theologischer Sicht am Beispiel der Kulturstaatsdebatte, 2000.

Band 57: Wohlers, Michael: Heilige Krankheit. Epilepsie in antiker Medizin, Astrologie und Religion, 1999.

Band 56: Schlapkohl, Corinna: Persona est naturae rationabilis individua substantia. Boethius und die Debatte über den Personbegriff, 1999.

Band 55: Bienert, Wolfgang A.: Werden der Kirche – Wirken des Geistes. Beiträge zu den Kirchenvätern und ihrer Nachwirkung. Hrsg. von Uwe Kühneweg, 1999.

Band 54: Im Kontinuum. Annäherungen an eine relationale Erkenntnistheorie und Ontologie. Hrsg. von Wilfried Härle, 1999.

Band 53: Marburger Jahrbuch Theologie XI. „Reich Gottes". Hrsg. von Wilfried Härle und Reiner Preul, 1999. *vergriffen*

Band 52: Vetter, Martin: Zeichen deuten auf Gott. Der zeichentheoretische Beitrag von Charles S. Peirce zur Theologie der Sakramente, 1999.

Band 50: Text und Geschichte. Facetten theologischen Arbeitens aus dem Freundes- und Schülerkreis. FS für Dieter Lührmann. Hrsg. von Stefan Maser und Egbert Schlarb, 1999.

Band 48: Braungart, Christiane: Mitteilung durch Darstellung. Schleiermachers Verständnis der Heilsvermittlung, 1998.

Band 46: Goertz, Harald: Allgemeines Priestertum und ordiniertes Amt bei Luther, 1997. *vergriffen*

Band 27: Herms, Eilert: Von der Glaubenseinheit zur Kirchengemeinschaft. Plädoyer für eine realistische Ökumene, (1989) ^{2}2004. *vergriffen*